本书系作者主持的2008年度国家社科基金一般项目
《建立有利于科学发展的税收制度研究》（批准号08BJY142）的
阶段性成果和第一批中国博士后科学基金特别资助项目
《中国资源税制改革的理论与政策研究》
（200801056）的最终成果。

中国资源税制

改革的理论与政策研究

马衍伟 ◎ 著

ZHONGGUO
ZIYUAN SHUIZHI GAIGE DE
LILUN YU ZHENGCE YANJIU

人民出版社

序
推动我国资源税制改革的一部创新之作

贾 康

（财政部财政科学研究所所长 研究员 博士生导师）

自然资源是人类生存最基本的物质基础，也是经济发展的重要因素。过去有一种中国"地大物博"的说法，但如按大多数矿产资源在我国的人均占有量计算，其实不到世界平均水平的 50%。我们要以世界 9% 的耕地、6% 的水资源、4% 的森林、1.8% 的石油、0.7% 的天然气、不足 9% 的铁矿石、不足 5% 的铜矿和不足 2% 的铝土矿，支撑占世界总人口 20% 以上的 13 亿人的生存和发展。不仅如此，现阶段，我国资源开发利用方式总体而言还十分粗放，矿产资源总的回采率仅为 30%，低于世界平均水平 20 个百分点。加之目前我国正处于工业化和城镇化加速发展阶段，受资源能源、气候环境、技术装备以及国际竞争等多重因素的影响，未来中国资源约束与现实需求间的矛盾将更趋显著。因此，在这样背景下，如何站在国家长治久安的大局立场和中华民族实现伟大复兴的战略高度，通过合理开发利用资源来维护国家经济安全，支撑经济社会可持续发展，是当代中国要努力破解的历史性课题。

资源税改革是经济发展方式转变的内在要求。合理的资源税税负水平和资源价格是资源得到合理配置的前提。资源瓶颈之所以演化成为中国经济发展最突出的问题之一，与资源产品价格形成机制有关，现阶段我国资源产品价格仍基本上是"三不反映"：一不反映资源的需求稀缺程度；二不反映供求关系；三不反映环境污染造成的外部成本。而且资源价格缺少弹性，不利于运用价格手段激励节能。而不合理的资源价格形成机制，与没有完善的税收制度安排和政策支撑有关，即现行从量计征的过低的资源税额不能配合价格的"三个反映"。其最大弊端，显现于资源价格高企之时，便是资源企业低效开采的最疯狂之际,却又是最不能进行资源税改革的时机。因为资源价格虚高之际必是通胀之时,而此时资源企业也极易把改革后的资源税轻易地转嫁给下游企业,从而进一步加剧通胀。这也就是前几年我国为什么迟迟无法推出资源税改革的原因。在我国成功抵御世界金融危机的冲击,国民经济于 2009 年间顺利地由"前低"转入"后高"之后,我认为,推进资源税改革的时机已经到来。

与资源价格和资源税问题相关,还有一个资源租、税、利的区别与联系的问题。

我一贯认为,自然资源在具体形态上,必然附着于国土资源,因而其经营性开发必然存在地租问题。作为非国有企业的开发主体,分配中要承担租和税,而国有企业进入开发,肯定也要承担租和税,另外原则上还需要上交利润(资本收益)。因此,资源税制改革在背景上应当与完整覆盖公共资源的公共财政预算体系相配套,相关的租、税、利应当分流归位,各行其道,形成合理的调节体系。

这里面的"租"是广义地租的概念,说具体一些,其中还有必要区分为所有土地、资源开发都必备的绝对地租和因为级差原因产生的级差地租。按照马克思的分析,最劣等的土地也至少要有绝对地租,因为其所有者如果没有这部分收入,就会使土地退出开发过程——既然要使自然资源进入经营性开发过程,从原理上说绝对地租便是存在的。至于级差地租,不论来自资源丰度因素还是来自位置便利因素,都是成立的,在具体的经济分配中,会表现为资源使用权价格的相关因素。使用权有交易,就必然有个出价的问题,至于这个出价是年租制形式还是一次性形式,可以探讨,但是这一块与国有资源开发相关的作为地租的经济分配显然是不能回避的,在公共财政分配中是需要考虑的。

在租的旁边,还存在着税。税的征收应该来自于国家作为社会统治者、管理者的政治权力,依托于法律,对所有的市场主体都要征收。租和税的后面,还有个利的分配。我理解,按照现代企业制度和产权规范,必然存在向股东分配资产收益的问题,在我国国有企业分配制度的改革、完善中,现阶段可以采取特别收益金或一定比例的纯利上交形式,作为过渡性的处理,在以后制度逐步走向更加规范的情况下,对于竞争性的国有企业,在股权多元化之后,还有更符合市场经济规范的办法,即出资人通过董事会决定资本收益分配方案;少数国有独资企业,倒需要有特定的法案规定其分配框架。这些便是租、税、利认识上的基本框架。

如果按照这个框架往下说,我认为目前深化改革迫切需要进一步探讨如何把自然资源型资产的开发,纳入国有资产管理体系改革眼界和税制优化通盘考虑。一方面,在国家作为政权主体的角度上,当然并不应单纯追求土地收益最大化,另一方面,在国有资产管理专门机构的角度上,则要解决作为出资人的单一目标追求问题,即这种管理机构,应把土地收益和开发资本的保值增值,作为其单一目标,扮演出资人的身份。资产管理目标如何与其他非经济的社会目标、政治目标协调,需要在国资管理专门机构的体外进行。这个道理,与前面若干年我们关于经营型国有资产管理要实行政资分开的认识,是一个逻辑。国家的自然资源一旦进入开发领域,就必须在公共财政的预算里面反映开发行为和必要的规范分配。与这个重大现实问题相关,在我国走向现代化的发展进程中,有一个必然要追求的目标,就是在自然资源开发管理方面,需要理清法律框架和相关体系,把与之有关的租、税、利的分配,上升到宪政层面相关分配法律、法规制度的建立、改进和健全完善。与自然资源资产开发相关的一切税收,应当进入公共收支预算;与之相关的土地批租收入(随土地使用权交易而来的地价收入)和国有开发资本的资产权益收入,则应当进入国有资本经营预算;对于现阶段地方政府为数往往十分可观的土地批租收入,已有明确要求,要纳入专项基金(土地基金)预算。

在上述框架之内,科学合理的资源税制,不仅是国家对使用国有矿产资源管理的重要手段,而且是合理节约使用国有矿产资源,保护环境,促进国民经济可持续发展的保障。资源税改革服务于贯彻落实科学发展观,建立资源节约型和环境友好型社会的大战略。改革现行资源税制度,适当提高资源税的税额、扩大资源税的征税范围,是促进我国实现经济增长方式转变的迫切要求。从这个意义上讲,资源税改革是一项功在千秋、有利于可持续发展的系统工程,其意义十分深远。税收的确不是万能的,但在转变发展方式的历史性任务面前,不积极运用税收手段又是万万不能的。必须大力通过税收的杠杆作用,促进发展资源节约型、环境友好型、质量效益型、科技先导型的产业、企业和工艺技术,支持节能降耗,集约开发,以及勤俭使用资源、能源的经济行为,加快我国经济发展方式由粗放向集约的转变。

欣闻马衍伟同志的博士后出站报告《中国资源税制改革的理论与政策研

究》即将出版,作为他的合作导师,我很高兴为之作序。应该说,这本专著是目前国内关于资源税制改革方面的一部创新之作,其创新之处主要体现在以下几个方面:

一是作者在全面梳理国内外资源税改革理论研究成果的基础上,以科学发展观为理论基石,对我国资源税制改革的理论做了有新意的诠释,形成中国特色资源税改革的理论依据,为推进资源税的制度创新提供有价值的理论参考。

二是作者把现代微观企业理论研究中利益相关者理论及其方法引入资源税制改革的分析之中,对资源税制改革过程中所涉及的各类利益相关者进行分类,并对这些利益相关者的利益需求进行分析,为研究资源税制改革及其他税制改革建立了一套新的分析框架和研究方法。

三是指出了传统的税收制度设计没有系统地考虑资源节约和环境保护因素的弊端,统筹考虑资源、环境、经济诸因素,提出国家税收制度架构的新思维,同时提出了资源税制改革的新思路,按照价、税、费、租联动的机制,从法律、经济、社会和技术四个层面设计建设环境友好型、资源节约型社会的资源税制。

四是运用大量鲜活的素材和最新的数据,对资源税收制度安排和政策设计过程中遇到的一些具体问题,以及改革的效应,做了翔实可靠的分析,可以为资源税改革提供决策参考。

马衍伟同志能从甘肃清水县的农家子弟,成长为一名经济学博士后研究人员,并在中央级财税业务工作岗位上任职,确实离不开党的关怀,师长的培养,同时也离不开他本人的勤奋和敬业。作为他的联系导师,我对他的刻苦耐劳和钻研进取精神深有体会、十分赞赏,希望他以后继续保持这种锲而不舍、艰苦奋斗的精神,形成更多更好的优秀成果,为我国财税理论创新和改革实践多做贡献。

目 录

1 导 论

共和国政体的生命,的确在于人民的活力、美德与智力,但对于一个组织规范的政府而言,其生命在于良好的税收制度。

——安德鲁·约翰逊

1.1 基本概念

1.1.1 资源

资源作为客观存在的自然要素或社会要素,是人类经济社会中特有的概念和范畴。长期以来,人们一般把资源简单地等同于自然资源或经济资源,这种传统的资源观有明显的局限性,制约了人类社会的发展。事实上,随着社会的发展,传统资源观正逐步向大资源观演变,相对于狭窄的、有局限性的传统资源观而言,演变后的大资源观对社会发展有更全面、更积极的作用。大资源可分为六大既相互独立又相互联系的子资源系统,它们是自然资源、经济资源、文化资源、人力资源、政治资源和制度资源,后五种资源是人类社会劳动的成果,又统称社会性资源。其中,自然资源指天然存在于自然界的、在一定技术经济条件下能向人类提供生产生活资料的自然要素和自然条件,包括气候资源、水资源、土地资源、生物资源、矿产资源、生态环境资源;经济资源是指进行经济活动所必需的物质资料(主要是原料、材料和再次利用的废料)、物质财富及其通货;人力资源指包含在人体内的生产能力,是表现在劳动者身上的、以劳动者的数量和质量表示的资源,包括体力资源和智力资源(人才资源);文化资源是人类在社会发展过程中创造并借以进一步从事文化生产和文化活动的各种精神产品的总和,包括物化形态的文化资源和精神文化资源;政治资源指维护政治共同体生存和促进政治发展的力量;制度资源是人们为反映和确立特定社会关系并对这些关系进行整合和调控形成的政治、经济、文化以及日常生活等各方面的规范体系。虽然大资源系统中的各种子资源系统在社会发展中都起到了不同的支撑作用,但是从整体上看,任何子资源系统都无法独立支撑社会的综合发展和可持续发展。如果缺少其中的一种或几种资源,大资源的内在结构和联系以及大资源的整体性功能就会遭到破坏或损害,大资源体系的支撑合力就要被极大地削弱,使社会发展受到严重阻碍,甚至导致社会发展的失衡。只有当六大资源作为一个整体共同发展、共同利用、共同配置形成强大的支撑体系时,才能确保社会的全面发展。

综上所述,资源概念有狭义和广义之分。狭义概念就是指自然资源,而广义概念是指一切有利用价值、在一定科学技术条件下可以转化为社会财富的、稀缺的自然要素和社会要素。人类利用自然资源的历史过程中,不同的社会发展阶段,由于科技的进步,对资源利用有新的发展与突破,见表1.1。直到工业化后期,人类越来越从宏观上关注资源的综合利用与整体的生态、环境效益。

表1.1　各社会发展阶段对资源的认识与利用情况

社会发展阶段	农业阶段	工业阶段	后工业阶段
对资源认识与利用	物质资源	能量资源	环境资源
土地资源	农田	温室栽培	生态农业
水资源	灌溉	水力发电	防止水污染
森林资源	木材	造纸	森林生态系统
草地资源	牧场	毛纺工业	草原生态系统
物种资源	种子、家禽家畜	改良品种	生物多样性
矿产资源	建筑材料	化工原料	新材料科学
能源资源	柴草	煤、石油	防止大气污染
海洋资源	捕鱼	航运、养殖	海洋生态系统
资源系统观	村落小系统	国家大系统	世界巨系统

资料来源:白钦先、杨涤:《21世纪新资源理论——关于国民财富源泉的最新研究》,中国金融出版社2006年版。

地理学家卡尔·苏尔认为"自然资源是文化的一个函数"①。即自然资源附加了人类劳动而或多或少都有人类劳动的印记,表现出社会性与变动性。这种变动可表现为正负两个方面。正的方面如植树造林、修建水电站等,人类不仅变更了植物和动物的位置,而且也改变了它们居住地的地形与气候,甚至还改变了植物和动物本身,使人类与资源的关系呈现良性循环。负的方面如滥伐森林、围湖造田,使资源退化衰竭,甚至加剧自然灾害。本书探讨的是狭义上的自然资源,仅指可量化、可补偿的、直接或间接进入社会经济循环体系具有价格属性的自然资源。

1.1.2　资源税

——广义资源税与狭义资源税。资源包括的范围很广,有广义和狭义之分,因而对资源的征税也就有广义和狭义的划分。广义的资源既包括物力资源,也包括人力资源和财力资源。对这些广义的资源进行征税即为广义的资源税。广义的资源税就是对人力资源可以课征人才税,以利于人尽其才,促进人才的合理流动,减少人才的浪费;对财力资源可以开征资金税,以利于发挥投资效益,避免资金的积压与浪费,克服投资膨胀的弊端;对物力资源可以开征资源税,对土地、矿藏、水利、森林等自然资源的开发和利用征税,既可以体现国家资源有偿使用的原则,又可以适当调节不同自然资源的级差收入。

狭义的资源一般是指自然界存在的天然物质财富,即物力资源或自然资源,如土地、矿藏、森林、水资源等。它一般包括三大类:一类是非再生性资源,如各种矿藏资源;二类是再生性资源或可恢复更新的资源,如森林、草场等;三类是无须更新可循环使用的资源,如水、太阳能、风等。狭义的资源区别于其他资源的最显著的特点,就是它的稀缺性、优劣性(或等级性)。狭义的资源税,就是指以土地、矿藏、水利、森林等现代人类正在进行开发和利用的各种自然财富,即以自然存在的劳动对象为课税对象的税种。目前各国对资源征税,一般均属狭义的资源税。

——一般资源税与级差资源税。资源税按其在各国的课征目的和意义的不同,可以分为一般资源税和级差资源税两种。一般资源税是指国家对国有资

---

①　国家统计局:《自然资源统计》,中国统计出版社2005年版,第74页。

源,如土地、矿藏、水流、森林、山岭、草原、荒地、滩涂等,根据国家的需要,对使用某种自然资源者为取得应税资源的使用权而征收的税。这种税体现了普遍征收和有偿开采的原则,具有受益税的性质,其实质是对绝对地租的征收。一般资源税主要是体现有偿占用的原则,有利于加强对资源的管理和合理利用。

级差资源税是国家对开发利用自然资源者由于资源条件的差异所取得的级差收入课征的一种税。级差资源税主要是调节资源使用者因资源条件不同所取得的级差收益。由于资源条件不同,即使投入等量的劳动,也可能会取得不同的级差收入,即级差收入Ⅰ。农用土地存在着级差地租,表现为在不同条件土地上经营者的级差收入;城市土地也因位置不同而存在着级差收入;矿藏、水流、森林等也因各种具体条件的不同而存在着级差收入。这种因资源条件客观上存在的差别而产生的级差收入,是级差资源税存在的基础,并为级差资源税的开征提供了可行性。

——产出型资源税、利润型资源税和财产型资源税。产出型资源税,以加工过的矿石或未经加工的原矿为课税对象,或者从量定额征收,或者从价定率征收,有时也指特许生产或开采税。有三方面的优点:一是管理成本相对较低,计算应纳税额时,无须考虑成本、资源耗减等因素。二是减少了一般预算中为特定目的而安排的支出,其来源较为确定,因此也比较容易用于特定的用途,从而让资源开发者为采矿所需的公共服务以及由于采矿而对环境造成的破坏负担费用。三是具有溢出效应,产出型资源税作为最终产品价格组成的一部分,在产品跨区域销售的情况下即可溢出区域外,由区域外的最终消费者负担。

利润型资源税,以开采企业的赢利为课税对象,对亏损企业不征税。既考虑到了开采企业的运营成本,也考虑到了资源耗减因素,对亏损企业不征税,对利润率低的小型矿山企业没有歧视,意味着更为公平的税收原则。但是,为使税收保持公平合理,并保持计算上的准确性和合乎程序,这无疑增加了税务管理的成本;对跨区取得收入的矿山企业,其收入的确认在操作上更为复杂;对一体化跨区企业,还需要考虑企业内部定价问题,这些都会导致税务资料搜集成本增加。

财产型资源税,以矿产这种资源财富本身作为课税对象,按该财富的价值征收,实际上是一种从价税。这一税制设计的问题在于操作难度比较大,矿产财富的价值很难衡量。不管是未来的价格、成本,还是矿床的地理特征,都具有不确定性,其设计的合理与否关键取决于当地的税收估价员能否合理确定相关参数。

——成本型资源税、激励型资源税、收入型资源税。成本型资源税,用于支付环境服务和削减措施的费用,也可能用于其他相关的环境开支,为了弥补环境监督和控制成本而征收的,属于传统意义上的资源税。资源税最早的经验来自于传统的管制性环境政策,时至今日仍为重要的第一类资源税就是收回成本型收费,使用环境就需支付或负担监测或控制的费用。有两种类型:一是使用者付费,即使用者为使用某具体的环境设施而付费。二是指定用途的收费,即收费所得款项用于指定的环境目的,而不是用于支付交费者的环境消费。

激励型资源税,用于改变生产者或消费者的行为,纯粹为了改变环境损害行为而课征的。征收资源税可能纯粹是为了改变破坏环境的行为,而没有以增加财政收入为目的。这类资源税可称之为提供刺激型税收。该税收的标准可根据下列测算来制定:环境破坏的费用;达到环境目标所需的价格信号。税收收入通常以拨款或税收刺激的方式来进一步诱导人们改变其行为。

收入型资源税,主要用于增加财政收入,这种税收可能会改变或意图改变行为,但是其会同时带来超过环境管制需要的收入,这些收入可能是政府本身的需要,或者它们是带来希望的税收负担转移的一种途径,如将税负从高边际税率的收入或非工资性劳动力税上转移出来。这种税收在改变并试图改变人们的行为的同时,也会带来财政收入。

1.2　研究背景及意义

《全国矿产资源规划(2008—2015年)》指出,我国经济社会发展对矿产资源的需求持续快速增长,矿产资源保障程度总体不足。规划期间我国工业化、城镇化将快速推进,是全面建设小康社会的关键时期,矿产资源市场需求强劲,重要矿产消费增长快于生产增长。我国矿产资源总量大,但人均少、禀赋差,大宗、支柱性矿产不足,经济社会发展的阶段性特征和资源国情,决定了矿产资源大量快速消耗态势短期内难以逆转,资源供需矛盾日益突出。据预测,到2020年,我国煤炭消费量将超过35亿吨,2008~2020年累计需求超过430亿吨;石油5亿吨,累计需求超过60亿吨;铁矿石13亿吨,累计需求超过160亿吨;精炼铜730万～760万吨,累计需求将近1亿吨;铝1300万～1400万吨,累计需求超过1.6亿吨。如不加强勘察和转变经济发展方式,届时在我国45种主要矿产中,有19种矿产将出现不同程度的短缺,其中11种为国民经济支柱性矿产,石油的对外依存度将上升到60%,铁矿石的对外依存度在40%左右,铜和钾的对外依存度仍将保持在70%左右。面对资源需求的扩张,我国资源供给约束瓶颈非常突出。我国已探明的化石燃料储量大大低于世界平均水平:石油人均储量大约是全球平均水平的11%,天然气是0.4%,煤则是56%。煤炭资源是我国最主要的能源来源。按照目前的消耗水平,现有的探明储量仅能维持大约50年的消耗。根据目前的资源利用情况,到2015年我国每年的煤炭消耗可能增加到30亿吨。这将进一步缩短现有煤炭资源能够维持的时间。如此一来,我国低成本资源比较优势将难以为继。如果不改变我国目前的资源使用模式,那么,在我国的人均资源消耗达到发达国家水平之前,资源就已经消耗殆尽。弥补资源供求缺口的短期解决方案是进口化石燃料。但由于我国的需求量太大,一旦因地缘政治原因出现供给缩减的情况,就会导致国际市场的投机性交易和价格的频繁震荡。不仅如此,我国的经济增长和发展还将受到因大量本地化使用化石燃料所造成的环境影响因素的制约。目前我国每天大约消耗570万吨煤、640万桶石油。这造成了严重的污染,包括固体废弃物、水资源污染和跨地区乃至全球层面的大气污染。我国目前每年需要处理大约3亿吨废煤。热电厂燃煤生产的煤灰也不可能完全被处理掉。煤炭在存储过程中以及燃烧过程中的产物会使得数种微量元素(比如汞)流入水体,造成含水层被污染。炼焦厂排出的废弃物污染了地表水体。但最为严重的环境影响还是大气污染。二氧化碳和氮氧化物能够在离源头很远的地方形成酸雨,造成土壤污染,破坏当地生态。微粒物质,特别是粒径较小的微粒污染物,能够导致呼吸系统疾病。而燃烧产生的二氧化碳则增强了温室效应,导致全球气候变暖。在此背景下,如何解决发展经济和节能降耗目标之间的矛盾,是我国经济增长过程中面临的严峻挑战,也是一个转折点。成功降低资源密集度的根本途径是转变经济增长方式,使经济增长方式契合我国的资源禀赋和环境承载力。我国应更多地运用政府的"看得见"的手来调节资源和环境制约因素,这包括合理分配资源、加强环境标准、调整税收政策、建立资源使用效率标准以淘汰过时技术、对污染者进行处罚等。其中调整和引入相应的税收措施,比如调整资源税、投资税、财产税、增值税、消费税以及进出口税等方法是除了使用直接投资激励方法①以外的最好的措施,因为利用对资源课税的方式适当调整资源价格,在资源价格中充分体现环境资源消耗及其负外部经济问题,从而达到节约资源,提高资源使用效率,降低资源消耗,改善我国长期资源供给瓶颈的目的。

　　资源税改革是近年来的一个热门话题。资源税之热并不是一个偶然的现象,因为它是有关国计民生的问题。说它有关国计,是因为资源税的开征直接影响地方政府的财政收入,是我国财税体制改革的重要部分;说它有关民生,是因为资源税的纳税人直接是广大民众,它与百姓的生活息息相关。正因为这样,近年来,中国资源税制的改革问题已经引起了决策层和理论界的广泛关注,理论界在对资源税费体系理论基础的重新构建、作用机制的科学认识及对我国现行资源税体系的基本现状、存在问题的大量研究中得出了大量有益的结论。这些成果丰富了我国资源税收制度的经济理论,可供本项目研究中借鉴和参考。但是迄今为止,关于我国资源税制改革的理论与政策研究问题还有待于进一步深入研究,从目前的文献看,在对资源税制改革理论与政策问题的研究成果中,全面、系统、集成改革中长期目标及当前改革措施具体方案的研究成果还很有限。主要表现在:一是对国外资源税实际征收经验的介绍不够深入,往往只是一般性地论述资源税在各国税收中的地位和影响,对具体征收过程如何设置、为什么这样设置的研究仍不够细致;二是理论深度不够,对国外经济学、财政学界数十年来与资源税相关的研究成果缺乏深入的了解与介绍,盲目把现代西方资源税改革理论看做是指导中国资源税改革的理论基石,然而,将这种并不根植于中国实践的理论完全移植和复制的做法本身就值得怀疑;三是容易"一叶障目",往往缺乏把资源税放在财税体制改革,乃至放在整个中国政治经济体制变革的大环境、大框架中看问题的高度,对资源税制改革破题不足,没有把科学发展观的精神实质与资源税制设计的核心命题很好地结合起来,只是把五个统筹简单地套用在资源税改革方面,照猫画虎地把科学发展观"嫁接"到税收制度,而不能真正解释在"实施有利于科学发展的财税制度"之下资源税改革的内涵和外延;四是大部分观点都是概念性、逻辑性的论述,对资源税制设

---

　　①　为提高资源使用效率和采用可再生资源而使用的直接投资激励主要有:资本性投资补贴、消费者津贴、软贷款、担保。

计的一些重要问题尚未达成共识,缺少较为深入的抽象思考和分析框架,缺少实证上的量化分析作为支持,成果质量上也缺乏操作性,这也是我国资源税制改革中急需解决的问题。基于上述不足,本项目立足于"十一五"规划明确提出"实行有利于资源节约的价格和财税政策","调整和完善资源税"和党的十七大报告关于"实行有利于科学发展的财税制度,建立健全资源有偿使用制度和生态环境补偿机制"的精神指示,以邓小平理论和"三个代表"重要思想为指导,按照贯彻落实科学发展观、构建资源节约型和环境友好型社会的要求,坚持"简税制、宽税基、低税率、严征管"的原则,统筹税费关系,扩大征收范围,优化计税价格,调整税率结构,实施税负转移,有效配置税权,规范减免政策,提高税法遵从,构建以人为本、充满活力、富有效率、更为公平、更加开放、高度文明的资源税制,更好地发挥其在组织财政收入、调节资源级差收入和资源收益、促进资源合理开采利用和环境保护等方面的作用,以满足公共服务均等化和主体功能区建设的需要,建立健全资源有偿使用制度和生态环境补偿机制。

1.3　国内外文献综述

1.3.1　关于资源税基础理论问题

美国著名经济学家保罗·萨缪尔森曾经指出:什么是重要的自然资源? 它们应当包括土地、水以及大气。这个三重组合生产出了许多有用的商品和服务。大地肥沃的土壤为我们提供了粮食和美酒;地表下还蕴藏着石油和矿藏。水源为我们提供鱼、娱乐,以及非常经济的运输方式。宝贵的大气层不但提供可以供呼吸的空气、日落的美景,还提供飞行空间。自然资源和环境从某种意义上说,都是另一种形式的生产要素,就像劳动与资本一样。它们是为人类服务的,因为我们从自然资源的服务中获取了产出或满足。[①]

美国经济学家戴维·N. 韦尔指出:自然资本就是一国农业用地、牧场、森林和地下资源——包括金属、矿产、煤、石油和天然气的价值。与实物资本和人力资本不同,自然资本不是通过有目的的投资创造出来的。不过,一国的自然资本代表的是与人类活动无关的现存的资源量。自然资源有助于经济增长,但

---

① 　[美]保罗·萨缪尔森、威廉·诺德豪斯:《经济学》,人民邮电出版社2008年版。

却不是实现经济增长目的的充分和必要条件。丰富的自然资源常常是经济增长的一个策动力,但是,许多国家在自然资源促进经济增长方面的经历非常令人失望。这种负面的经历使得一些观察家认为,从长期的观点看,自然资源事实上可能会阻碍经济增长,这就是所谓的"资源魔咒"。这种资源魔咒产生于何处? 自然资源丰富的国家并没有成功地发展其经济所必需的文化属性。除了这种文化上的解释之外,还有三种主要的推断可以解释这种现象——一种是储蓄水平;一种是工业化过程;一种是政治。自然资源不利于经济增长并不是自然资源本身的错,更确切地说,是自然资源的充裕与其他一些因素相互影响的结果。对于暂时性的资源激增而言,一个具有向前意识的国民或政府,可能就会把大部分由资源带来的意外收入投入到那些有利于未来生产的方面,从而长期保持富裕。①

美国经济学家罗伯特·S. 平狄克在其著名的《微观经济学》中表露了以下观点:共有资源是那些任何人都可以自由得到的资源。结果,它们可能被过度利用。空气和水是这类资源中两种最一般的例子。其他例子包括鱼、动物、矿物资源的勘探和开采。对共有资源问题,有一个相对简单的解决办法——让一个所有者管理资源。该所有者将确定使用该资源的费用,但遗憾的是,大多数共有资源都很庞大,单个所有权可能不行。这样,就可能需要政府所有或者政府直接管制。② 而约瑟夫·E. 斯蒂格利茨教授认为:一种重要的外部性来自共有资源问题。问题的主要特征是公有的稀缺资源的获得不受限制。为了减少常常由于不完全明确的产权带来的不确定性,政府已经努力阐明产权,并更准确地界定收集到的有关的性质和数额。最近的立法和管制已经认识到存在价值的重要性。作为国家自然资源的"受托人"的政府,有权利起诉这些损害。尽管根据现行立法,取得的赔偿必须用于恢复。③

英国经济学家阿瑟·塞西尔·庇古最早提出了政府可将税收用于调节污染行为来消除资源利用中的外部性的思想,他在发展了其老师马歇尔的外部性

---

① [美]戴维·N. 韦尔:《经济增长》,中国人民大学出版社2007年版,第405页。

② [美]罗伯特·S. 平狄克、丹尼尔·L. 鲁宾费尔德:《微观经济学》(第六版),中国人民大学出版社2003年版。

③ [美]约瑟夫·E. 斯蒂格利茨:《公共部门经济学》(第三版),中国人民大学出版社2005年版,第186页。

理论的基础上,进一步完善了外部性理论。他指出,鉴于人类具有将过多的资源用于当前服务,而将过少的资源用于未来服务的"自然"倾向,政府方面强化这种倾向的任何人为的干预都会减少经济福利因而受到限制,除非这些干预在分配的公平方面起到补偿作用。因而受到这种条件的限制,在与开支相比较时,所有对储蓄实行差别待遇的税收,一定会减少经济福利。即使在没有差别待遇时储蓄就已经很少了,而有了差别待遇后储蓄就将更少。环境问题是负外部性的结果,而外部性无法完全依靠市场机制加以消除,因此必须借助于政府的作用。由此,庇古建议,政府和立法机构出面调解这一矛盾,即应当根据污染所造成的危害对排污者征税,用税收来弥补私人成本和社会成本之间的差距。根据私人边际收益等于边际社会成本,企业会自动把产品产量调整到最佳水平,此时的税收为最优水平,它等于最佳产量时的边际外部成本,后人将这种税称为"庇古税"。① 但从另一角度看,"庇古税"方案存在着局限性。这不仅是因为增加税收本身在某种程度上损害了经济活动当事人的权利,这里有一个税收的"度"的问题。而且实施"庇古税",政府必须确切地知道某厂商施加的外部性的成本,这一点实施起来并不容易。

科斯则通过建立一整套适当的激励机制引导污染者或受污染者的恶行为,使之向社会最优的方向转化。科斯在1960年指出,通过私人谈判就能将外部效应内在化,他同时指出,出于资源配置的改善,应考虑对污染的受害者征税。② 科斯得出的通过契约来解决外部性问题的作用范围极其有限,由于有零交易成本和不存在策略行为的假定,这种方法遭到了理论上和实践上的批评。

此后,许多经济学家从不同角度对外部性问题进行了深入探讨,提出了一些治理外部性的对策。美国著名的资源经济学家——阿兰·兰德尔从福利经济学的角度利用效用函数建立了帕累托外部效应模型,进行了与自然资源和环境问题相关的经济分析,并认为自然资源消费的不可分割性以及非专有性造成了许多污染问题,阐明了污染与价格之间的关系,评价通过交易解决冲突的可能性,同时还比较了规章制度、征税和收费在有效利用资源过程中的效力。③

① Pigou, *Welfare Economics*, London, Mac Millan, 4th Edition, 1946, pp. 134 – 135.
② R. H. Coase, "The Problem of Social Cost", *The Journal of Law and Economics*, October, 1960, pp. 1 – 44.
③ 阿兰·兰德尔:《资源经济学》,施以正译,商务印书馆1989年版。

美国环境经济学家威廉·鲍莫尔和华莱士·奥茨在《环境经济理论与政策设计》中对环境外部性问题进行了研究,他们通过建立一般分析模型以寻求污染控制的最优途径,研究结果表明:要使企业排污的外部成本内部化,需要对企业的污染物排放征税,以实现帕累托最优状态。①

汤姆·泰坦伯格对产权、自然资源的配置规律进行研究后认为,某些自然资源和环境资源具有消费上的非竞争性和非排他性的特征,因此是典型的公共物品,例如清新的空气、广袤的公共草场、清洁的水以及物种的多样性。资源的公共物品特征导致资源使用的搭便车现象发生,从而使市场资源配置无效。同时,自然资源在开采过程中会增加社会的环境成本,即负的外部性,这导致了产权结构不明确,使得生产者不承担这些费用。例如可耗竭资源的开采会对环境造成危害,但它并不能完全反映在开采公司所花费的成本上,而且社会本身缺乏外部措施使这项费用公共化。若用政府手段(征税或收费)将环境成本加进去以后,提高了资源的价格,这一方面减少资源需求量,降低资源的消费率,另一方面,较高的边际成本会使可耗竭资源的累计开采数量减少。②

对市场配置资源时的失灵现象,国内学者也提出了一些具有新意的理论。施星获将外部性分为两个部分,即生产中存在的外部性和消费领域存在的外部性。与生产领域的外部性相比,资源消费领域的外部性具有分散性的特点,这种单个消费者的消费外部性可称之为"微小行为的暴行"。对消费行为产生的外部性通过行政管制措施有时是无效的,最好的方式就是以经济手段提高产品或劳务的价格来限制资源的过度消费,这就需要政府通过税收手段来调节,使消费行为的外部性通过税收进行内部化。③

鲁传一认为,很多情况下,公共物品与公有资源常当做同义词使用,但实际上存在差别。公有资源是指难以界定排他性产权,且使用中存在竞争性的物品。排他性产权没有界定,意味着使用不受限制,以致使用者彼此竞相使用,最终导致了可利用的数量减少或质量下降,造成拥挤现象。公有资源一开始作为

①　威廉·J.鲍莫尔、华莱士·E.奥茨:《环境经济理论与政策设计》(第二版),严旭阳等译,经济科学出版社2003年版,第16页。

②　汤姆·泰坦伯格:《环境与自然资源经济学》(第五版),严旭阳译,经济科学出版社2003年版,第140页。

③　施星获:《环境与发展经济学》,立信会计出版社1995年版。

公共品使用,逐渐增加了资源的稀缺性,促成了产权的清晰界定,最终转化为非公共物品。外部性理论是资源与环境经济学的理论基础,外部性理论揭示了市场经济活动中一些资源配置低效率的根源,同时为解决自然资源和环境外部不经济性问题提供了可供选择的思想或框架。[①]

在某种意义上资源和环境具有公共物品的特性,因此保护资源和环境的任务理应由政府来实施。但前提是政府必须向资源、环境的所有受益者强制性地收取一个价格,而资源课税就是这个价格较为理想的体现形式。通过税收一方面满足了政府为公众提供公共产品的财力需要;另一方面也为治理公共产品的外部性提供了必要的资金。公共物品理论[②]是资源课税的重要理论依据之一。

某些资源和环境问题与其说是经济因素造成的,不如说是由政治因素造成的。在自然资源政策中,政府也会和市场一样出现失灵的现象,二者的根源都是不恰当的激励问题。特殊的利益群体利用政治手段来从事所谓的寻租行为(rent seeking),成功地寻租行为通过寻求立法保护可以增加特殊利益集团的净收益,但降低了社会作为整体的净收益。如生产者可以寻求限制某些资源进口的措施来避免竞争压力或者寻求最低限价将资源价格保持在他们的有效水平之上。不管采取什么形式,寻租现象的存在对那种认为政府直接干预越多越能导致社会有效的假说提出了直接的挑战(汤姆·泰坦伯格,2003)。

张璐在分析我国资源破坏和浪费现象时,阐述了资源问题产生的根本原因。他认为,如果用"市场失灵"来概括我国当今所面临的资源问题,那就过于失之偏颇。因为我国的资源问题很大程度上是资源供求过程中,行政权异化和失败的结果。首先,我国从新中国成立以后到改革开放之前,一直是以计划经济为主导,大的环境决定了资源市场根本无法形成,既然没有市场,何来"市场失灵"。其次,在改革开放以后,资源的开发利用虽然逐渐由无偿使用向有偿使用过渡,但实际上,由于我国自然资源所有权的国家垄断,再加上以资源物权为基础的资源权益确定

---

①　鲁传一:《资源与环境经济学》,清华大学出版社 2004 年版,第 29 页。

②　公共物品的思想萌芽,最早见于 1739 年大卫·休谟所著的《人性论》,此后亚当·斯密的公共产品理论,穆勒的灯塔理论都进一步发展了这个理论体系。参见休谟:《人性论》,关文运译,商务印书馆 1980 年版;亚当·斯密:《国民财富的性质和原因的研究》(下卷),郭大力、王亚南译,商务印书馆 1974 年版;J. S. Mill, *Principles of Political Economy*, Longmans, Creen & Co., London, 1992, p. 970。

相对滞后,造成的现实中资源的配置和流转仍然实行政府供给(张璐,2003)。

鲁传一分析了资源配置中的两种政府失灵的类型,因政府以补贴和税收形式对价格进行干预,可能使价格偏离真正的资源成本,这会误导生产者和使用者的资源使用类型和使用数量。政府失灵也是造成环境问题的重要原因,由于政府进行调节性干预,或允许个别产业经营者获得垄断权力,因而市场不能有效发挥作用,这就构成了人为环境恶化的结构性因素。

张卫兰从生态环境资源配置的角度剖析了"政府失灵"问题。认为生态环境问题上的"政府失灵"是指政府的一系列政策、制度不能有效遏制污染物排放和规范自然资源的合理利用,矫正"市场失灵",而在某种程度上加重"市场失灵"。突出表现在两个方面:一是宏观政策失灵,比如政府对国民生产总值GNP 等宏观经济只是总量的追求,这种核算体系和核算办法存在严重缺陷;没有将环境资本归入物质生产的存量资本,没有将环境成本计入企业的生产成本,没有将企业生产行为的价值放在环境发展和社会发展的宏观大体系中进行考察,单纯的唯 GDP 论英雄,这样就诱使人们单纯追求经济产值和经济增长速度,而不顾自然资源的过度开发和因此而造成的资源浪费和生态环境破坏,并最终导致自然资源的不断衰竭;二是微观政策失灵,主要指的是我国环境政策的缺陷,导致生态环境的破坏。因此,资源有效配置制度创新是彻底根除生态环境问题即实施可持续发展战略的必由之路(张卫兰,2006)。

综上所述,国内外学者认为,在自然资源有效配置问题上也存在政府失灵现象,致使政府在干预资源开采和使用活动时失效。把资源和环境保护的目标过多地寄希望于政府干预,所带来的不良后果必然也是资源有效配置过程中的"政府失灵"。因为政府信息不对称和能力局限性下制定的干预政策,完全可能造成自然资源价格、环境污染私人成本偏低,以及政策实行过程中因缺乏部门间的协调,无法达到预定目标。如对农业、水、木材和能源的保护政策,可能会导致人为的资源低价,错误的价格信号使这些部门过度生产,其产量超过理想的社会水平。再如,行政性规制作为政府配置资源的一个基本手段,在实施过程中经常被扭曲。当政策执行者与作用对象之间就规制实施的含义、规范与程度等内容进行扯皮和讨价还价时,政策的实施效果就大打折扣。因此,政府失灵的客观存在表明,依靠政府干预的行政手段常常难以实现环境保护的预期目标,必须选择适当的环境经济手段,以弥补政府行政手段对市场干预的失灵。

1.3.2　关于资源税功能定位问题

美国经济学家尼尔·布鲁斯认为:资源税是对从州的土地及水资源中获取木材、鱼及矿产等资源的公司征收的税。[①] 阿兰·兰德尔通过可耗尽资源最优动态配置问题研究得出,在社会认为市场决定的资源开采率不是最优的情况下,政治制度可以有效治理资源开采最优配置问题。即政府通过税收政策——开征地产税或开采税来影响单位矿区使用费(矿产资源价格和开采成本之差),从而影响开采率,同时让资源开发商根据受政府影响的价格自己去确定最优开采策略(兰德尔,1989)。

托马斯·思德纳认为,在管理自然资源时,应征收采矿权、立木费(stumpage fees)、使用费及土地税等费用。之所以收取这些费用是因为外部效应,或者是因为产权缺损,因此支付 Hotelling 法则中的稀缺租金。政策制定包括纠正外部性及其他市场失灵以及当没有有效的所有者可以认领这一租金时施加一个稀缺租金(托马斯·思德纳,2005)。

在提高资源使用效率和采用可再生资源两个方面,亚洲开发银行东亚局能源处处长安尼尔·特维(Anil Terway)认为,除了资本性投资补贴、消费者津贴和软贷款或者担保等直接投资激励手段以外,还可以同时采取相应的税收措施,比如投资税、财产税、增值税或消费税以及进口税减免。建议我国应考虑征收环境税和"碳税",以反映传统化石燃料生产和使用的部分外部成本。同时指出,加征这些税时应确保税收中立,并将其用于向可再生资源项目提供投资激励。[②]

资源税是国家凭借政治权力取得的收入,这是资源税的性质,即在国家的两种权力——资源或财产所有权与政治权力中,资源税体现的是国家政治权力,而国家凭借资源或财产所有权取得的收入应为租。国家在管理资源时应遵循租税分流的原则,正确认识资源税的流转税这一性质,并体现国家政治权力

---

① ［美］尼尔·布鲁斯:《公共财政与美国经济》(第二版),中国财政经济出版社 2005 年版,第 651 页。

② 安尼尔·特维:《中国的能源与环境——经济发展的两大制约因素》,《世界环境》2006 年第 4 期。

主体对国有资源经营权利主体的征税关系。①

　　计金标认为资源课税政策目标定位应与可持续发展目标相一致,其最终目标应使资源的利用可持续。同时还提出了四个短期的中介目标:一是通过资源税参与资源价格的形成过程,使资源的绝对地租部分能充分归国家所有,彻底改变无偿开采和使用资源的现象;二是资源税要能够调节资源开采企业的级差收入,要将级差地租 I 的部分归国有,这也是保护不同类型的资源同等开采的一个重要前提;三是资源税要体现由于资源开采产生的外部性成本,这既是社会效率最大化的要求,也是实现可持续发展的要求;四是资源税应逐步体现可持续价值,应通过资源税取得保证后代人资源基础完整所需的部分资金。②

　　郑琳认为我国现行资源税是对在中华人民共和国境内从事资源开发,因资源条件差异形成的级差收入征收的一种税。级差型资源税的目的在于调整资源开采企业之间的收入水平,将开采优质资源和具有良好资源开采条件的企业获取的级差收入收归国有,使各资源开采企业在同等条件下公平竞争。通过资源税调整资源开发企业之间的级差收入固然很重要,但单纯的级差性质极大地局限了资源税制应有的作用。首先,它没有表达政府对资源的所有权和管理权,因而政府无法通过征收资源税表达保护资源和限制资源开采的意图,当然也无法发挥保护资源的作用。其次,单纯级差性质的资源税没有给出资源价格,不但不能体现资源本身的内在价值和不同资源在经济中的不同作用,而且不能将资源开采的社会成本内在化,因而无法起到遏制资源被掠夺和浪费的作用;单纯级差性质的资源税根本无助于企业改变经济增长方式,因为它不能激起资源开采企业和资源使用企业减少资源消耗和改善生产设备与工艺流程的内在热情。③

　　龚辉文研究自然资源的循环、再生与使用路径以后,分析了自然资源的价值构成各个因素,并提出在促进资源的永续利用方面,税收发挥着举足轻重的作用。例如在资源的开采环节征收资源税从而使资源的价值充分反映成本、利润、外部负经济等因素,这样可以正确引导资源供给和需求;在资源的使用(消费)、废弃物排放、废弃物回收利用、资源替代和再生环节利用各项税收优惠措

---

① 杨斌:《论面向 21 世纪的中国税制》(下),《涉外税务》1999 年第 2 期。

② 计金标:《论生态税收的理论基础问题》,《税务研究》2000 年第 9 期。

③ 郑琳:《坚持可持续发展战略与我国资源税制的完善》,《税务研究》1999 年第 4 期。

施提高资源使用效率、提高资源再生技术的使用等。①

中国的资源税与其他许多国家的不同,其税款不是由自然资源的开发者而是由使用者来支付。因此,中国的这种税与其说是一种自然资源税,倒不如说是一项新产品税。这样说并不意味着在中国不存在资源税。在中国,原料保持着相对较低的价格,这一价格机制,加上这些资源的使用者的补贴费,实际上对自然资源的开发也起着一种默示税收的作用。②

综上所述,对于资源课税的目的主要有以下几个观点:一是利用资源税将外部成本内部化,提高资源价格,达到有效配置资源供给和需求的目的;二是资源课税可以调节资源开采速度,从而起到资源可持续利用的目标,使有限的资源在代内和代际之间合理分布。

1.3.3　关于资源税费制度问题

在国外,对自然资源的开采、使用,除按照正常征收一般的直接税(如所得税)和间接税(如增值税)外,不少国家还对其征收一些特别税费。J. V. M. 萨马、G. 纳雷西主要分析了世界15个主要矿产国的实例,探讨了目前国际矿产课税的趋势与问题(J. V. M. 萨马、G. 纳雷西,2001)。曼昆认为:共有地悲剧是一个有一般性结论的故事:当一个人用共有资源时,他减少了其他人对这种资源的享用。由于这种负外部性,共有资源往往被过度使用。政府可以通过管制或税收减少共有资源的使用来解决这个问题。此外,政府有时也可以把共有资源变为私人物品。几乎所有的例子都产生了共有地悲剧一样的问题:私人决策者过分地使用共有资源。政府通常管制其行为或者实行收费,以减轻过度使用的问题。③ 也有经济学家认为:当公用资源的潜在使用不可兼容或其他人认为某一群人的资源使用率过高时就会产生问题。当每一个资源使用者都能对资源做独立决策时,常常会发生滥用问题。当资源使用过度或者使用者不能相互兼容时,政府就要采取措施了。当资源使用的压力日渐增大,环境问题上的担忧也日渐增长时,越来越多的人采用将公用资源转化成共有(或私有)财产这种共有政策。资源需作为共有财产由政府机关管理。政府划分资源财产权

---

① 龚辉文:《促进可持续发展的税收政策研究》,中国税务出版社2005年版,第106～109页。
② 特玛拉·M. 阿根廷、伯特·霍夫曼:《关于自然资源税制的诸问题》,世界银行1999年。
③ [美]曼昆:《经济学原理》(第二版)(上册),北京大学出版社2001年版,第228页。

并对如何使用资源作出决策。美国是准许土地所有者拥有开发亚表面矿产资源、能源和水资源权利的少数国家之一。而在其他大多数国家,亚表面资源由中央政府控制,销售资源所获得的收益作为税收由国家征集。[①] 戈登·图洛克曾这样说道:我将介绍一种比较人为的漏洞定义,它反映出我们所谓传统公共财政的观点。我把漏洞定义为一般性税法中的任何免除一些具体事情的条款。原因是这些漏洞往往会降低经济效率。难逃的税,如实际所得税、销售税、增值税和房产税不会对资源在不同用途方面的配置带来很大的改变,只是将资源从私人部门移出。当然,它们会降低工作和储蓄的激励。然而,在所得税中对自然资源消耗方面的扣除导致了石油开采方面的过度投资,很多其他的特殊规定也有类似特征。[②]

张新安比较分析了 40 多个实行市场经济的重要矿产国的矿业税费制度,对市场经济国家矿业税费制度的主要目标、演变过程、税制模式、税费种类、税收优惠以及近些年来一些重要矿业国对矿业税费制度的调整等内容进行了比较充分的比较研究。研究发现,虽然世界各国矿业税费制度各不相同,但市场经济国家经过长期的市场实践,都逐渐形成了一套通行的行之有效的对矿业项目的专门税费制度。其核心内容是,在矿山生产阶段,采纳的是以权利金制度(绝对地租)为核心的财政制度,其中耗竭补贴可以理解为是一种"负"权利金,而资源租金税(或超额利润税、资源租金权利金等)可以理解为是一种"超"权利金(级差地租),国家参股中的自由股本(国家无成本股)可以理解为是权利金的一种变种,国家有成本股有的时候是权利金的变种,有的时候可以理解为正常的(或优惠条件的)股本投资。同时还有与取得矿业权有关的收费,其中最主要的是申请费和租费,有时还包括了红利、许可费等。此外,为保持矿业权还需缴纳保证金及履行最低工作投入承诺等。这套做法对保证主权国权益和区域经济发展,以及对鼓励矿业投资提高投资者的积极性,促进矿业发展起到了积极的作用。[③]

从 20 世纪 80 年代以来,世界矿业结构发生了深刻的调整,持续的低价格

---

① [美]韦斯利·D. 塞茨、杰拉尔德·C. 纳尔逊、哈罗德·G. 哈尔克罗:《资源、农业与食品经济学》(第 2 版),中国人民大学出版社 2005 年版,第 344 页。

② [美]戈登·图洛克:《特权和寻租的经济学》,上海人民出版社 2008 年版,第 78 页。

③ 张新安:《现代市场经济国家矿业税收制度研究》,地震出版社 1997 年版。

期使矿山企业蒙受了巨大损失,此时各国的税费制度开始更强调经济发展的财政刺激,并且强调调低税率鼓励矿业发展,同时关心环境方面的税收问题。近年来矿业税费制度的发展趋势是降低矿业的税费负担,采用灵活的累进税制,降低生产税的税率与国家参与的程度,对国外投资者和国内投资者实行平等的待遇等等。

1.3.4　关于资源课税范围问题

围绕资源税课征范围,我国税收理论界可归纳为三点,即大资源税观、中资源税观、小资源税观。

大资源税的观点主张国家对所有再生和不可再生的资源,包括土地、矿山、燃料、能源、森林、水资源,以及资产、人力等各要素全部纳入资源税课征范围之内征收资源税。也即改变我国对商品和流通环节课征间接税的传统税制体系,直接对创造财富和社会再生产资源的人力、财力、物力课税,就可以从根本上解决国家财政收入的来源,从而大大地简化目前繁琐而复杂的税制体系。具体地说,就是对人力资源可以课征人才税,以有利于人尽其才,减少人才浪费,促进人才合理流动;对财力资源可以开征奖金税,以有利于发挥投资效益,避免资金的积压浪费;对物力资源的开发利用征税,既体现国有资源的有偿使用原则,又适当调节不同自然资源的级差收入。按照这一设想,我国的税制格局将发生根本性的变化,形成以资源税为主体税种的税制结构。[①]

中资源税的观点主张资源税的征收范围只限于对不能再生的自然资源及能再生但破坏严重的资源课税,如天然气、石油、煤矿、铁矿等矿产资源等不可再生资源以及因不注意保护、任意取用而造成某些珍贵动植物濒临灭绝。张秀莲认为,我国资源税征收范围,原则上应包括所有不可再生资源和部分存量已处于临界水平,再进一步消耗会严重影响其存量或其再生能力已经受到明显损害的资源,如我国的矿产资源、水资源、森林资源、土地资源、海洋资源、动物资源等。如果此范围得以确定,则可以对现行资源课税体系进行重新调整,将资源课税的税种统一为资源税,而将土地使用税、耕地占用税等并入资源税,成为

---

① 黄桦:《税收学》,中国人民大学出版社 2006 年版,第 257~258 页。

资源税的一个税目。①

　　鲍升国、李锐等认为我国资源税课税范围应充分借鉴国际上其他发达国家资源税的征收方法,既包括矿产资源,也包括其他自然资源。从我国发展情况看,资源税的征收范围也应逐步扩展至全部自然资源,以及若干社会资源,但是,目前对上述资源普遍征收资源税的条件尚不具备,可采取分步实施的办法,逐步扩宽。第一步将国家已经立法管理的资源纳入资源税的征收范围,如《矿产资源法》、《电力法》、《水法》、《土地保护法》、《森林保护法》等;第二步待条件成熟后,将所有资源全部课征资源税。

　　有些学者认为资源税课税范围应仅限于自然资源,对于社会资源不列入资源课税范围之内。但自然资源包括的范围也很广,如矿产资源、土地资源、动植物资源、海淡水资源、太阳能资源以及空气等。矿产资源又可分为能源矿产、金属矿产、非金属矿产、水气矿产及其他呈固体、气体或液体状态的矿产资源等。再细分,能源矿产又包括煤、石油、天然气、铀等。不过,鉴于土地兼具自然资源性质和财产性质,且对土地课税通常视为财产税范畴,因此,对土地课税没有做细致的讨论。②

　　小资源税的观点主张不再扩大资源税的课税范围,而是扩大对矿产品征收级差收益的数量,即国家征收矿产资源的资产收益,其内涵应是绝对矿业权租金和第Ⅰ形态级差矿租(矿山企业因资源丰度和开发条件优越而产生的超额收益),名称可与国际接轨,称之为权利金,以体现国家作为矿产资源所有者的权益,这部分收入大部分上交国家财政,少部分留给地方财政,同时指出资源税和矿产资源补偿费都应取消。③

　　上述几种观点中第三种观点显然是不完全的,它基本上没有考虑对绝对地租征收的情况,因而对资源的可持续利用是不利的;第一种观点不顾现实,过分夸大资源课税的范围,实际上既无法操作,也不利于税制及整个财政体制的稳定;第二种观点比较合乎实际,如果能与税率设计相结合是比较合理的一种选择。

------

　　①　张秀莲:《可持续发展与资源课税》,《云南财贸学院学报》2001 年第 2 期。
　　②　龚辉文、沈东辉、王建民:《资源课税问题研究》,《税务研究》2002 年第 7 期。
　　③　袁怀雨、李克庆:《资源税与矿产资源补偿制度改革》,《资源·产业》2000 年第 3 期。

1.3.5　关于资源税计税方法问题

著名经济学家马歇尔认为:矿山的地租与田地的地租是按不同的原理设计计算的。佃农在契约上可以订明归还与原来同样肥沃的土地,但矿山公司则不能这样做;佃农的地租是按年来计算的,而矿山的地租主要是由"租用费"构成的,这种租用费是按照从大自然的蕴藏中所取出的物品的比例征收的。[①]　大卫·李嘉图指出黄金税分为两种:一种是按流通中的实际黄金量征收;另一种是按矿山的年产量征收。两者都有减少黄金产量提高黄金价值之倾向,但两者在减少黄金产量之前,都不能提高其价值。所以在减少供应之前,这种税会暂时落在货币所有者身上。但是永远由社会承担的那部分将由矿主以减租的方式缴纳,以及由那些把黄金作为供人享乐的商品来购买而不作为流通媒介来购买的人缴纳。[②]

对于资源税的计税依据大多数专家学者认为,规定资源税的计税依据应当使资源开采企业或个人为其开采的所有资源付出代价,而不仅仅是已获利的被开采资源,这样可使资源开采者从自身利益出发,充分考虑市场需求,合理确定资源开采量,杜绝资源浪费现象。因此,资源税计税依据由按销售数量或自用数量计征改为按生产数量或开采量计征,只有按销售量计税才能达到有效保护资源、合理开发和利用资源的目的(赵岚,1998;郑琳,1999;杨斌,1999;李志学、陈娟,2005)。

对于资源税征收方式,赵岚认为,将价内征收改为价外征收。我国现行资源税沿袭了原有的征收方式,即在原矿产品生产价格未变的情况下,直接在其价内征收。按照1994年税制改革时资源税制设计所要达到的,通过调整东、西部地区间收入分配格局,实现资源合理配置的目标,所以,在目前矿产品价格机制短期内不能到位的情况下,可以考虑改价内征收为价外征收,以便尽快实现预定的政策目标(赵岚,1998)。

1.3.6　关于资源税税率设计问题

计金标在《资源课税与可持续发展》中指出,根据资源税改革的目标,税率

---

① ［英］阿尔弗里德·马歇尔:《经济学原理》,陕西人民出版社2006年版,第127页。
② ［英］大卫·李嘉图:《政治经济学及赋税原理》,华夏出版社2005年版,第140页。

的设计也要分几个层次来考虑,根据现实情况可逐步实施。因此,第一步,税率
设计要有利于调整资源的边际成本;第二步,要能够调节级差收入;第三步,资
源开采利用要考虑对环境的损害;第四步,考虑到资源的可持续价值或使用者
成本后再对资源税税率进行设计,但目前对这个数值的计算尚有较多的不确定
因素,因此理论上这个数额应该等于对后代人的补偿基金(计金标,2001)。

郑琳认为,资源税税率设计应体现以下几个方面:第一,体现劣等资源所有
权和使用权的转让价格;第二,调整资源开采过程中的级差收入;第三,表达资
源的稀缺度和政府对开采该资源的限制程度,资源的稀缺度越大,政府对该种
资源的限制程度就越强,资源税税率就越高;第四,反映资源开采形成的外部成
本,资源的有害物质含量越高,在开采过程中给环境造成的损害越大,资源税税
率就应当越高;第五,正确反映资源的内在价值;第六,应考虑资源再培育的资
金需要量(郑琳,1999)。

杨斌指出,将资源税现行的单位税额改为差额比例税率。资源税按不同等
级分别规定差别比例税率,以应税产品的生产数量,按照同期该产品的市场销
售价格和适用税率计算应纳税额,这样既简便易行,适应市场经济发展的需要,
又符合优质高价、劣质低价的原则(杨斌,1999)。

税率设计应当遵循可持续发展原则、区域经济协调发展和环境保护的原
则,从代际补偿考虑,资源税税率至少应为 1.4% ~1.56%;从不可再生资源的
产业替代考虑,石油资源税税率至少应为 2.44% ~3.77%,天然气资源税税率
至少应为 1.67% 左右,煤炭资源税税率至少应为 0.4% ~2.94%;从通货膨胀
率分析,资源税税率应年均递增 6.83% ~9.21%。综合上述三项因素,石油资
源税下限税率为 10.67%、上限税率为 14.54%,平均税率为 12.61%;天然气资
源税下限税率为 9.90%、上限税率为 12.44%,平均税率为 11.17%;煤炭资源
税下限税率为 8.63%、上限税率为为 13.71%,平均税率为 11.17%。总之,资
源税税率应当调整到 10% 以上,其中原油、天然气、黄金、有色金属矿等资源税
的税负应当高于其他资源的税负。①

总之,新的资源税的单位税额应考虑多种因素。综合各种因素后,可预见
的单位税额分布规律应该是:不可再生资源的单位税额高于可再生资源的单位

① 张春林:《资源税率与区域经济发展研究》,《中国人口资源与环境》2006 年第 6 期。

税额;稀缺程度大的资源的单位税额高于稀缺程度低的资源的单位税额;经济
效用大的资源的单位税额高于经济效用小的资源的单位税额;对环境危害程度
大的资源的单位税额高于对环境危害程度小的资源的单位税额;再培育成本高
的资源的单位税额高于再培育成本低的资源的单位税额。

1.3.7　关于资源税收入归属问题

一旦决定对自然资源收益实行税收,人们应该确定哪级政府是控制自然资
源税的;税收的自然增长掌握在什么水平上。在每个征税划分问题上,效率、稳
定和公平需加以认真考虑。国际上关于自然资源税的划分方法是多样化的。
但是至少在许多国家,部分财政收入,有时候对自然资源的税收是划给地方政
府的。为了均等的目的,各个省份对自然资源税收的分享实行不同的划分看来
是不可取的。中国在改革政府间财政关系时应该拿出一个对确定资格和税的
分担具有客观标准的具有广泛基础的均等方案。①

现行资源税的收入分配格局是,海洋石油资源税归中央,其他资源税归地
方。这种分配格局存在一定弊端:一是不利于中央的宏观调控。因为海洋石油
以外的资源税收入全部给地方,中央对地方的资源开发利用项目宏观调控的权
力有限,使宏观调控的力度减弱。特别是对于节能降耗项目,新能源研制开发
项目等,中央财力支持的力度就会弱化。二是这种分配格局刺激了地方的急功
近利,部分地方政府为了眼前的利益乱上资源开发项目,特别是个别地方默许
小煤窑、小油井的乱采乱挖,导致资源的重大浪费和恶性安全事故的接连发生,
给国家和人民的生命财产造成了重大损失。为了便于中央对全国自然资源的
宏观管理和有序开发,防止地方短期化行为的发生,应将资源税从地方税改为
中央税。②

在资源税与区域财政能力差距问题上,马珺对美国、加拿大等资源大国资
源税收入归属问题进行研究后认为,产出型资源税,尤其是跨州税对各州财政
能力的影响较大,激化了各州财政能力差距问题。因此应对资源税的归属进行

---

① 特玛拉·M.阿根廷、伯特·霍夫曼:《关于自然资源税制的诸问题》,《世界银行》
1999年。

② 现阶段我国资源税中海洋石油勘探企业缴纳的资源税归中央政府,其余的归地方政府
支配。

调整,在充分考虑公平和效率这两大原则的基础上,完善转移支付等财政平衡机制,并适当将资源税纳入中央税的范畴内。①

就目前情况来看,资源税作为共享税比较合理。同时,要充分利用资源税返还给地方的财政资金,建立一套资源开发和环境保护补偿机制,作为农民利益和生态环境的补偿。按照"分步实施,逐步到位"的原则,综合考虑资源有偿使用和资源税改革进展情况及矿业企业承受能力,研究分步调整矿产资源补偿费费率,并建立与资源利用水平相联系的浮动费率制度。

1.4 主要创新点

——税收理论创新贵在与实俱进、与世俱进、与时俱进。本项目指出各国的税收制度架构都不同程度地轻视甚至忽略资源税的客观现实,揭示了主流经济学在国家税收制度设计方面的缺陷,在参照现阶段国内外资源税改革理论研究成果的基础上,以科学发展观为理论基石,探讨科学发展观与资源税改革的最佳结合点,研究形成了与中国特色资源税改革的理论支撑。

——资源税制改革涉及方方面面的利益格局调整,是各有关利益相关者在追逐各自利益需求的过程中通过协调、利益让渡和责任分担,选择有利于自身的行为决策的整合结果。本项目利用利益相关者理论,对资源税制改革过程中所涉及的七类利益相关者,并对这些利益相关者的利益需求进行了分析,为研究资源税制改革及其他税制改革建立了一个全新的分析框架和研究方法。

——本项目全面梳理国内外资源税改革理论研究成果,系统评价每一种资源税改革理论的好与坏及其与有利于科学发展的税收制度的适应性,把科学发展观贯穿于资源税设计的全过程、落实到资源税改革的各个层面,不断推进税收制度创新,提高税收决策的科学性和协调性,为资源税改革提供有价值的参考和借鉴。

——本项目以经济学、社会学、政治学、财政学、管理学、统计学等多学科为支持,运用公共选择理论、新制度经济学、新公共管理理论、资源价值补偿理论

---

① 马珺:《资源税与区域财政能力差距——联邦制国家的经验》,《税务研究》2004 年第1 期。

等对我国资源税改革问题给予科学的理论分析,从分析资源税改革的成效入手,引申出资源税改革存在的问题及原因,立足国情实际,充分借鉴外国经验,给出我国资源税改革的具体建议。这是本项目研究的目标和拟突破的重点。

　　——本项目认为税收是建设社会主义生态文明的助推器,建立健全资源有偿使用制度和生态环境补偿机制关键要实施资源税制改革,提出了国家税收制度创新的新思路、提出了资源税制改革的总体设想及其实施战略;对资源税收制度安排和政策设计过程中遇到的一些具体问题提出解决方案;为资源税收政策调整、制度设计提供较准确的数量依据,从而为政府的资源税改革的决策提供实证依据。

1.5　科学意义

　　为全面贯彻落实党的十七大关于"繁荣发展哲学社会科学,推进学科体系、学术观点、科研方法创新,鼓励哲学社会科学界为党和人民事业发挥思想库作用"的重要精神,税收学作为应用经济学科既要紧紧瞄准国内外学科前沿,科学把握学科发展的方向和规律,又要统筹考虑政府税收和国家社会经济发展的战略需求,跟踪国内外公共财政和公共税收的最新发展,深入分析和研究这些发展对于我国公共财政和税收学科发展的意义,并结合我国的公共财政和税收的实践,探讨我国公共财政和公共税收的学科发展方向和内容,着重研究税收实践中的新理论、新方法和新技术,以更好地体现税收学为社会经济建设服务的特点。本项目突破了传统的"以税收论税收"的理论思维,而是以科学发展观为理论基石,全面而系统地研究资源税制改革的理论和政策问题,在一定程度上将拓宽我国税收理论和政策研究的思维和视野。本项目充分运用财政学科中税收规范分析方法,对 1994 年至 2007 年资源税收入总量、结构与效率进行定量分析研究,提出了科学合理的资源税制改革思路和具体对策。本项目在梳理和总结现有资源税改革研究成果的基础上,进一步拓宽资源税改革研究思路,丰富现有的资源税改革理论体系、创新资源税改革研究方法、建立更为全面系统的资源税的理论基石、制度框架、政策工具、法律规范和征管机制四位一体的资源税收体制机制,不仅可以深化和完善我国资源税改革的理论研究,而且对构建有利于科学发展的税收制度理论将起到一定的推动作用。本项目研究以经济全球化条件下构建和谐社会和建设资源节约型环境友好型社会为背景,以政策研究为先导,运用计量研究手段与方法,探索新时期下我国资源税制在贯彻科学发展观、构建和谐社会中的地位及相应的政策调整,其研究成果将为党和国家税收政策决策发挥很好的咨询作用,同时为税收科研工作的交流搭建平台。本项目将丰富和发展我国财税理论与政策的研究内容和涵盖范围,促进我国财政学(含税收学)学科的发展,并在完善和创新财税理论与政策的研究方法上有所突破与创新。

1.6　应用前景

国家"十一五"规划将"适当提高资源税税负,增加资源开采地特别是中西部地区的财政收入,完善资源税费关系,促进资源的保护和利用"确定为当期资源税改革的总体目标。这是中央从社会经济发展的全局出发,针对我国当前经济资源发展水平作出的重大战略决策,为加快资源税制改革理论和实践指明了方向。为此,财政部、国家税务总局等决策部门和国内外一些财税专家正在研究资源税改革方案。本项目的研究将通过实际调查、运用先进的计量方法,在与国内外专家学者互相交流的平台上进行,同时本项目的研究成果将报送国家有关决策部门,为我国即将推行的资源税制改革提供理论指导和决策参考。

2 资源税制改革理论的多维透析

经济学家和政治思想家的思想,不管其正确与否,都比通常所认为的力量更大。我深信,与思想的逐渐渗透相比,既得利益的力量被过分夸大了,思想的作用确实不是能立即看到的,而是要经过一段时间。……或迟或早,不论好坏,危险的是思想,而不是既得利益。

——J. M. 凯恩斯

2.1 基于资源租金理论的资源税制改革

"租金"是一个重要的政治经济学范畴,是指支付给资源所有者的款项中超过那些资源在任何可替代的用途中所得到的款项中的那一部分,亦即超过机会成本的收入。绝大多数自然资源能够产生资源租金是因为其供应量不能无限增加,这种有限供应能力相对于人类的无限需求产生了稀缺效应,从而使其市场价格稳定地高于成本而形成的一种长期的超额利润或要素的超额收入。如果利用适度和管理得当,具有固定供应量的自然资源能够持续产生租金。经济租的核心内容是稀缺性,它源于制止竞争者进入而构筑起来的壁垒。任何一个生产者,任何一个国家,在全球经济活动之中,其收入水平提高的程度所依赖的,是他们能够控制的经济租。进入壁垒越低,所进行的生产活动越是容易被模仿,相应的经济租和收入也就越低。

李嘉图第一个识别了租金的重要意义,他的研究开始于农业土地的质量差别:土地肥力不是同一的,有幸耕种了稀缺的最好的地块的人因此要缴纳地租。"地租是为了使用原始的和不可摧毁的土壤生产力而支付给地主的占一定比例的产出品。"马克思曾经指出,贫瘠的农地很难产生任何土地租金,而肥沃土地的所有者却能够向租用土地的佃户征收很高的租金。1920 年,马歇尔在《经济学原理》中提出,矿产资源产品的边际供给价格除了包括开矿的边际生产成本外,还包括储量使用费以及资源租金,储量使用费用来补偿因资源开采导致的矿山价值的减少。马歇尔在《经济学原理》中,未对资源租金加以界定,Mutti和 Morgan 在马歇尔的分析框架下进一步指出资源租金的存在归因于矿产资源的高品位,相当于级差地租,这意味着储量使用费用仅仅是补偿相当于绝对地租的那部分价值,大约等于获得贫矿储量的成本。熊彼特则建构了一个理解经济租何以产生的理论框架。在这个意义上的经济租通常被称为"生产者"租金,企业家租金,或者熊彼特租金。可以区分两类经济租,第一类产生于对生产过程的掌控,这在很大程度上,对于生产厂商和合作伙伴来说是内生的,并且附着在价值链和产地布局上。这是有目的的厂商和厂商集团行动的结果。第二类经济租是一种外生的,或者也可说是自然的赐予。熊彼特租金的五种形态,它们大都是内生于价值链的——其中包括技术经济租、人力资源租、组织机构经济租、营销经济租和关系经济租。

经济租是一个用于经济分析的一般性理论概念,其具体表现形式有多种,具体到资源产业,比如石油煤炭等矿产资源或能源工业产品价格中所包含的经济租就被称为稀缺性租金。现代资源经济学对稀缺租金的定义是,"在长期均衡中,由于固定供应或成本提高而获取的生产者剩余"。供给固定而获取的生产者剩余只能是因为需求的增加,而且在数额上等于该资源现在开采给未来后代带来的机会成本。即使后代人丧失了利用同一资源获取收益的机会,这也意味着必须将所放弃的机会可能带来的纯收益计入当前产品成本中。这一机会成本在资源经济学中被称为"使用者成本",所以资源产品的价格构成就应该包括有边际开采成本、边际使用者成本(稀缺租金)和边际社会成本。当资源的供给是固定时,随着对资源的需求增长,资源将变得相对稀缺,或者当未来可用资源稀缺时,就会带来资源产品边际成本(即价格)的提高,这两种情况都会使得生产者剩余增加,而这种增加的生产者剩余是来自未来的收益的提前。所以,稀缺性租金是一个衡量资源稀缺程度的有效指标,特别是当边际开采成本基本不变时,稀缺租金为正表明未来可用资源所能获得的收益越大,即未来资源越少,资源正在变得稀缺,有时,它能起到价格指标所无法起到的作用。稀缺性租金作为必须支付给资源所有者的租金一般就表现为矿区使用费、权利金或类似于我国的矿产资源补偿费,属于一种绝对地租。但是对于公共产权资源

(共同资源),由于稀缺性租金归于社会,对于任何个体的经济人来说无法获取,于是稀缺性租金为零,无法作为显示资源稀缺的有效指标。这一特点是由耗竭性资源的有限性与不可再生性所决定的。根据联合国统计署提出的可持续发展指标体系——环境和经济综合核算体系,矿产品的生产成本由中间消耗、员工薪金、固定资本消耗、正常利润和环境恢复成本构成。这样,资源收入可由资源租金、中间消耗、员工薪金、固定资本消耗、正常利润、环境恢复成本和储量使用费构成。从上述构成来看,资源收入由资源租金和资源开发过程中的成本补偿两大部分构成。

资源租金的量的决定因素,可分为四类:一是影响不同矿山矿产资源租级差的自然条件因素;二是影响矿产品价格进而间接影响矿产资源租的市场因素;三是决定矿产资源所有者将矿产资源价值转换成矿产资源租金的产权制度;四是国家矿业税费政策。就税收政策,若国家在一般性税收方面对矿业采取特殊政策,则会影响到矿产资源租大小;若国家为可持续发展对矿产品消费征收特别税,则在提高矿产品价格的同时增加了矿产品成本,使矿产资源租会相对减少。在某种意义上,国家税收可以看做是国家所提供公共物品或公共资本的租金,企业经济租就由矿产资源租、准租金和公共租构成,这种三种租金的界定和三方面力量的博弈决定了矿产资源所有者所可能获得的矿产资源租的大小。矿产资源所有者收益即矿产资源租的实现方式有如下几种方式:第一,矿山或矿藏所有权拍卖。第二,定额租和比例租。定额租或从量租,在矿产资源国有时也称从量税,是按矿产品产量、每单位产品收取一个额定的租金。定额租使所有者能获得稳定的矿产资源租金收入,但定额租在矿产品价格周期性上涨时不能反映矿产资源价值的增值,在矿产品周期性下降时又会产生边际品位效应,经营者会放弃具有一定经济价值的储量资源的开采。比例租,在矿产资源国有时也称从价税,是按矿产品价格一定比例收取,类似于农业土地的分成地租。比例租能灵活地反映矿产资源价值的变化,其边际品位效应较定额租要小,具有一定的激励相容性,可减少投资经营风险。第三,矿权使用费和矿藏占用费。除了主要以定额租或比例租形式收取矿产资源租以外,矿产资源所有者还辅之以勘探和开发所占矿山土地面积,收取一定的探矿权、采矿权签约金或矿权使用费,获得部分矿产资源租金。矿产资源是一种财产,为避免矿山租赁者占而不采,在停产期间还收取类似于补偿财产利息损失性质的占用费。第四,暴利税或特别收益税。采矿权合同有效期往往是整个矿藏的开采期,因此若契约在低价时期签订,而契约执行时遇矿产品市场处于长周期的高价阶段时,矿产品价格大幅上升带来的矿产资源价值的增加不能在租约有效期内由所有者获得。为此,无论是矿产资源私有或是国有,国家都会通过征收暴利税或特别收益税,将部分矿产资源价值或资源租的市场增值收归国家所有。第五,净现金流税或特别利润税。在企业财务信息披露制度完善的成熟市场经济国家,对开采国有矿产资源的私营矿业公司,净现金流税或特别利润税作为所有者的国家用以获取矿产资源租的一种方式。净现金流税或特别利润税形式的矿产资源租,在理论上符合矿产资源价值是矿产品价格扣除矿产品生产边际机会成本后的剩余的概念,更重要的是不会产生边际品位效应和影响矿产资源开发效率。由于国家拥有多种调节手段,在矿产品市场低迷时国家可通过财税优惠政策调节矿产资源租的变化,鼓励勘探开发投资,从而既能确保矿业稳定与经济发展,又能在长远上获得更多矿产资源租。

2.2 基于物品属性理论的资源税制改革

市场经济条件下社会所提供的可供人们消费、满足人们各种消费需要的物品或劳务,按消费特征的不同可分为私人物品、公共物品和准公共物品。私人物品,是指只有获取某种物品的人才能消费这种物品的物品,或者说这种物品一旦被消费使用就不可能再被他人所用。因此,它既有竞争性又有排他性。竞争性是指一个人使用消费某种物品会减少他人对该物品的享用。私人物品具有受益的排他性(即所有权使物品的所有者能够唯一地享有该物品的享受权)和消费的竞争性。私人物品所有权的排他性特征使其所有者有权向他人索取价格,同时私人产品消费上的竞争性使所有者能够获得享有者支付的价格。因此,只有在私人物品的范围内,市场才有可能是有效率的,故价格是私人物品的资源配置形式和指导机制。私人物品采用价格调节。私人物品的生产和供给采用价格调节是因为私人产权制度的存在。私人物品的消费具有排他性,使私人所有权的确立具有技术和经济的基础,而界定所有权发生的交易成本很低,私人物品的产权也具有排他性,并通过交易方式互通有无,按照等价有偿原则进行。

公共物品是相对于私人产品而言的一个概念。1954 年,萨缪尔森在《经济学与统计学评论》上发表了著名的论文《公共支出的纯理论》,给出了公共物品的经典定义,即消费上具有非竞争性和非排他性的产品为公共物品。其后的大量研究表明,公共物品的这两种特征决定了政府供给或直接生产公共物品是不可避免的。公共物品是指由公共部门提供的用来满足社会公共需要的物品或服务。公共物品相对于私人物品而言具有非竞争性和非排他性。非竞争性是指一个对一种公共物品的消费或享用并不会减少其他人对这种物品的消费或享用。非排他性是指当一个人消费或享用一种物品或服务时,并不排除他人对该物品或服务的消费或享用,要排除其他人消费或享受是不可能的。公共物品典型的例子是国防。当中国政府保护其领土不受外国侵略时,一个人享受国防的保护并不减少其他人享受国防保护的利益,更不可能排除任何一个中国人享受这种保护。公共物品采用税收调节。从上述公共物品的非竞争性和非排他性的特征,可以得出两个观点。一是由于多一个人消费某种物品,并不减少其他任何人消费该种物品,也就是减少该种物品的供给量,所以它的边际(机会)成本等于零。既然边际成本为零,价格也应为零,就是说该物品应当免费供应。二是由于公共物品排除任何人消费或享用是不能的,必然被人们免费享用。既然公共物品只能免费供应或享用,私人不会提供,只能由政府提供。但政府提供公共物品是有成本的,这些成本应通过税收形式来筹集。与私人物品相较,公共物品则具有受益的非排他性(即公共物品的提供者要把消费公共物品的个人排除在消费者之外在技术上是没有办法的)和消费的非竞争性(即任何一个消费者对任一公共物品的任何消费都不影响或妨碍其他任一消费者的同时消费)。公共物品在消费上的非竞争性使公共物品提供的福利为全社会大众所共享,消费者不会自愿向其支付提供价格,况且公共物品的非排他性意味着排斥他人分享其利益是不可能的。因此,通过市场机制提供公共物品的方式不能准确反映资源的有效配置,公共物品的有效供给通常要由政府实施。而公共物品按照消费的非竞争性和受益的排他性分为纯公共物品和准公共物品两类。对纯粹意义上的公共物品来讲,政府行动就是由政府为"特定的消费者们制定税收价格,以使根据其所消费的社会货物,按定价原则向他们征税,这同私人货物竞争市场上所起的作用的原则相似"。这种价格从需求方来说,反映了纳税人对公共物品的边际价格;对供给方来说,则反映了政府提供这些产品的经济成本,因此税收从本质来说,是纳税人因享受政府提供公共物品的效用而付出的影子价格。"国家不能够靠自愿的筹资和捐款而生存下去,其原因是,一个国家提供的最根本的服务,从一个重要的方面来讲,就如同一个竞争市场中较高的价格:只要有人能够得到它,那实际上每个人都能获得它……因此需要收税"。可见税收是纯公共物品的价格。

准公共物品是指具有竞争性但没有排他性和具有排他性但没有竞争性的物品。前者例如海洋中的鱼,当一个人捕到鱼时,留给其他人的鱼就少了,具有竞争性;一个渔民捕鱼并不能排除其他渔民到海里捕鱼,无排他性。后者例如有线电视,不到有线电视台交费是不能看有线电视的,具有排他性;多安装一户有线电视并不减少其他人看有线电视,无竞争性。各类物品消费特征引申出,可从社会资源的物品属性层面选择形式最佳的政府收入。准公共物品采用收费或税收调节。由于准公共物品具有公共物品和私人物品的双重属性,这类物品如果完全由政府提供则会出现"搭便车"现象,导致过度消费,使得拥挤成本增加;如果完全由私人提供,又会造成物品供给量低于效率水平。准公共物品由政府或私人提供这两种方式均会导致效率损失或社会福利损失,所以准公共物品的最佳提供方式是由政府通过收费或征税的方式加以提供。一方面,通过收费形式形成排他机制,解决"拥挤性"问题;另一方面,通过收费解决由私人提供的效率低下问题。

从广义上说,价格是指交易过程所支付的代价。当人们为取得一定数量和质量的某种物品和劳务而支付一定代价时,就形成了广义的价格。因此,税收是一种价格,是人们为取得公共物品而支付的代价;收费也是一种价格,是人们为取得准公共物品而支付的代价。然而,对于同一物品和劳务来说,人们支付代价的途径和方式有所不同。私人物品一般是通过买卖双方的市场博弈,通过货币表决权来解决生产什么、生产多少等问题;公共物品是通过政府与公民的公共选择,通过公民缴纳税金及财政分配来解决生产什么、生产多少等问题;准公共物品则是通过规制者和被规制者的行政博弈,通过受益者的倾向选择和公民缴纳税金双重途径解决生产什么、生产多少等问题。上述分析表明,通过受益人交费和政府征税,可以较好地解决在纯公共物品和准公共物品供给过程中生产什么、怎样生产和为谁生产的问题。以公共选择理论闻名于世并获诺贝尔经济学奖的美国教授布坎南认为:对于准公共物品,向使用者征收的并且和他们对服务的私人消费相联系的直接费用,能产生足够的收入并为全部的经营活动提供资金,而且向使用者征收的直接费用应该足以能为全部的经营提供资金而无须一般的税收来补充费用。可见,费和税从本质上讲都是公共物品的价格,是公共物品费用的承担形式,是实现其职能不可缺少的手段。具体到资源税费方面来讲,首先要对费税正确定格定位,公共物品的供给达到资源配置效率的必要条件是:每个个人对公共物品交付的价格要等于公共物品生产的边际成本。换言之,政府提供的公共物品数量在边际产量的边际成本要等于社会上个人愿意为这边际公共物品支付的税金的总和;否则,政府提供的公共物品就不是最优的。根据成本效益的原则,费和税的适用范围要严格界定,尤其对准公共物品而言,边际生产基本保持不变的宜于采取收税制度,而边际生产成本递增或递减的适宜于定价收费制度;如果依率收税所引发的交易费用比采取定价收费而引发的交易费要高的准公共物品,可考虑实行收费制度,反之就采取收税制度,此其一;其二,对于那些既可以征税又可以收费的公共物品领域,在收费与征税两种不同方式的选择上,要从征收成本、筹资目标、结果的公平性以及政治的可接受性四个方面进行权衡,力争选取那些征收成本低廉、更符合筹资目标、更为公平的筹资方式和政治上接受性较强的政府财力分配方式,资源税应当是由政府向全体纳税人课征,取之于民用之于民;而费则是由政府向特定收益人收取,取之于谁用之于谁。资源税收课征的目的是为实现公共利益最优,为政府治理公共事务,供给公共物品而征集费用,分摊成本,资源税收是政府为生产公共物品而征收的费用。正如萨缪尔森所言:"通过税收,政府实际上是在决定如何从公民和企业的手中取得资源用以公共目标。通过税收所筹集的货币实际上只是一种载体,经由它才能将那些现实的经济资源由私人产品转化为公共产品。"①

2.3　基于外部性理论的资源税制改革

外部性的研究从古典经济学时期就已经开始。马歇尔是最早把外部性作

---

① 　[美]保罗·萨缪尔森、威廉·诺德豪斯:《经济学》(第18版),人民邮电出版社2008年版,第284页。

为一个正式的经济学概念提出的,他指出:"我们可以把因任何一种货物的生产规模之扩大而发生的经济分为两类:第一是有赖于这一工业的一般发达的经济;第二是有赖于从事这一工业的个别企业的资源、组织和经营效率的经济。"庇古是第一个对外部性作系统分析的人,他指出此问题的本质是:"个人 A 在对个人 B 提供某项支付代价的劳动的过程中,附带地亦对其他人提供劳务或损害,而不能从受益的一方取得支付,亦不能对受害的一方施以补偿。"因此,外部性是指一生产厂家的经济活动对其他生产厂家、消费者、社会整体所产生的非市场性的有利或者有害的影响。由马歇尔提出,庇古等人作出了重要贡献的外部性理论,为资源经济学的建立和发展奠定了理论基础。简单地说,外部性是一种自然资源开发利用对另一种资源或环境的影响。其实外部性不只是存在于两种资源活动之间,亦可存在于资源与环境之间,或生产活动与消费活动之间,或两种消费活动之间。外部性理论实际上已经是对市场理论的某种修正。这些早年的经济学家甚至引用了一个典型的环境问题来说明外部性的具体表现:一台在铁路上行进的蒸汽机车冒出的火星,引燃了路边农民成熟的麦田,由此产生了外部不经济问题。

在自然资源利用中,当一种消费或生产活动对其他消费或生产活动产生不反映在市场价格中的直接效应时,就存在外部性。外部性造成私人成本或收益与社会成本或收益的不一致,导致实际价格不同于最优价格。资源开采的外部经济性表现为外部经济性和外部不经济性。所谓外部经济性,是指由于矿产资源具有准公共物品属性,在目前国家财税体制及矿产资源政策下给其他工业城市带来的收益;而外部不经济性,是指资源在开采过程中给矿区带来的污染,以及对生态环境的破坏。矿山企业在开采矿产资源过程中给周围环境带来了负面影响,侵害到当地居民的环境权益,威胁到他们的生存、发展权,产生环境冲突。这主要表现在:随着煤炭开采强度和延伸速度的不断提高,可能导致地面沉降和地面塌陷,矿区地下水位大面积下降,使缺水地区供水更为紧张,而且大量地下水资源因地层破坏而渗漏并被排出,对矿区周边环境形成新的污染;因煤炭等矿物开采形成的二氧化氮等废气、排放的矿渣和污染的废水从天空到地下立体地严重污染环境并直接损害周围居民的身体健康;无论是井下开采,还是露天开采,都要利用大量的机器设备进行穿孔、爆破、采掘、运输,井下开采还有提升、通风、排水、压气等生产环节,各种频率不同的声强噪声,不仅污染了工作环境,而且影响了职工的身心健康,降低了劳动生产率,给矿山的生产造成了较大影响;矿业城市从城市外部获得的收益明显小于它给予城市外部的收益,受损大于受益,存在净损害,再加上生态环境恶化,矿产资源的不断耗竭,致使矿业城市经济增长受阻,地区生活水平提高速度降低,社会发展延缓,矿业城市与其他工业城市的差距越拉越大。综上所述,在传统的开发过程中,企业只考虑能带来直接经济利益的资源开发投入费用,不考虑废物处理的费用,将这部分隐藏的费用转嫁给社会;开采企业往往在开采过程中不注重废物处理和生态的保护,对周围的区域造成了损失,由此带来沿河流域和周围地区的污染。不仅影响矿业经济的健康发展,而且危害社会稳定和人民生命财产安全,一定程度上制约了我国经济社会的发展,所以必须对外部不经济性采取必要的措施。政府对企业的外部不经济性采用征税办法加以控制,设计和实施税收手段的目标在于通过对环境和资源的各种用途的定价,来改善环境和实现资源有效配置,从而达到可持续利用环境和自然资源的目标。以污染为例,税收手段的目的在于通过调整比价、改变市场信号以影响特定的消费形式或生产方法,降低生产过程和消费过程中产生的有害排放水平,并鼓励有益于环境的利用方式以减少环境退化。概括起来说,税收手段是对生产和消费进行"全成本"定价的一种手段。例如,石油和农药、化肥等的当前价格并没有包括这些产品的全部社会成本,特别是这些产品的生产和利用对人体健康和环境的影响没有包括在产品的价格中。税收手段可以把这些产品生产和消费的私人成本与社会成本联系起来。理论上说,税收水平应该等于具体活动所造成的边际环境损害。对有害于环境的产品进行课税是一个很早就提出并采用的手段,最早可追溯到20世纪20年代初期庇古所提出的"庇古税"。税收手段有很多种,可以对生产进行课税(如对原材料的税收),也可以对消费进行课税(如对石油、农药、化肥的税收)。概括起来税收手段可以分为几类:第一,对环境、资源和资源产品使用以及污染的税收;第二,对有利于环境和资源保护的行为实行的税收减免;第三,对不同产品实行的差别税收——即对那些有益于环境的产品实行低额收税(见图2.1)。

　　该图是以剑桥经济学家阿瑟·庇古命名。庇古税的课税税率是在这样的一点上,即削减追加的一个单位的污染将不可能获得任何净效益。换句话说,从效率观点看,理想的税收水平应等于图2.1中与Q_s点相对应的MEC。如果税收等

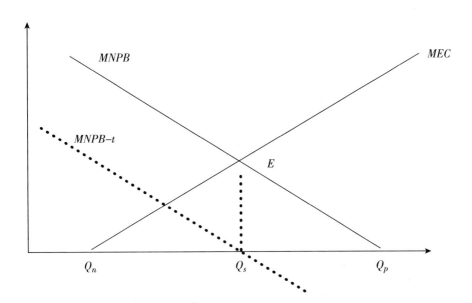

图2.1 对污染外部性的税收解决方法

于与 Q_s 点相对应的 *MEC*，则税后净边际私人效益 *MNPB* 曲线会下移至 $MNPB_{-t}$。为了使其税后利润最大化，厂商会自动地把产量移向 Q_s 点（社会最优生产量）而不是在 Q_p 点（私人最优生产量）。这种税收是建立在对污染造成的损失的货币估值的基础之上的，要确定适宜的税收水平要求估算减少一个单位污染排放，所带来的追加效益以及削减该单位排放的成本的大小。但通常情况下，很难获得这些信息。由于按照庇古税的做法来确定社会最优的排放水平过于昂贵，因此难以实现。所以通常根据一个可接受的环境改善水平，把税率设定在一定的排放或产品上。随着公众和政府可以不断获得新的信息，该排放水平可能也会随时发生变化。尽管所得到的污染削减水平具有不确定性，但总是能在一定程度上改善环境。

理论上，人们已经广泛认为庇古税是一种具有经济效益且对环境有效的手段。以污染为例，庇古税是根据排污量课征的，其税率等于污染的边际社会成本（根据社会可接受的排污水平来评价的）。庇古税可能会针对排污量征收（例如硫的排污量），或者针对某产品使用所产生的有害影响征收。例如，对丢弃的照相机课税的税率应该同填埋场的废物增加联系起来。如果照相机的任何部件都没有被回收利用的话,则应课征全税;而如果某些部件被回收利用了,则要采用较低的税率。庇古税的税率取决于边际损害函数,而负外部性造成的边际损害需要综合方方面面的因素进行估测,计算难度相当大。如果扩展到一般均衡模型,在确定庇古税税率的同时,还需要考察其对经济产生的扭曲效应。我国资源性产品的生产存在的主要问题是开采效率低,浪费严重,不仅造成严重的生态环境问题,而且导致资源开采过度,给后代人的资源利用和生态环境带来负面影响。因此,资源税改革的目的不是调节级差收入,而是控制过度开采资源性产品。

2.4　基于资源产权理论的资源税制改革

2.4.1　资源产权的基本含义

产权是一个极其重要而且复杂的概念。国外学者对产权的定义可归为三类:一是认为产权即为财产权。如《牛津法律大辞典》给产权下的定义为:"产权也称为财产所有权,是指存在于任何客体之中或客体之上的完全权利,包括占有权、使用权、出借权、用尽权、消费权和其他与财产有关的权利。"二是把产权看做是法律和国家强制下人们对资产排他性的权威规则,是一种人与人的社会关系。如阿尔钦指出,"产权是授予特别个人某种权威的办法,利用这种权威,可从不被禁止的使用方式中,选择任意一种对特定物品的使用方式","由于这些限制往往只是对一些人的强制,那些没有受到如此限制的人就从其他一些受到了不必要限制的人的行动中获得了一种法律上的垄断权"。三是认为产权的定义应从其功能出发具体定义,而不能抽象笼统地作出解释。如德姆塞茨认为,"产权是一种社会工具,其重要性在于事实上它能帮助一个人形成他与他人进行交易的合理预期。这些预期通过社会的法律、习俗和道德得到表达。产权的所有者拥有他的同事同意他以特定方式行事的权利"。

国内学术界对产权内涵的理解可划分为对立的两派:一是把产权等同于所有权;二是认为产权比所有权更广泛或狭窄。持有前者观点的学者认为人对资产的占有隶属关系为产权关系的基础与核心;持有后者观点的学者认为产权是一组权能束体系,具有可分性,是所有权之间对各自权利和义务的进一步划分与界定。事实上,产权是一系列可以分离的、与经济利益有关的、规定人们受损或受益的民事权利的集合。就自然资源产权而言,至少应包括所有权、使用权、经营权、抵押权、处置权和收益权等权能。我国1996年的《矿产资源法》第三条规定:"矿产资源属于国家所有,由国务院行使国家对矿产资源的所有权。"但为了能够真正发挥这种所有权,创造经济效益,国务院还通常将相应的使用权和收益权分解到各级政府和部门,各级政府和部门再通过审批方式转让给生产企业。国家依据物权法对国有资源设立用益物权,由此产生所有权与用益物权的分离,所有权人根据有偿使用的原则可以将用益物权转让给用益物权人使用。显然,所有权是设立用益物权基础,所有权不是指人对物的占有状态或占有形式,而是指人对物的占有、利用状态的不可侵犯性。

2.4.2　资源产权的四种职能

一种资源到底采用哪种产权制度,主要视该资源在当时的制度环境下对于不同产权制度的资源配置效率的高低(或交易成本的大小)而定。从节约资源和环境质量的角度来看,产权的四种职能特别重要。[①] 一是私人产权向所有者提供了分享(或卖给其他人)资源的激励,而资源价格向使用者提供了节约的激励。当否定了卖者向市场潜在买者出卖(如果他们愿意)自己资产的权力时,市场不能充分发挥作用。出卖的权力迫使每个所有者面对与资源不同使用而来的机会成本,包括改善环境质量的使用和为未来的使用而节约资源。此外,当资源由私人所有时,生产者就有强有力的激励去通过节约资源的使用而降低成本。在本质上说,私有权鼓励更少地使用资源来生产每单位价值。追求利润的企业有强烈的激励去使用节约资源的新技术。二是资源所有者有实行良好管理的强烈激励。私人产权向所有者提供了关心资源的激励。如果很好地关心资源,资源就会更有价值,并增加所有者的个人财富。但是,如果所有者放任资源恶化或受污染,他就要自己承担以资源价值下降为形式的损失的代价。在非常现实的意义上说,资源产权的价值是精心爱护资源的抵押品。但是,在政府所有或控制之下,通常不存在那种直接的个人激励。三是资源所有者在法律上有权反对任何危害其资源的人。一种资源的私人所有者还有在保

---

① [美]詹姆斯·D.格瓦特尼、理查德·L.斯特鲁普、卢瑟尔·S.索贝尔:《经济学:私人与公共选择》,梁小民等译,中信出版社2004年版。

持其资源价值之外的激励。私人产权还使所有者在法律上有权反对任何人（包括政府机构）侵犯（在物质上或通过污染）并损害资源，这样可以阻止许多环境破坏。一片森林或一块农田的私人所有者不会坐视有人砍树或用有害的污染物侵蚀土地。他们可以用法律来保护这些权力。当资源不由个人拥有时，即使污染源是清晰可见的，也没有一个人会由于对污染者起诉而得到大额报酬。四是私人拥有的资源价值变动带来预期的未来利益，而且，现在资源决策的成本也直接由资源所有者承担。即使所有者的眼光是短浅的，产权也提供了使资源价值最大的长期激励。如果对一片土地的侵蚀降低了土地的未来生产率，它现在的价值就减少，而且土地价值的下降减少了所有者的财富。私人所有的资源未来服务减少会减少那种资源现在的价值。事实上，一旦评估人或潜在买者可以看出未来的问题，资产的价值就下降了。因此，明确的、可保护的及可交易的产权对市场的平稳运行是至关重要的。当产权存在并得到保护时，资源市场促进了资源的可获得性，而且也促进了节约资源。

2.4.3　物权法对用益物权人征税提供了法律依据

我国于 2007 年 10 月 1 日起实施的《中华人民共和国物权法》，对物的所有权作出了明确的法律规定。

——根据《物权法》规定，法律规定属于国家所有的财产，属于全民所有即国家所有。法律规定属于国家所有的自然资源主要包括：矿藏、水流、海域属于国家所有；城市的土地，属于国家所有（含法律规定属于国家所有的农村和城市郊区的土地）；森林、山岭、草原、荒地、滩涂等自然资源，属于国家所有（但法律规定属于集体所有的除外）；法律规定属于国家所有的野生动植物资源，属于国家所有，专属于国家所有的不动产和动产，任何单位和个人不能取得所有权。

——根据物权法规定，集体所有的不动产和动产包括：法律规定属于集体所有的土地和森林、山岭、草原、荒地、滩涂；集体所有的建筑物、生产设施、农田水利设施；集体所有的教育、科学、文化、卫生、体育等设施；集体所有的其他不动产和动产。所有者依照法律、行政法规的规定，由本集体享有占有、使用、收益和处分的权利。

——根据物权法规定，私人对其合法的收入、房屋、生活用品、生产工具、原材料等不动产和动产享有所有权；私人合法的储蓄、投资及其收益受法律保护；

国家依照法律规定保护私人的继承权及其他合法权益,禁止任何单位和个人侵占、哄抢、破坏。

——根据物权法的规定,企业法人对其不动产和动产依照法律、行政法规以及章程享有占有、使用、收益和处分的权利;企业法人以外的法人,对其不动产和动产的权利,适用有关法律、行政法规以及章程的规定;社会团体依法所有的不动产和动产,受法律保护。

物权法从以上四个层面对所有权及所有者合法利益的法律保护进行了明确规定。仅就用益物权而言,它是所有权直接派生的权利。当用益物权与所有权分离时,用益物权人对他人拥有所有权的物(不动产或者动产),依法享有占有、使用和收益的权利。物权法将矿藏、水流、海域和按照法律规定属于国家所有的森林、山岭、草原、荒地、滩涂等自然资源、野生动植物资源、城市土地等明确地规定为国家所有,这不仅使这些资源的归属权明确、清晰,并受国家法律保护,用益物权人在遵守法律有关保护和合理开发利用的前提下行使用益物权,所有权人对用益物权人依法行使权利不得干涉。虽然用益物权人依法取得的探矿权、采矿权、取水权和使用水域、滩涂从事养殖、捕捞权利的,以及依法取得海域使用权和土地使用权受国家法律保护,但用益物权人必须根据有偿使用的原则对其取得的用益物权支付代价。同时从立法的意义来看,物权法对国有资源设立用益物权,国家对国有资源享有占有、使用、收益和处分的权利,通过法律的形式加以固化,这为国家以所有者身份参与国有资源的收益分配奠定了法律基础,也为对用益物权人征税奠定了法律基础。

2.4.4 资源税是构建自然资源有偿使用制度的最佳选择

物权法为国家凭借所有权参与国有资源收益分配奠定了法律基础,也为国有资源的用益物权人有偿使用奠定了法律基础。这就是说,凡是使用国有土地、矿藏、水流、海域、森林、山岭、草原、荒地、滩涂等自然资源和野生动植物资源的用益物权人,都应向国家支付用益物权的使用代价。为此,要全面实施自然资源有偿使用制度,国家以自然资源所有者和管理者的双重身份,为实现所有者权益,保障自然资源的可持续利用,向使用自然资源的单位和个人收取自然资源使用费。多年来我国传统的做法是由使用者向国家支付使用费用和特定的税收。① 目前,法律规定了土地资源、矿产资源、水资源等自然资源的有偿使用制度,例如,土地管理法第二条第五款规定:"国家依法实行国有土地有偿使用制度。但是,国家在法律规定的范围内划拨国有土地使用权的除外。"矿产资源法第五条规定:"国家实行探矿权、采矿权有偿取得的制度;但是,国家对探矿权、采矿权有偿取得的费用,可以根据不同情况规定予以减缴、免缴。具体办法和实施步骤由国务院规定。开采矿产资源,必须按照国家有关规定缴纳资源税和资源补偿费。"水法第七条规定:"国家对水资源依法实行取水许可制度和有偿使用制度。但是,农村集体经济组织及其成员使用本集体经济组织的水塘、水库中的水的除外。"例如,各级地方政府对国有土地的使用人征收的土地出让金,对利用国家划拨土地从事经营活动的使用人收取的土地资源使用费,对占用耕地从事非农业建设的使用人征收的耕地占用税,对国有矿产资源开采者征收的矿产资源使用费、煤炭资源使用费,对开采和生产的矿产品征收资源税等。这种税费并存的状况,不是一种占优策略的选择。一方面会导致地方政府收费的政出多门,不利于国家整体上的宏观控制;另一方面税费并存不仅不规范、不便于征收管理,也有失负担公平。因此,取消资源使用收费,彻底改革资源税制,是最佳的策略选择。通过税收的形式规范国有资源有偿使用中的税费并存格局,能够使用益物权人所支付的使用代价具有法律上的强制性和操作上的规范性。就其理论意义而言,是将国家凭借所有权收费和凭借政治权力课税,统一规范到以所有权为基础按政治权力课税的轨道上来,实现国家课税理论的创新。

2.5　基于资源价值理论的资源税制改革

马克思以劳动价值论为理论前提,先用商品的供给因素分析地租的本质,得出了与劳动价值论相悖的结论,然后转向借助需求因素分析地租的本质,这种研究思路对研究自然资源价值有很大的启发。商品价值的决定不仅取决于供给因素,而且取决于需求因素。商品是用来交换的财富,价值是供求双方共同对商品认可的功利判断或评价,只有把商品供求两种因素结合起来,才能揭

---

① 安福仁:《对国有资源用益物权人课税:理论基础与制度框架》,《财经问题研究》2008 年第 11 期。

示资源价值的决定规律。从商品的供给因素出发研究分析,马克思得出结论——处于自然状态下的资源是没有价值的。"如果它(指自然资源)本身不是人类劳动的产品,那么它就不会把任何价值转给产品。它的作用只是形成使用价值,而不形成交换价值,一切未经人的协助就天然存在的生产资料,如土地、风、水、矿脉中的铁,原始森林的树木等,都是这样。"虽然从商品的供给角度看,处于自然状态下的资源是没有价值的。但从商品需求的角度看,资源的需求者认为自然资源确有价值。自然资源的价值(资源地租)不是取决于需求者的主观心理满足程度,而是取决于需求者对消费它产生收益的预期或放弃购买它可能遭受经济损失的估计。马克思在讨论瀑布和蒸汽作为动力时写道,"瀑布是自然存在的,它和把水变成蒸汽的煤不同。煤本身是劳动的产物,所以具有价值,必须由一个等价物来支付,需要一定的费用。瀑布却是一种自然的生产要素,它的产生不需要任何劳动。"马克思进一步指出,那个用自然瀑布而不用蒸汽作动力的工厂主能够获得超额利润,应归功于一种自然力,瀑布的推动力。实际上,瀑布的推动力实际上就是水资源的生产力,瀑布的生产力是瀑布的价值源泉。这种超额利润就会转化为瀑布的地租,由此可见,资源的需求者认为自然资源能够为他带来超额利润,所以,他愿意花钱购买自然资源。在自然资源的交易市场上,存在供给者之间、需求者之间、供给者与需求者之间的竞争,会形成一种均衡的自然资源市场价值。自然资源的价值都是由自然资源为需求者所能带来的超额利润决定。因此,自然资源的价值不是取决于需求者的主观心理满足程度,而是取决于需求者对消费它产生收益的预期或放弃购买它可能遭受经济损失的估计;资源的全部价值就是自然资源的价值与资源商品供给者付出的活劳动及物化劳动的总和。资源的价值不仅取决于供给者付出的活劳动和物化劳动,而且取决于需求者对消费它产生收益的预期或放弃购买它可能遭受经济损失的估计。

从价值补偿的角度来说,可持续发展的自然资源价值观认为自然资源价值的补偿不仅包括有形的消耗部分,而且包括生态功能的恢复和重建。自然资源是构成环境的要素,它们之间是相互联系的有机整体。正是由于这种整体性决定了自然资源价值的补偿不仅包括了自然资源开发过程中的有形损耗,还包括了由于自然资源的开发和使用受到影响的生态功能的恢复和重建。社会再生产是经济再生产和自然环境再生产的统一。自然资源不仅是人类赖以生存和发展的物质基础,而且是社会财富的主要来源。作为商品,自然资源应当遵从商品经济法则,在经济再生产中不断补偿自己的价值;作为人类生存的物质环境,自然资源的价值补偿则具有更加重要的意义。自然资源价值一方面包含了其本身所具有的效用,另一方面也包含着人类劳动,这两部分价值都需要在经济循环过程中不断地得到补充。自然资源的价值补偿就是对人类生产生活中所造成的资源耗费、生态破坏和环境污染等进行恢复、弥补或替换的价值表现。自然资源价值补偿不足是传统经济增长模式的产物,其实质是由于社会生产的价值运动中忽略了自然资源的投入和消耗,自然资源处于无价或低价状态,即把自然资源这一重要的生产要素排斥于或部分地排斥于社会再生产过程中的价值运动之外,造成价值构成不完整,产品交换之后获得的货币量无法补偿自然资源的物质消耗和功能损失。

　　从宏观国民经济角度考察,社会再生产过程中所耗用的各种自然资源、原材料、燃料等以货币形式表现的价格,与其真实的价值消耗存在背离。长期以来,受产品经济思想的束缚,我们对资源定价过低,资源低效消费,自然资源价值补偿欠账越来越大。目前,我国国民经济核算体系中还缺少对自然资源价值核算的内容,所以很难计算资源耗费的价值量,也很难确定生态环境破坏所造成损失的价值量。但是,自然资源作为商品,就必然要求其价值的实现,自然资源价值的实现过程也就是自然资源价值的补偿过程。一方面自然资源具有有用性,这种有用性既表现为自然资源自身的功能和属性,又表现为对人类需要的满足,因此,有用性为自然资源的价值补偿提供了必要性和可能性;另一方面,自然资源本身也存在着费用的问题,对费用或成本进行补偿,这是再生产的基本前提。自然资源不仅有价格,而且有价值,这是自然资源价值补偿的前提条件。自然资源价值补偿的过程,首先要赋予有用自然物以价值并以此为根据确定合理的价格;二是自然资源的价值包含在自然资源产品的价值之中,并通过自然资源产品的价格表现出来;三是经过市场交换,自然资源产品的价值通过其市场价格进入企业的生产成本一次或多次转移到新产品的价值形态之中;四是企业生产的新产品在市场上以合理价格顺利出卖,收回货币,自然资源的价值补偿也顺利实现。在自然资源价值补偿过程中,商品价值或价格中各组成部分的性质并不完全相同,因而自然资源价值补偿的过程和手段也并不相同,可以用图2.2大致表示。其中,“租”

是自然资源所有权在经济上的实现,反映国家、企业、个人对超额利润的分配关系。自然资源所有权垄断产生绝对地租;自然资源经营权垄断产生级差地租;对特殊条件自然资源所有权的垄断产生垄断地租。作为一种必要的社会扣除,地租的主要作用是通过控制绝对地租和级差地租的手段保证平均利润率规律的正常作用,维护正常的市场秩序,为发展提供积累等。"税"是"国家按法律规定对经济单位或者个人无偿征收的实物或者货币。是国家凭借政治强制力,参与国民收入分配再分配,以取得财富的一种形式"。税收具有强制性、无偿性、固定性等特征。资源税是国家向自然资源使用者征收的,价值的转移是单方面的,其主要作用:一是保障国家能够集中部分财力维持国家机器的运转;二是国家通过税收制度(如税率、税种、减免优惠等)对宏观经济特别是自然资源的利用和保护进行调节;三是国家通过税制的实施,对纳税对象即自然资源使用者进行监督和管理。"费"是国家政府机关因向自然资源所有者、使用者提供特定服务而获得的补偿。

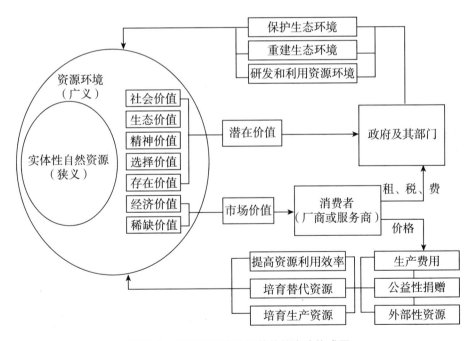

图2.2 自然资源价值及其补偿方式构成图

2.6　基于科学发展观的资源税制改革

科学发展观作为中国特色社会主义理论的重要组成部分,是同马列主义、毛泽东思想、邓小平理论和"三个代表"重要思想既一脉相承又与时俱进的科学理论,是我们党最可宝贵的政治和精神财富,是全国各族人民团结奋斗的共同思想基础,是建设中国特色社会主义的指导方针。科学发展观是造福于人民的发展观,是尊重规律的发展观,符合现阶段我国改革开放和现代化建设的实际,符合经济社会发展的客观规律,符合中国特色社会主义事业的根本目标和广大人民群众的根本愿望,是党在新世纪新阶段治国理政、富民兴邦的执政理念和执政方略。科学发展观不仅是时代的要求,人民的呼声,也是指导国家财税制度建设和改革的理论基石和行动指南。从这个意义上说,推进科学发展是资源税制改革的动力,也资源税制改革必须坚持的第一要务;以人为本是资源税制改革的灵魂,也是资源税制改革的价值取向;全面协调可持续是资源税制改革的准则,也是资源税制改革的基本要求;统筹兼顾是资源税制改革的法宝,是资源税制改革的根本方略。

首先,科学发展观的第一要义客观上要求我们必须坚持把推动发展作为资源税制改革的第一要务。发展是硬道理,是党执政兴国的第一要务,是当代中国的实践主题。发展应当是而且必须是科学的发展。所谓科学发展就是要使发展既合规律又合目的,既要符合人类社会建构和发展的规律,符合客观条件,符合历史趋势和时代要求,更要符合人的生存与发展需要,有利于不断增加广大人民的经济、政治、文化、社会乃至环境与生态利益。实现我国经济社会又好又快发展,主要取决于发展观念的科学、发展方式的科学、发展内容的科学以及作为发展的中介的制度、体制与机制的科学。不仅如此,发展是以制度、体制为中介的,科学发展需要制度与体制的改革、创新和完善来推动和保障。资源税制改革肩负着为国家提供税收制度和税收体制的重任,实施有利于科学发展的资源税收制度,形成更具活力更加开放的税收环境,客观上要求我们务必准确把握当今世界的发展大势,准确把握当代中国发展特点,准确把握党的使命任务,准确把握人民的利益诉求,把发展是硬道理和遵循发展规律、用科学的态度促进发展有机结合起来,制定和实行正确的税收制度和政策,服务发展、保障发展、促进发展,通过发展保证人民合法权益,真正体现为国理财、为民服务的工作宗旨,更好地发挥税收作为筹集资金、调控经济和收入分配手段的重要职能,为社会和谐发展提供财力保障和税收体制保障。

其次,科学发展观的核心客观上要求我们必须坚持把以人为本作为资源税制改革的根本出发点和价值导向。古人云"民惟邦本,本固邦宁";"天地之间,莫贵于人";"夫王霸之所始也,以人为本,本理则国固,本乱则国危"。这种朴素而深邃的人本思想,是中国传统文化历经岁月变迁而绵延不绝并不断创新的真谛所在。我们党的根基在人民、血脉在人民、力量在人民,以人为本全心全意为人民服务是衡量党和国家一切工作成败得失的价值标准。以人为本是科学发展观的实质和核心,它准确回答了发展的目的和依靠力量问题,体现了依靠人民谋发展和发展为了人民的辩证统一,科学发展观树立了以人为本的价值体系,这种新的发展理念为我国的税制改革提供了价值导向。离开了科学发展观所坚持的以人为本的价值导向和服务宗旨,税制改革就失去了正确目标、前进方向和动力源泉。党的一切奋斗目标和工作都是为了造福人民。因此,我们必须坚持把以人为本作为资源税制改革的根本出发点,立足于发展为了人民、发展依靠人民、发展成果由人民共享,把实现好、维护好、发展好最广大人民的根本利益作为资源税收方针政策和税制改革的根本出发点,充分尊重人民群众的主体地位,通过资源税收制度设计和税收政策调整使一切劳动、知识、技术、管理和资本的活力竞相迸发,形成及时表达社会利益、有效平衡社会利益、科学调整社会利益的机制,力争让改革和发展的成果真正惠及到全体人民,惠及到每一个人。在为谁发展上,要把实现好、维护好、发展好最广大人民的根本利益,作为资源税制改革的根本落脚点;在靠谁发展上,税制改革要尊重人民主体地位,发挥人民首创精神,最充分地调动人民群众的积极性、主动性、创造性,最大限度地集中全社会全民族的智慧和力量,在发展成果如何分配上,资源税制改革要充分保障人民享有的经济、政治、文化、社会等各方面权益,关注人的生活质量、发展潜能和幸福指数,最终实现人的全面发展。

再次,科学发展观的基本要求客观上要求我们必须坚持把全面协调可持续发展作为资源税制改革的基本准则。科学发展观准确把握了当今世界发展进步的潮流,深刻总结了当代中国发展实践的经验,充分反映了人民群众的共同利益诉求,继承弘扬了人类文明的优秀思想传统,其丰富内涵就在于坚持发展的人民性、全面性、协调性、和谐性和开放性,努力实现以经济建设为中心,政治、经济、文化、社会全面进步,社会主义物质文明建设、政治文明建设、精神文明建设、社会文明和生态文明建设整体推进的发展,这种发展毫无疑问是全面发展、协调发展、可持续发展、和谐发展与和平发展相统一的发展。坚持全面协调可持续发展的基本要求就要将税收看做是建设社会主义经济文明、社会文明、政治文明与生态文明的重要治理工具,按照实行有利于发展方式转变、自主创新、能源节约的财税制度要求,积极稳妥地推进资源税收制度改革。第一,资源税制改革要服从和服务于全面发展的需要,要按照中国特色社会主义事业总体布局,以经济建设为中心,制定有利于经济发展、政治民主、文化先进、社会和谐的税收制度和税收政策,努力推进中国特色社会主义经济、政治、文化、社会建设的全面发展和进步。第二,资源税制改革要服从和服务于协调发展的需要,不断增强税收宏观调控措施的协调性,以城乡协调和区域协调为突破口,推动全社会内部各领域、各要素之间以及社会系统与自然系统之间和谐一致、相互促进、共同发展。第三,资源税制改革要服从和服务于可持续发展的需要,把税收看做是社会主义生态文明建设的助推器,通过环境税收制度创新和资源税改革推动资源节约型、环境友好型社会建设,坚持走生产发展、生活富裕、生态良好的文明发展道路。第四,资源税制改革要服从和服务于和谐发展的需要,提供一个和谐的税收环境、建立一个和谐的税制、强调一种和谐的执法、提倡一种和谐的管理与服务,使资源税制改革乃至整个税收关系都要体现社会主义和谐社会构建的要求。第五,资源税制改革要服从和服务于和平发展的需要,树立世界眼光,加强战略思维,坚持对外开放的基本国策,恪守通行的国际经贸规则,制定有利于"引进来"和"走出去"的税收政策,完善内外联动、互利共赢、安全高效的开放型经济体系,并推动和谐世界建设。

最后,科学发展观的根本方法客观上要求我们必须坚持把统筹兼顾作为资源税制改革的具体方略。毛泽东曾经说,"统筹兼顾,各得其所。这是我们历来的方针"。科学发展观坚持统筹兼顾的根本方法,找到了实现全面、协调、可持续发展的创新机制,为统筹经济社会发展提供了科学方法。所谓统筹兼顾就是要在坚持统筹城乡发展、统筹区域发展、统筹经济社会发展、统筹人与自然和谐发展、统筹国内发展与对外开放的基础上,进一步统筹中央和地方关系,统筹个人利益和集体利益、局部利益和整体利益、当前利益和长远利益,统筹国内国际两个大局。科学发展观坚持以统筹兼顾为发展的根本方法,要求我们在税制改革中坚持科学的思想路线和思想方法,用发展的而不是静止的、联系的而不是孤立的、全面的而不是片面的观点看问题、抓发展,做到总揽全局、科学筹划、协调各方、兼顾全面,抓住中心、突出重点,充分调动一切积极因素,统筹好方方面面的利益,处理好各种利益关系,完成战略任务,实现总体目标。面对改革开放和现代化建设事业的日新月异,我们要用科学发展观来审视和衡量长期以来形成的资源税收理念、工作思路和政策制度,坚持把统筹兼顾作为资源税制改革的具体方略,既要统筹中央和地方关系,统筹个人利益和集体利益、局部利益和整体利益、当前利益和长远利益,充分调动各方面的积极性,还要统筹国内国际两个大局,善于从国际形势发展变化中把握发展机遇、应对挑战风险,营造良好国际环境;既要积极发挥政府作用,适当运用行政手段,又要尊重和遵循市场规律,更大程度地发挥市场在资源配置中的基础作用,增强发展的活力和效率。具体到资源税制改革,就是要以全新的思维谋划和布局改革,做到总揽全局,全面规划,兼顾各方,协调发展。

3 资源税制改革的利益相关者及其需求

事实上本国所有的人或物……都有着税务方面的问题。每日经济都会产生数以千计的销售、贷款、捐赠、购买、租赁、遗嘱等行为,这意味着又有人可能有税务问题了。我们的经济几乎每一个毛孔里都透着税收的气息。

——波特·斯图瓦特

3.1 资源税制改革中的利益相关者

人类生存和发展的一切活动都可归因于利益及人的逐利行为,人们奋斗所争取的一切,都与他们的利益有关,"追求利益是人类最一般、最基础的心理特征和行为规律,是一切创造性活动的源泉"[1]。"利益"一词在中国最早见于《汉书·循吏列传》中的"勤令养蚕织履,民得利益焉"[2],其中的利益,侧重于物质方面。在工具书《辞海》和《现代汉语词典》中,利益均被解释为"好处"。"利益"是中西方政治思想史上的古老课题。在西方,18世纪法国政治思想家爱尔维修的利益观对后世产生了深远影响,他认为,"利益是我们的唯一推动力"[3],其利益学说的突出特点是以功利主义的伦理观为其理论基础。在利益问题上,美国政治哲学家J. B. 罗尔斯则认为,正义是利益的核心。他说:"在一个正义的社会里,平等的公民自由是确定不移的,有正义所保障的权利决不受制于政治的交易或社会利益的权衡。"[4]综上所述,利益是客体对主体的存在和发展的一种肯定性关系,是主体、主体需要和满足主体需要的资源在主体行

① 张文显:《法哲学范畴研究》,中国政法大学出版社2001年版,第220页。
② 付大巧:《论马克思主义人民利益思想及其运用与发展》,宁夏大学硕士学位论文,2005年。
③ 北京大学哲学系外国哲学史教研室:《十八世纪法国哲学》,商务印书馆1963年版。
④ [美]约翰·罗尔斯:《正义论》,中国社会科学出版社1988年版。

为作用下的有机统一,这种统一表现为现实的社会关系。社会实践是实现利益的中介,社会关系是利益的本质,社会价值是利益的表现形式。利益的多元化是社会发展的现实结果,在中国公共政策过程中,必然会体现多种利益的平衡与博弈,资源税制改革概莫能外。

"利益相关者"一词源于管理学概念,于1963年由斯坦福研究院的学者首次提出。随后,利益相关者理论得到了更为广泛的关注,众多学科(如管理学、社会学、经济学、伦理学等)的学者们都将其引入,并开展了相关的研究,其研究主体也逐渐扩展,由最初的企业为研究主体延伸到政府、社会组织、社区、政治、经济和社会环境等众多方面。Freeman在1984年下的定义广为接受:利益相关者是指那些能影响组织目标的实现或被组织目标的实现所影响的个人或群体。这一定义不仅将影响组织目标的个人和群体视为利益相关者,同时还将组织目标实现过程中受影响的个人和群体也看做利益相关者,正式将政府的税制改革纳入利益相关者管理的研究范畴,大大扩展了利益相关者的内涵。

对某一项税制改革政策的利益相关者进行分析,以全面、客观地了解该税制改革政策利益相关者的权力、立场和认知等方面的信息,在此基础上制定的税制改革政策就可减少实施中的阻力,提高其政治可行性,这一政策分析方法就叫做利益相关者分析方法。利益相关者分析是一个逻辑的、规范性的程序,以为驾驭税制改革的政治复杂性提供非常实用思路与分析手段。实际的税制改革、改革过程是多种利益相关者相互冲突、协调、磨合与博弈的复杂过程,利益相关者分析作为一种政策分析方法已经在企业管理及国外税制改革中广泛应用并取得显著成效,它的确是管理税制改革政治复杂性的一个有用的工具。

英国思想家霍布斯曾经指出:"在所有的推论中,把行为者的情形说明得更清楚的莫过于行为的利益。"在过去的几十年里,几乎世界上所有国家都在进行税制改革,这就势必要重新分配有限的财政资源,使一些人获得新的利益,而另一些人将可能失去既得的利益。资源税改革是一个复杂的过程,是资源和利益重新分配和平衡的过程,是利益相关者之间通过协调、利益让渡和责任分担而进行有利于科学发展的税收体制构建的过程,能否处理好利益相关者的问题,是资源税制改革与发展能否成功的关键。因此,对资源税制改革过程中利益相关者进行分析,对于设计合理的资源税制改革方案、有效推进资源税制改革的实施具有重要意义。从市场主体的角度去考察,在社会主义市场经济条件下建设资源节约型、环境友好型社会需要政府、市场和家庭三方面的共同努力。资源税制改革作为建设资源节约型、环境友好型社会的重要政策工具,必然会触及到政府、企业和家庭的实际利益,因此,从这个意义上说,资源税制改革中的利益相关者就是政府、企业和家庭。如果再做详细划分,资源税制改革中的利益相关者主要有五大类:

3.1.1　中央政府

　　中央政府是管理一个国家全国事务的国家机构的总称,在联邦制国家,称为"联邦政府"。中国的经济体制改革是在中国共产党领导下进行的,改革的每一进程都是由党的政治权力中枢决定并通过行政权力中枢——中央政府,去贯彻实施的。中华人民共和国国务院,即中央人民政府,是最高国家权力机关的执行机关,是最高国家行政机关,由总理、副总理、国务委员、各部部长、各委员会主任、审计长、秘书长组成。国务院实行总理负责制。国务院要全面履行经济调节、市场监管、社会管理和公共服务职能。健全宏观调控体系,主要运用经济、法律手段和必要的行政手段引导和调控经济运行,促进国民经济又好又快发展;严格市场监管,推进公平准入,完善监管体系,规范市场执法,形成统一开放竞争有序的现代市场体系;加强社会管理,强化政府促进就业和调节收入分配职能,完善社会保障体系,健全基层社会管理体制,妥善处理社会矛盾,维护社会公平正义和社会稳定,健全突发事件应急管理机制;强化公共服务,完善公共政策,健全公共服务体系,增强基本公共服务能力,促进基本公共服务均等化。

　　中央政府具有公共资源的所有者、矿业管理者和矿业投资者三种角色。作为资源所有者,通过资源有偿使用制度,获得其财产权收益(包括矿产资源补偿费、矿区使用费和矿业权使用费等),以实现油气资源的合理配置及油气资源资产的保值增值;作为矿业管理者,立足于国家经济与社会发展全局,通过资源税等行政权收益,实现保障资源供给、保障资源安全、保护环境的目标,并调节政府与油气资源开发利用者之间的经济利益关系;作为矿业投资者,通过国家石油公司对油气资源勘探开发权的行使来投资获取经济利益,如经营利润和矿业权价款。中央政府在资源税制改革的实际运作中通过制定和监督实施资源税收法律法规和政策,维护国家作为国有资源所有者和国家社会管理者的利益。中央政府在资源税制改革进程中居于主导地位,不仅如此它还在资源税制改革而导致的社会利益格局变动中居于主导作用。

3.1.2 政府部门(中央部委及各级政府部门)

1982 年 12 月 10 日第五届全国人民代表大会第五次会议通过的《中华人民共和国国务院组织法》规定:国务院各部、各委员会的设立、撤销或者合并,经总理提出,由全国人民代表大会决定。各部、各委员会实行部长、主任负责制。各部、各委员会工作中的方针、政策、计划和重大行政措施,应向国务院请示报告,由国务院决定。根据法律和国务院的决定,主管部、委员会可以在本部门的权限内发布命令、指示和规章。2008 年 3 月 21 日召开的国务院第一次全体会议通过的《国务院工作规则》(国发〔2008〕14 号)指出:各部、各委员会、人民银行、审计署根据法律和国务院的行政法规、决定、命令,在本部门的职权范围内,制定规章,发布命令。国务院各部门要各司其职,各尽其责,顾全大局,精诚团结,维护政令统一,切实贯彻落实国务院各项工作部署。其第二十三条规定:各部门制定规章和其他规范性文件,必须符合宪法、法律和国务院的行政法规、决定、命令,并征求相关部门的意见;涉及两个及以上部门职权范围的事项,应由国务院制定行政法规、发布决定和命令,或由有关部门联合制定规章或其他规范性文件。其中,涉及群众切身利益、社会关注度高的事项及重要涉外、涉港澳台事项,应当事先请示国务院;部门联合制定的重要规章及规范性文件发布前须经国务院批准。部门规章应当依法及时报国务院备案,由国务院法制机构审查并定期向国务院报告。

3.1.3 地方政府

地方政府是指管理一个国家具体行政区事务的政府组织的总称,通常对应于中央政府(在联邦制国家,称为"联邦制府")的称谓。现代社会,地方政府和中央政府相比,具有有限的权力,如制定地方税收政策、实行有限的立法等等。中国的地方政府除特别行政区以外分为四级即省级、市级、县级和乡级。地方各级人民政府是地方各级国家权力机关的执行机关,是地方各级国家行政机关。地方各级人民政府实行省长、市长、县长、区长、乡长、镇长负责制。民族自治地方的自治机关是自治区、自治州、自治县的人民代表大会和人民政府。全国地方各级人民政府都是国务院统一领导下的国家行政机关,都服从国务院。地方各级人民政府必须依法行使行政职权。历史的经验和实践表明,政府"经济人"的特性和社会利益的整合功能使地方政府角色陷入进退两难的尴尬境地:它既是社会利益的整合者,又是自身利益的维护者。这种双重身份交互作用使地方政府在资源税制改革过程中有可能会偏离全社会公共利益的价值取向,在自然资源一级所有一级开采体制下,地方政府通过为矿业权人创造条件、提供服务,以资源税、矿产资源补偿费等形式分享资源开发利用带来的经济利益;在资源一级所有二级开采的开采体制下,地方政府不仅通过资源税费来获得财政收入,而且还通过参与和获取油气资源勘探开发权来促进区域产业、投资和区域经济的发展,这也是产生中央政府与地方政府利益冲突的主要根源。

3.1.4　矿业企业

企业是现代社会的基本单元,企业受益才能提高国民的收入和国家的税收。从长远的角度看,企业承担相应的社会责任与追求利润最大化之间并非水火不容。一个有远见的企业家不仅应追求企业的短期利润,更应关注企业长期获得利润的能力,而企业自觉承担社会责任有助于增强企业的长远发展能力,容易在社会公众中获得更高的信任程度。企业行为的最终目的是赢利,在现代产权制度中,由于环境的外部性,企业运作中无法体现环境成本,企业在运营过程中向环境排放各种污染物,这些污染物消耗了环境的净化资源,而企业不需要为之付出任何费用。人类不能生活在一个充满垃圾的环境里,这个时候政府必须担当起治理污染的责任,政府一方面通过各种手段迫使企业减轻污染,另一方面对已造成污染的地区进行污染修复。从表面上看,政府的行为是不理智的,没有企业就没有税收,没有税收政府就无法实现它的各种职能。但是,将这种行为放在一个较长的时间里观察,政府的行为却是明智的。政府通过对矿业企业征收资源税费等行为,能够诱导企业考虑清洁的生产工艺、节约资源和环境保护,从而实现整个社会的可持续发展。人类生产生活必须依赖自然生态系统的支持,我们需要洁净的水源,无污染的空气和各种各样的生物资源,当自然资源的供给无法满足人类需要,当生态系统由于过度干扰而无法完成自身循环时,人类的生产和生活也无法继续,企业的利益更加无从保障。因此,矿业企业一方面通过探矿权和采矿权——法人财产权的行使,具体实现国家所有权的经济利益,并以投资回报的形式向中央财政上缴利润;另一方面通过资源生产经营活动获得投资利润和风险回报,以实现企业的生存与发展。在制度规范、产权明晰的前提下,矿业企业与政府的利益关系主要体现在资源税费的征收标准及经营利润的分享比例上。

3.1.5　社会公众(包括矿区居民)

社会公众参与公共决策是指公民以及由公民所组成的社会团体通过一定的方式和程序,以公共决策主体和客体的双重身份直接或间接参与和影响公共决策过程,表达自身利益要求和意愿的政治行为。我国《宪法》第一章第二条明确规定:"中华人民共和国的一切权力属于人民。人民依照法律规定,通过各种途径和形式,管理国家事务,管理经济和文化事业,管理社会事务。"党的十七大报告指出,要"从各个层次、各个领域扩大公民有序政治参与,最广泛地动员和组织人民依法管理国家事务和社会事务、管理经济和文化事业",要"依法实行民主选举、民主决策、民主管理、民主监督,保障人民的知情权、参与权、

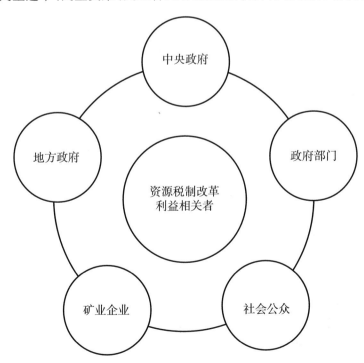

图3.1　资源税制改革的利益相关者

表达权、监督权"。2008年3月21日召开的国务院第一次全体会议通过的《国务院工作规则》(国发〔2008〕14号)第十八条明确规定:国务院各部门提请国务院研究决定的重大事项,都必须经过深入调查研究,并经专家或研究、咨询机构等进行必要性、可行性和合法性论证;涉及相关部门的,应当充分协商;涉及地方的,应当事先听取意见;涉及重大公共利益和人民群众切身利益的,要向社会公开征求意见,必要时应举行听证会。由此可见,社会公众参与公共决策包括资源税制改革等国家税收决策是实现人民民主的重要途径,同时,公民参与可以更好地发挥社会公众对资源税制改革的决策者及其实施机构的监督作用,增强政府税收政策制定及实施的可接受性和可操作性,使得税收政策的执行更加顺畅、更深得民心,从而有助于政府公信力的提高。

3.2 研究资源税制改革利益相关者利益需求的重要性

利益相关者自身所处的立场是其产生相应行为的根本决定因素。利益需求是人们对物质或精神利益需求对象的自觉指向和追求,利益相关者理论认为,正是人们的需求构成了利益的基础。不同的利益相关者有不同的利益需求,都有自身独特的价值和追求目标,即利益相关者的多元化有着利益需求的多样化,致使利益实现途径的多形化。而这些利益的相互作用和协调的实现方式关系到利益相关者的利益创造程度,关系到资源税制改革的成败。

第一,资源税制改革从本质上来说是各利益相关者之间利益需求引发的各种行为相互制衡关系的有机整合。资源税制改革涉及到各类利益相关者,其决策与实施过程难免会受到各利益相关者行为的影响,需要关注这些利益相关者的利益需求。事实上,资源税制改革是利益相关者在追逐各自利益需求的过程中选择有利于自身的行为决策的整合结果。因此,需要重视改革利益相关者的利益需求,尤其是他们的最主要的利益需求,根据利益相关者的利益需求进行合理的利益调整和平衡是资源税制改革有效运作的重要途径。

第二,关注资源税制改革利益相关者的利益需求有利于降低治理监督成本。我们知道利益相关者是资源税制改革的各有关群体或个体,如果忽视或不尊重资源税制改革各利益相关者的利益需求,会引发这些利益相关者对资源税制改革的拥护和支持,进而直接影响甚至严重阻碍资源税制改革的利益创造和调整机制,这样,资源税制改革就需要建立一套改革实施机制来重新设计和实施改革方案,从而会带来更多的相关成本费用。因此,关注资源税制改革利益相关者的利益需求,是使管理监督成本最小化的有效方式。

第三,厘清和分析资源税制改革利益相关者的利益需求,根据其利益需求的程度进行利益分配协调,有助于为资源税制改革创造良好的环境和空间。如资源税制改革在决策与实施中关注社区居民的现实愿望,并支持他们参与改革决策的过程,让他们一起分析和共同分享资源税制改革带来的利益和成果,社区居民必定会支持资源税制改革的推进,做自觉维护资源税制改革的先行者。而且资源税制改革越是注重利益相关者的利益需求,并根据利益需求程度进行合理利益分配和调整,就越有利于增强利益相关者的凝聚力,自觉主动地为资源税制改革做贡献,更有动力为资源税制改革服好务,从而形成资源税制改革的理想环境和空间。

资源税制改革明显属于政府的强制性政策,企业的选择性政策以及居民的引导性政策。资源税制改革能够满足建立有利于科学发展的税收体制机制的调控愿望和政策意图,同时,也有利于为企业创造一个公平竞争的税收制度环境。通过这种制度设计和政策调整,也在某种程度上激励人们该干什么不该干什么,从而较好地引导人们节约和使用资源,这有利于构建人与自然和谐相处的可持续发展长效机制,也有利于建设有中国特色的社会主义生态文明。从这个意义上讲,资源税制改革牵一发而动全身,务必要审慎面对,精心设计,全面把握和正确认识改革利益相关者的利益需求,力求制定出科学合理的资源税制,充分发挥好税收对利益相关者的利益整合和调整功能。

3.3 中央政府在资源税制改革中的需求分析

新制度经济学家道格拉斯·C.诺思认为,"国家提供的基本服务是博弈的基本规则",其具体目标有两个:"一是,界定形成产权结构的竞争与合作的基本规则,这能使统治者的租金最大化。二是,在第一个目的的框架中降低交易费用以使社会产出最大,从而使国家税收增加。"[①]即政府通过制度创新所要实

---

① [美]道格拉斯·C.诺思:《经济史中的结构与变迁》,陈郁、罗华平译,上海三联书店、上海人民出版社1994年版,第24页。

现的目标是双重的:统治租金最大化和社会稳定及政治支持最大化。中央政府主体安排的资源税制度应大体上满足非政府主体和社会成员的利益需求,即首先做大"蛋糕",然后再尽可能地合理分切"蛋糕"。对于处于决策中心的中央政府来说,只有在有效率产权的基础上才能使社会经济不断增长和社会产出最大化,才能使资源税收制度创新供给者和大多数利益主体、社会成员之间的共同性利益大于冲突性利益,从而使资源税制改革进程中两者之间的博弈成为一种合作博弈。这主要是基于中央政府可以作为超脱地方政府间利益争端的公正裁判,在地方政府的博弈结构中充当信息沟通与冲突裁判的作用。当然中央政府也有相当大意愿从体制内对各地方政府的不当行为予以纠正和调整,保证竞争的有序和公平,从而有力促使社会福利水平最大化。具体到资源税制改革方面,党中央、国务院希望资源税制改革能够坚持节约资源和保护环境的基本国策,完善有利于节约能源资源和保护生态环境的法律和政策,加快形成可持续发展体制机制,实行有利于科学发展的财税制度,建立健全资源有偿使用制度和生态环境补偿机制,进而促进人和自然的协调与和谐,努力开创生产发展、生活富裕和生态良好的文明发展道路,建设资源节约型、环境友好型社会,实现全面建设小康社会奋斗目标。

　　为保护国有资源,促进国有资源合理开发和有效利用,调节级差收入,1984年9月18日国务院颁布了《中华人民共和国资源税条例(草案)》,从当年10月1日起对原油、天然气和煤炭三种矿产品征收资源税,同时国务院发布了《中华人民共和国盐税条例(草案)》,将盐税从原工商税中分离出来,重新成为一个独立的税种。随着我国市场经济的不断发展,资源税在征收范围等诸多方面已不能满足新形势的需要,为此,本着"普遍征收、级差调节"等原则,国务院于1993年12月25日重新修订颁布了《中华人民共和国资源税暂行条例》,财政部于1993年12月30日发布了《中华人民共和国资源税暂行条例实施细则》,同时取消了盐税,将盐税纳入资源税的征收范围。修订后的资源税暂行条例于1994年1月1日起施行。尽管党的十四届三中全会通过的《中共中央关于建立社会主义市场经济体制若干问题的决定》并没有具体作出资源税改革的战略部署。但是,自《中华人民共和国资源税暂行条例》及其实施细则颁布和实施以来,党中央、国务院、全国人大多次直接或间接地提出了进一步改革和完善资源税制改革的战略部署和指示要求。

——早在1996年8月3日颁发的《国务院关于环境保护若干问题的决定》（国发〔1996〕31号）就明确提出：国务院有关部门要按照"污染者付费、利用者补偿、开发者保护、破坏者恢复"的原则，在基本建设、技术改造、综合利用、财政税收、金融信贷及引进外资等方面，抓紧制定、完善促进环境保护、防止环境污染和生态破坏的经济政策和措施。改革资源税制度，合理调整税收优惠政策。

——1996年8月29日全国人大修正的《中华人民共和国矿产资源法》第五条规定：国家实行探矿权、采矿权有偿取得的制度；但是，国家对探矿权、采矿权有偿取得的费用，可以根据不同情况规定予以减缴、免缴。具体办法和实施步骤由国务院规定。开采矿产资源，必须按照国家有关规定缴纳资源税和资源补偿费。

——1997年9月12日，党的十五大报告首次提出要实施可持续发展战略。我国是人口众多、资源相对不足的国家，在现代化建设中必须实施可持续发展战略。资源开发和节约并举，把节约放在首位，提高资源利用效率。实施资源有偿使用制度。

——2000年12月21日，国务院印发的《全国生态环境保护纲要》（国发〔2000〕38号）。生态环境保护是功在当代、惠及子孙的伟大事业和宏伟工程。坚持不懈地搞好生态环境保护是保证经济社会健康发展，实现中华民族伟大复兴的需要。全国生态环境保护目标是通过生态环境保护，遏制生态环境破坏，减轻自然灾害的危害；促进自然资源的合理、科学利用，实现自然生态系统良性循环；维护国家生态环境安全，确保国民经济和社会的可持续发展。

——2002年11月8日，党的十六大报告提出全面建设小康社会的目标是：可持续发展能力不断增强，生态环境得到改善，资源利用效率显著提高，促进人与自然的和谐，推动整个社会走上生产发展、生活富裕、生态良好的文明发展道路。必须把可持续发展放在十分突出的地位，坚持计划生育、保护环境和保护资源的基本国策。合理开发和节约使用各种自然资源。

——2003年10月14日，党的十六届三中全会通过的《中共中央关于完善社会主义市场经济体制若干问题的决定》：坚持以人为本，树立全面、协调、可持续的发展观，促进经济社会和人的全面发展。分步实施税收制度改革。按照简税制、宽税基、低税率、严征管的原则，稳步推进税收改革。

——2004 年 4 月 1 日,《国务院办公厅关于开展资源节约活动的通知》(国办发〔2004〕30 号)要求:研究制定财政、税收、价格等激励政策。发展改革委要会同财政、税务部门抓紧制定并不断完善节能、节水设备(产品)目录,并研究采取优惠政策,鼓励生产、销售和使用节能、节水设备(产品),鼓励开发和利用可再生能源。

——2005 年 6 月 27 日,《国务院关于做好建设节约型社会近期重点工作的通知》(国发〔2005〕21 号)提出:完善有利于节约资源的财税政策。研究制定鼓励生产、使用节能节水产品的税收政策,以及鼓励发展节能省地型建筑的经济政策。研究制定鼓励低油耗、小排量车辆的财税政策。调整高耗能产品进出口政策。积极研究财税体制改革,适时开征燃油税,完善消费税税制。完善资源综合利用和废旧物资回收利用的税收优惠政策。在理顺现有收费和资金来源渠道的基础上,研究建立和完善资源开发与生态补偿机制。

——2005 年 7 月 2 日,《国务院关于加快发展循环经济的若干意见》(国发〔2005〕22 号)。力争到 2010 年建立比较完善的发展循环经济法律法规体系、政策支持体系、体制与技术创新体系和激励约束机制。制定支持循环经济发展的财税和收费政策。继续完善资源综合利用的税收优惠政策,调整和完善有利于促进再生资源回收利用的税收政策,加快建立大宗废旧资源回收处理收费制度。适时出台燃油税,完善消费税制。积极研究以资源量为基础的矿产资源补偿费征收办法,进一步扩大水资源费征收范围并适当提高征收标准,优先提高城市污水处理费征收标准,全面开征城市生活垃圾处理费。

——2005 年 8 月 19 日,《国务院关于全面整顿和规范矿产资源开发秩序的通知》(国发〔2005〕28 号)明确提出要完善矿产资源有偿使用制度。要按照矿产资源分类、分级管理的要求,进一步推进矿产资源有偿使用制度改革。调整现行的矿业税费政策,积极探索矿产资源税费征收与储量消耗挂钩的政策措施。理顺矿产资源利益分配关系,改善矿业投资环境。

——2005 年 12 月 3 日,国务院原则通过的《国务院关于落实科学发展观加强环境保护的决定》(国发〔2005〕39 号)推行有利于环境保护的经济政策。建立健全有利于环境保护的价格、税收、信贷、贸易、土地和政府采购等政策体系。政府定价要充分考虑资源的稀缺性和环境成本,对市场调节的价格也要进行有利于环保的指导和监管。对污染处理设施建设运营的用地、用电、设备折旧等实行扶持政策,并给予税收优惠。经济综合和有关主管部门要制定有利于环境保护的财政、税收、金融、价格、贸易、科技等政策。

——2005 年 10 月 11 日,党的十六届五中全会通过的《中共中央关于制定国民经济和社会发展第十一个五年规划的建议》提出,"把节约资源作为基本国策,发展循环经济,保护生态环境,加快建设资源节约型、环境友好型社会,促进经济发展与人口、资源、环境相协调。实行有利于资源节约的价格和财税政策。推进财政税收体制改革。实行有利于增长方式转变、科技进步和能源资源节约的财税制度"。并作出了"调整和完善资源税"的战略指示。

——2006 年 10 月 11 日,党的十六届六中全会通过的《中共中央关于构建社会主义和谐社会若干重大问题的决定》明确提出:完善有利于环境保护的产业政策、财税政策、价格政策,建立生态环境评价体系和补偿机制,强化企业和全社会节约资源、保护环境的责任。

——2007 年 10 月 15 日,党的十七大报告明确提出:坚持节约资源和保护环境的基本国策,关系人民群众切身利益和中华民族生存发展。必须把建设资源节约型、环境友好型社会放在工业化、现代化发展战略的突出位置,落实到每个单位、每个家庭。要完善有利于节约能源资源和保护生态环境的法律和政策,加快形成可持续发展体制机制。实行有利于科学发展的财税制度,建立健全资源有偿使用制度和生态环境补偿机制。

——2007 年 10 月 28 日,十届全国人民代表大会常务委员会第三十次会议修订通过的《中华人民共和国节约能源法》第六十二条规定:国家实行有利于节约能源资源的税收政策,健全能源矿产资源有偿使用制度,促进能源资源的节约及其开采利用水平的提高。其第六十三条规定:国家运用税收等政策,鼓励先进节能技术、设备的进口,控制在生产过程中耗能高、污染重的产品的出口。

——2007 年 11 月 27 日,《国家环境保护"十一五"规划》(国发〔2007〕37号)明确提出:努力推进政策创新,把政府调控与市场机制有机结合、法规约束与政策激励有机结合,以政府投入带动社会投入,以经济政策调动市场资源,以宣传教育引导公众参与,进一步完善政府主导、市场推进、公众参与的环境保护新机制。在资源税、消费税、进出口税改革中充分考虑环境保护要求,探索建立环境税收制度,运用税收杠杆促进资源节约型、环境友好型社会的建设。

——2008 年 8 月 29 日,十一届全国人民代表大会常务委员会第四次会议通过的《中华人民共和国循环经济促进法》第四十四条规定:国家对促进循环经济发展的产业活动给予税收优惠,并运用税收等措施鼓励进口先进的节能、节水、节材等技术、设备和产品,限制在生产过程中耗能高、污染重的产品的出口。具体办法由国务院财政、税务主管部门制定。企业使用或者生产列入国家清洁生产、资源综合利用等鼓励名录的技术、工艺、设备或者产品的,按照国家有关规定享受税收优惠。

——2009 年 5 月 19 日,国务院批转发展改革委《关于 2009 年深化经济体制改革工作意见的通知》,将"研究制订并择机出台资源税改革方案"作为 2009 年加快推进财税体制改革、建立有利于科学发展的财税体制的重要举措,并提出由财政部、税务总局、发展改革委等有关部委负责落实。

综观十多年来中央政府在资源税制改革方面的一系列指示精神,不难发现,中央政府把资源税制看做是建设资源节约型、环境友好型社会的一个重要政策工具,通过改革旨在建立一个能充分考虑资源稀缺性和环境成本的资源税收价格机制,从而为推动科学发展和社会和谐提供税收体制机制保障。与此同时,中央政府所还希望改革后的资源税制能够满足以下目标:一是资源税制可以通过提供可预见和稳定的税收收入流,支持宏观经济的稳定;二是资源税制可以允许政府在利润高的时期获得更高份额的收入;三是资源税制可以得到有效的管理,从而降低征收成本,减少避税可能性;四是资源税制可以通过规定早期生产阶段征税,使税收收入的现值最大化;五是资源税制可以从成本极低、利润极高的项目中获取意外收入;六是资源税制是中立的,有利于提高经济效率。

3.4　政府部门在资源税制改革中的需求分析

政府部门(中央部委及各级政府部门),作为公共财政支持的公共服务部门,是作为党的政策的具体贯彻者和国家的意志在某个领域的代表者出现的,它除了党和国家的利益(也即是人民的利益)之外,没有任何特殊的利益,理应以公共利益为其一切行为的目标和准则。但是在现实生活中政府部门除了代表党、国家和人民的利益之外,也不同程度从部门利益出发,在政策制定和行政过程中凭借经济资源的巨大配置权力必然表现出利己偏好。目前,一个政府部门至少在履行三种职能:作为公共权威机构,提供公共产品;作为某些经济领域的组织者,干预经济生活;作为具有相对利益的"系统"或"单位",保证单位"系统"或"职工"的福利。这三种职能中,"国家"的各级机构愈来愈将"国家"的职能,即提供公共产品的职能作为业余职能,而愈来愈以追求部门和自身经济利益为导向。加之,中央政府在对资源税制改革作决策、定方案时往往涉及多个政府部门,这些政府部门在职能上都具有一定的直接或间接管理权,从机构级别设定上不存在"谁高谁低"的问题,从管理权限设置上也没有"谁大谁小"的问题,这样各有关部门在资源税政策的处理上,谁都可以管,谁的意见都重要,难免会出现"多龙治水",相互扯皮,容易使各政府部门在实际的资源税制改革决策和政策管理活动中从各自的利益出发,有选择性地进行管理,最终导致科学的决策不能实施,最优的方案不能实行,而只能选择次优的方案,使政府决策科学性大打折扣,影响行政管理的效果。根据第十一届全国人民代表大会第一次会议批准的国务院机构改革方案和《国务院关于机构设置的通知》(国发〔2008〕11号)文件精神,目前,在资源税制改革决策中涉及的政府部门(中央部委)主要有国家发展改革委、财政部、国土资源部、环境保护部、工业和信息化部以及国家税务总局等六个部委,其有关主要职责和资源税制改革需求如下:

——国家发展改革委。相关职责是:负责汇总分析财政、金融等方面的情况,参与制定财政政策、货币政策和土地政策,拟订并组织实施价格政策;承担指导推进和综合协调经济体制改革的责任,研究经济体制改革和对外开放的重大问题,组织拟订综合性经济体制改革方案,协调有关专项经济体制改革方案,会同有关部门搞好重要专项经济体制改革之间的衔接,指导经济体制改革试点和改革试验区工作;推进可持续发展战略,负责节能减排的综合协调工作,组织拟订发展循环经济、全社会能源资源节约和综合利用规划及政策措施并协调实施,参与编制生态建设、环境保护规划,协调生态建设、能源资源节约和综合利用的重大问题,综合协调环保产业和清洁生产促进有关工作。在上述职责的规范之下,2006年12月24日,国家发改委印发的《"十一五"资源综合利用指导意见》提出:根据综合利用发展情况和技术进步的实际,适时调整和完善资源综合利用财政税收优惠政策。2007年4月,国家发展改革委《能源发展"十一五"规划》提出,要增加勘查投入,提高资源保障程度;完善资源有偿使用制度,施行有利于生产和使用可再生能源的税收政策。

——财政部。相关职责是:拟订和执行财政、税收的发展战略、方针政策、中长期规划、改革方案及其他有关政策;提出运用财税政策实施宏观调控和综合平衡社会财力的建议;拟订和执行中央与地方、国家与企业的分配政策;提出税收立法计划,与国家税务总局共同审议上报税法和税收条例草案;根据国家预算安排,确定财政税收收入计划;提出税种增减、科目税率调整、减免税和对中央财政影响较大的临时特案减免税的建议。《关于 2005 年中央和地方预算执行情况与 2006 年中央和地方预算草案的报告》提出要运用有关财税政策措施,引导形成有利于节约资源、减少污染的生产和消费模式;进一步完善税收制度,积极推进资源税等改革。《关于 2006 年中央和地方预算执行情况与 2007 年中央和地方预算草案的报告》提出要完善财税政策,加快经济增长方式转变,加快建立比较完善的鼓励能源、资源节约和环境保护的财税政策体系。《关于 2007 年中央和地方预算执行情况与 2008 年中央和地方预算草案的报告》指出:积极推进税收制度改革,推进资源税制度改革。《关于 2008 年中央和地方预算执行情况与 2009 年中央和地方预算草案的报告》提出深化财税制度改革,改革完善资源税制度等。

——国土资源部。相关职责是:我国自然资源相对短缺,保护自然资源是我国经济持续、快速、健康发展的基础。国土资源部要在保护生态环境的前提下,加强自然资源的保护与管理,尤其要加强耕地保护和土地管理,保障人民生活和国家现代化建设当前和长远的需要。国土资源部是主管土地资源、矿产资源、海洋资源等自然资源的规划、管理、保护与合理利用的国务院组成部门。主要职责是:拟订有关法律法规,发布土地资源、矿产资源、海洋资源(农业部负责的海洋渔业资源除外,下同)等自然资源管理的规章;依照规定负责有关行政复议;研究拟订管理、保护与合理利用土地资源、矿产资源、海洋资源政策;制定土地资源、矿产资源、海洋资源管理的技术标准、规程、规范和办法,等等。2008 年 3 月 31 日,国土资源部印发的《全国地质勘查规划》(国土资发〔2008〕53 号)文件提出:积极推进资源税费改革,将原油、天然气和煤炭资源税由从量计征改为从价计征,合理提高税率标准;合理调整矿产资源税税额幅度上限、矿产资源补偿费费率和探矿权、采矿权使用费征收标准。2008 年 12 月 31 日,国土资源部发布的《全国矿产资源规划(2008—2015 年)》(国土资发〔2008〕309

号)提出:要积极探索矿产资源税费征收与储量消耗挂钩的政策措施,促进矿产资源节约开发。2008 年全国国土资源管理工作会议提出:在继续使用规划、计划、审批等手段的同时,更多运用土地、矿产价格及租税费等经济手段,注重国土资源政策与货币政策、财政政策、产业政策的协调配合,增强调控的针对性和有效性。2009 年全国国土资源管理工作会议进一步提出要"深入开展矿产资源税费款制度改革研究"。

——工业和信息化部。相关职责是:拟订并组织实施工业、通信业的能源节约和资源综合利用、清洁生产促进政策,参与拟订能源节约和资源综合利用、清洁生产促进规划,组织协调相关重大示范工程和新产品、新技术、新设备、新材料的推广应用。由国家发展改革委划归到工业和信息化部的能源节约和资源综合利用职能部门编制的《生态建设和环境保护重点专项规划》明确提出:运用价格、收费和税收手段,发挥市场的调节作用;按照税费改革总体部署,积极稳妥地推进环境保护方面的税费改革,逐步完善税制,进一步增强税收对节约资源和保护环境的宏观调控功能。工业和信息化部发布的《落实国务院〈2008 年节能减排工作安排〉进一步加强工业和通信业节能减排工作的意见》(工信部节〔2008〕203 号)明确指出:配合有关部门推进资源税和矿产资源税补偿制度改革,落实企业所得税优惠政策目录,积极参与企业新购入的节能和环保设备增值税抵扣政策研究,支持节能减排的财政、金融和税收政策研究。

——环境保护部。相关职责是:负责建立健全环境保护基本制度。拟订并组织实施国家环境保护政策、规划,起草法律法规草案,制定部门规章;受国务院委托对重大经济和技术政策、发展规划以及重大经济开发计划进行环境影响评价,对涉及环境保护的法律法规草案提出有关环境影响方面的意见,按国家规定审批重大开发建设区域、项目环境影响评价文件。为此,国家环境保护总局印发的《全国生态环境保护"十五"计划》(环发〔2002〕56 号)就提出要明确生态环境保护的责、权、利,充分运用法律、经济、行政和技术手段保护生态环境。国家环境保护总局印发的《关于印发"全国生态保护'十一五'规划"的通知》(环发〔2006〕158 号)指出:根据我国生态保护与管理的特点,针对不同领域不同层次的生态补偿需求,构建我国生态补偿政策的总体框架,确定若干优先领域,重点突破,制定生态补偿政策技术导则。国家环境保护总局印发的《关于开展生态补偿试点工作的指导意见》(环发〔2007〕130 号)指出:生态补偿机制是以保护生态环境、促进人与自然和谐为目的,根据生态系统服务价值、生态保护成本、发展机会成本,综合运用行政和市场手段,调整生态环境保护和建设相关各方之间利益关系的环境经济政策。

——国家税务总局。相关职责是:具体起草税收法律法规草案及实施细则并提出税收政策建议,与财政部共同上报和下发,制定贯彻落实的措施;负责对税收法律法规执行过程中的征管和一般性税政问题进行解释,事后向财政部备案;参与研究宏观经济政策、中央与地方的税权划分并提出完善分税制的建议,研究税负总水平并提出运用税收手段进行宏观调控的建议。在上述职责规范之下,国家税务总局在《2005 年全国税收工作要点》中指出:推进资源税制改革,促进资源节约和有效利用;在《2006 年全国税收工作要点》中又提出:按照建立健全资源开发有偿使用制度和补偿机制的要求,推进资源税制改革,促进资源节约和有效利用,改进石油、天然气、煤炭资源税计税方法;在《2007 年全国税收工作要点》中进一步指出:按照建立健全资源开发有偿使用制度和补偿机制的要求,推进资源税改革,改进石油、天然气、煤炭资源税计税方法,建立资源税税率(税额)有效调整机制;《2009 年全国税收工作要点》明确提出,将按照党的十七大精神,"实行有利于科学发展的财税制度",落实中央关于加强和改善宏观调控的要求,加快推进税制改革,实施好结构性减税政策;根据国务院的部署,适时出台资源税改革方案。

上述分析表明,由于政府部门职责的差异使得各有关职能部门对资源税制改革的利益需求并不相同,其中,国家发展改革委偏重于资源税制改革对国家中长期战略规划执行情况的影响以及国家宏观调控政策的支持力度,关注资源税制改革对整个资源产品价格的直接和间接影响,希望运用租税费等经济政策与货币政策、财政政策、产业政策的协调配合,不断增强调控资源环境和国民经济的针对性和有效性。国土资源管理部希望资源税制改革能够处理好保障发展与保护资源的关系,坚持开源与节流并举,走出一条节约集约利用资源的新路子,完善矿产资源开发收益分配机制的作用程度,建立健全国土资源政策管理体制,提高国土资源对经济社会全面协调可持续发展的保障能力。环境保护部则希望资源税制改革能促进对资源节约和环境保护,提出体现"谁开发、谁保护,谁破坏、谁恢复,谁受益、谁补偿,谁污染、谁付费"的原则,同时,通过改革使得环境和自然资源的开发利用者要真正承担环境外部成本,履行生态环境恢复责任,赔偿相关损失,支付占用环境容量的费用;生态保护的受益者有责任向生态保护者支付适当的补偿费用。财政部和国家税务总局注重改革对财政收支总量的影响,逐步建立有利于科学发展的资源税制机制。

3.5 地方政府在资源税制改革中的需求分析

按照国家所赋予政府的行政职责来看,地方政府应该代表全国人民对公共资源的共同和长远利益,谋求当地经济、社会文化和环境效益的"多赢"和谐。地方政府首先追求的是稳定的社会秩序、既得的经济效益,然后是一定的生态效益。然而,地方政府作为一个独立的组织,也有自身的利益(如财政收入、政治业绩、形象等),这使得地方政府为追求自身利益,而延伸了其拥有的公权运用。事实上,一些资源富裕的地方政府首先追求资源的经济利益,而忽视资源的保护。因此,地方政府特别希望通过资源税制改革培育地方骨干财源和主体税种,增加地方财政收入,增加就业机会。这一点可以通过有关地方政府的决策来得到证明。比如,新疆维吾尔自治区人民政府《关于进一步加强环境保护工作的决定》(新政发〔1997〕9号)规定:要制定和完善有利于保护和改善环境的经济政策,建立并完善有偿使用自然资源和恢复生态环境的经济补偿机制,制定实施征收生态环境补偿费的办法。对环境污染治理、废物综合利用和生态环境恢复工程等社会公益性项目,财政、物价、税务、金融等部门要按照国家有关规定,完善和落实税收、信贷和价格优惠政策,优先提供贷款支持。云南省人民政府《关于大力推进我省循环经济工作的通知》(云政发〔2005〕63号)规定:运用财税、投资、信贷、价格等政策手段,调节和影响市场主体的行为,保障发展循环经济企业的利益,建立自觉节约资源和保护环境的机制。继续完善资源综合利用税收优惠政策,积极探索建立生态恢复和环境保护的经济补偿机制。河北省人民政府《关于加快发展循环经济的实施意见》规定:各级政府和有关部门要认真研究制定相关优惠政策,积极落实国家促进节能、节水、资源综合利用及环保产业的税收优惠政策,完善市场机制。积极调整和理顺资源与最终产品的比价关系,逐步建立能够反映资源真实成本和稀缺程度的价格形成机制。河南省人民政府《关于加快发展循环经济的实施意见》(豫政〔2006〕38号)规定:制定和落实支持循环经济发展的税收和收费政策。山东省人民政府《关于印发山东省循环经济试点工作实施方案的通知》（鲁政发〔2007〕8号）规定：各级政府和有关部门要利用财政、税收、价格等手段加大对节能、节水、节材、节地、节矿、资源综合利用、新能源和可再生能源开发、清洁生产、再生资源回收利用等事业的支持力度。山东省地方税务局《关于发挥税收扶持作用促进循环经济发展的意见》（鲁地税发〔2006〕48号）规定：大力加强资源类地方税收的征管，加强与财政、国土资源部门的协同配合，合力采取有效措施，强化资源类地方税收的征管，努力做到应收尽收。总之，地方政府在资源税制改革过程中强烈要求提高资源补偿费费率，扩大资源税税基，以增加地方政府的财政收入，以缓解捉襟见肘的地方财政状况。不仅如此，地方政府更是要求拥有资源税的立法权，以便根据本地区的具体情况，调整本地区的资源税额标准。这是因为资源税制改革以后将会有大量的资源税费收入从资源输入地流向资源输出地，从而在地域财政能力上发生重大影响，资源输出地政府有望改善财政收入。

3.6　社会公众在资源税制改革中的需求分析

资源税制改革中的社会大众主要有两类：一是资源地区居民，二是资源消费者。作为矿区居民（主要是失地农民），他们是资源开发利用负外部效应的承担者。一般地，资源采掘给矿区居民带来两方面的影响。首先是积极影响，矿山采掘能促进当地的经济发展，改变当地居民的生活条件，交通、通讯、供水、供电等基础设施建设得到了全面改善，创造了新的就业机会，增加了政府和居民收入，同时，促进了当地与外界的交流，居民素质得到提高，民族文化得到保护和发展；其次是消极影响，矿山采掘的同时往往需要社区居民为之付出成本，影响了居民原有的生产生活方式，而导致损害社区居民的利益。如：物价的上涨、安宁生活的破坏、生活环境的污染、噪音的产生、生活空间的拥挤等问题，这些都由社区居民来承担，甚至有的矿区为保护资源和环境，避免因人口居住、大气污染等对矿区的损害，将长期居住在矿区内的居民迁往矿区外。有鉴于此，当矿区居民（主要是失地农民）并没有从矿山采掘中受惠时，随着对自身利益维护的摸索，他们最终会采取行动来维护自身利益。如果矿区居民无法选择或者无法控制他们以何种方式从矿山采掘中获益，那么可能选择其他的行为或方

式来获取利益。因此,资源税制改革要着眼于社会效益,以当地社区生活质量
为前提和归宿,兼顾当地居民的需求和利益,并倾听他们的意见。只有当矿区
居民(主要是失地农民)的利益得到保证,才能使他们产生自觉的拥护和支持
行动。因此,聆听和重视社区居民的利益表达,接受其观点并采纳到资源税制
改革方案中,很有现实意义。资源税制改革就是要千方百计放大矿山采掘给社
会公众特别是矿区居民带来的积极影响,减小矿山采掘给社会公众特别是矿区
居民带来的消极影响。尽量满足社会公众特别是矿区居民、社区居民期望呼吸
更清新的空气、喝更清洁的水、吃更加绿色的食品、争更丰裕的票子、享更快乐
的人生的利益需求。

3.7　资源企业在资源税制改革中的需求分析

　　资源开采企业的行为具有负的外部性,会造成环境污染和生态破坏,这直
接的受害者是资源开采地居民。由于我国实行矿产资源的所有权归国家,导致
农民对集体土地下的矿产资源也不享有权利,而且随时都可能因为国家把该地
下的资源开采权出让给企业而面临着被迫迁徙的命运,而补偿却是微不足道。
目前的操作实际上是资源开采企业并没有把原先在矿区上的居民迁到安全的
矿区范围之外,而是让居民与资源企业混居,这存在着巨大的安全隐患。资源
开采企业开展业务是为了赚取足够的钱以吸引投资者和维持其占有的市场份
额,所以资源开采企业都以赢利为目标,都想要避免风险。但这并不是说它们
不愿承担社会责任或不愿承担风险,而是因为它们非常重视现金的流入、成本
的降低以及风险的减少与补偿。资源开采企业对矿业法规的总体要求一般包
括:矿业权保障,即明确规定投资者开发所发现的任何经济矿床的权利;整体政
策环境透明、可预测、稳定,并基于"法治"标准,从而使投资者能够合理制定有
充分把握的决策;政策应允许投资者实现与他们设想的风险相一致的投资回报
率,能够最大限度地减少决策被扭曲的现象,并保持对管理效率的鼓励;对所有
经营和产品销售决策实行管理控制;不限制贷款服务和把利润和股息转回本
国。资源开采企业要研究投资所在地的矿业税收制度,并将税收当做它们开展
业务的成本。根据它们的总体要求,矿业公司会进一步对税收政策的内容和设
计进行参数选择。参数选择的重要原则包括:资源税制改革应该主要针对已实

现的利润;资源税收制度应该允许并鼓励投资者尽早收回投资;税制应能反映出公司收入的多变性,在矿产品价格低时能及时减轻公司的财税负担;税制应该稳定、可预见和透明,以减少风险;税收应该只针对采矿项目产生的现金流;应该最大限度地减少歪曲成本和回采率,或削弱管理效率的税收;税制应该鼓励风险勘查活动,以发现新矿床或扩大现有矿山;资源税制改革最好不应该抑制矿山企业对边际经济项目的投资积极性;资源税制应该鼓励矿山企业不断投资于项目的改进。

4　国家税收制度架构中的资源税

每一个社会都对税制作出选择,税制不但为政府支出增加必要的收入,其中还包含着对社会价值的反射。社会不但选择税制,税制也成为一项影响和铸造社会的基本制度。

　　　　　　　　　　　　　　　　　　　　——卡伦·M.伊戈

民以食为天,国以税为本。税收是国家的血脉,没有税收就没有国家的繁荣富强,没有人民的安居乐业。因此,税收和国家的利益紧密相连。强大的国家必须有强大的税收做后盾,为了实现长治久安的强国之梦,必须首先通过税收为国家筹集足够的建设资金,而税收职能的充分发挥又以科学合理的税收制度架构为前提。所以说,税收制度是国家健康成长的基石。问题是一个国家究竟应当架构什么样的税收制度? 在这一税收制度结构中资源税制究竟处于一个什么样的地位? 换言之,资源税制在国家税收制度中的角色应该怎样定位?这是每一个国家进行资源税制改革都必须要正确面对并作出回答的一个重要问题。市场国家是这样,非市场国家更是如此。

爱默生说:税收与你获得的得益如影随形。西塞罗认为:税收是国家的主要支柱。奥利弗·温德尔·霍姆斯认为:税收是我们为文明付出的代价。在国家制度里税收制度居于所有制度的核心。熊彼特在《税收国家的危机》(1918)中一针见血地指出:"财税与现代国家有着密不可分的关系,以至于可以把现代国家称为'税收国家'。"税收制度,即国家制定的用来约束人们征纳(税收)行为的一系列规则,是一个国家的文化传承、价值准则、道德观念、法律规范和实施手段的总和。一国的税收制度可以较全面地反映其政治制度、社会制度、经济制度和法律制度的特征。税制改革是对国家税收制度总体结构或主要税种的重要变革。税制改革的基本原因是税收制度赖以存在的外部条件发生了重大变化。如国家制度、所有制结构、经济体制以及经济运行机制的重大变化，要求税制也相应变革。如何改革，就必须从税收制度本身作出全方位探索，通过改革，要能发挥税收制度的积极作用，正确有效调节国民收入再分配，促进产生要素流动，引导资源优化配置，扩大社会就业，推动经济持续健康增长。世界上有太多的国家，尤其是穷国，税收制度运作不灵。在作为 GDP 一部分的平均税收收入与人均收入之间的比例关系严重失调。在作为国民收入一部分的政府开支的合理规模方面，还有很大的值得争论的余地。可是，如果税收低得无法再低时，例如秘鲁 20 世纪 80 年代后期的税收已下降到 GDP 的 10% 以下，显然政府已没有必要的资金来建立使市场有效运作的制度。[1] 当政府必须通过一般税收来取得融资时，它与纳税人之间是互为影响的关系，政府必须与纳税人进行协商，因此公民有更多的机会来使其领导人保持责任感。但由于可从自然资源上获得收入，尤其是当资源只有比较集中的几类时，政府领导人和其他一些部门实际上可以按照自己的意愿来实施其目标。这种资金给予政府权力，促使政府更多地以保护人的身份出现，并为任命制度提供了基础。[2] 从经济角度看，税收制度界定了企业个人的权利和义务，通过税收制度安排，减少经济行为主体在纳税时的机会主义行为，并减低国家与个人就税收事项的交易费用；从法律角度看，税收制度界定了社会法律关系。税收制度以统一的安排构成了人们在纳税方面的行为准则和行为方式，同时也规定了经济行为主体对个人经营成果所有权的拥有程度。

4.1　马克思主义的税制理论架构及其评价

马克思运用他所创立的社会再生产理论揭示了税收在一国经济和社会发展中的地位和作用。社会再生产理论指出，社会是由一个个连续不断的再生产过程推向前进的，社会再生产过程作为连续不断的过程，表现为生产、分配、交换、消费四个环节的辩证统一。税收本质上就是一种以国家为主体的分配关

---

[1]　国际复兴开发银行、世界银行：《2002 年世界发展报告：建立市场体制》，中国财政经济出版社 2002 年版。

[2]　国际复兴开发银行、世界银行：《2003 年世界发展报告：变革世界中的可持续发展》，中国财政经济出版社 2003 年版。

系,税收作为分配的特定部分,是社会再生产中的一种分配形式,税收分配的依据是国家职能与公共权力。马克思曾经指出,资产阶级把税收看成是"与财产、家庭、秩序和宗教相并列的第五位天神"。税收是资本主义国家自身主要的经济来源和基础,它是以土地私有制为基础的社会制度的时代产物,是国家直接占有生产劳动者的产品的一种形式,是政府机器的经济基础,对现存政权的存亡起着决定作用。历史上的英国革命,北美独立战争,普鲁士革命,都是从拒绝纳税开始的。马克思关于税收在国家的政治生活中所起的作用主要表现在:

第一,税收是"扼杀君主专制的一条金锁链",在消灭封建的生产关系,加速资本的原始积累,建立和巩固资本主义生产方式方面起了重要作用。税收作为"国家的措施"之一,并不是自资本主义生产方式产生以后才有的。在前资本主义生产方式的漫长历史中,税收一直作为国家"措施"在不同的社会形式中发挥着作用。马克思认为:在商品生产达到一定水平和规模时,货币作为支付手段的职能就会越出商品流通领域。货币变成契约上的一般商品。地租、赋税等等由实物交纳转化为货币支付。① 这种转化在极大程度上取决于"生产过程的总的形态"的变化。例如,在古罗马帝国,两次企图用货币征收一切赋税都宣告失败;在亚洲的自然经济关系中,实物税的形式有其天然合理性;在资本主义生产过程的形态下,所有的实物缴纳转化为货币支付具有必然性。然而,资本主义国家的税收包括"现代税收制度和保护关税制度",它们都是"现代财政制度"的组成部分。马克思指出,"在资产阶级发达的国家中,赋税增加的好处的一面在于:小农和小私有者(手工业者等)会因此而纷纷破产,并被抛入工人阶级的队伍。""每出现一种新税,无产阶级的处境就更恶化一些,取消任何一种旧税都不会提高工资,而只会增加利润。"在《共产党宣言》中,马克思、恩格斯还科学地预见到税收杠杆可促进社会主义生产关系的建立和巩固。

第二,税收是强化资本对雇佣劳动剥削,对部分剩余价值占有的一种强制性工具。只要是资产阶级国家,捐税的课征,从其分配关系的性质来看,总是一种对劳动人民,主要是工人阶级的剥削,总是一种剩余价值的分配形式,它总是来源于雇佣工人的剩余劳动。马克思指出:赋税是"国家的措施"之一,它是靠

---

① 《马克思恩格斯全集》第23卷,人民出版社1972年版,第161页。

"为榨取一定劳动量而颁布的强制法令"取得的。在资本家占有剩余价值的种种手段中,包括"这个阶级以国家的身份通过巧妙的征税办法对工人进行盗窃"。他在谈到现代税收制度的起源时指出:随着资产阶级在立法地位上的巩固,"城市资产阶级为了反对农村而实行的特别措施,就是消费税和入城税,一般说来,是间接税,这种间接税起源于城市;直接税则起源于农村。看起来,例如,消费税只是城市间接课在自己身上的税"。另一方面,在现代资本主义条件下,"这些捐税的取消绝不会改变产业资本家直接从工人身上榨取的剩余价值量"。在《资本论》中,马克思论述了赋税在资本原始积累中所起的巨大作用。他指出:原始积累的不同因素在 17 世纪末系统地综合为殖民制度、国债制度、现代税收制度和保护关税制度。在资本主义上升时期,则"通过以保护关税的形式主要向土地所有者、中小农民和手工业者征收赋税,通过加快剥夺独立的直接生产者,通过强制地加快资本的积累和积聚"来"加快形成资本主义生产方式的条件"。

第三,税收是国家调节生产和流通,影响分配和消费的经济杠杆。马克思在评述重农学派的税收观点时,就把税收与国家工业干涉联系在一起。他说:"因为地租被认为是唯一的剩余价值,并且根据这一点,一切赋税都落到地租身上,所以对其他形式的收入课税,只不过是对土地所有权采取间接的,因而在经济上有害的,妨碍生产的课税办法。结果,赋税的负担,从而国家的各种干涉,都落不到工业身上,工业也就摆脱了国家的任何干涉。"事实上,国家课税的对象并不限于地租,税收的干预不只作用于农业,也作用于工业、商业等。马克思说,权力也统治着财产。这就是说,财产的手中并没有政治权力,甚至政治权力还通过如任意征税、没收特权、官僚制度加于工商业的干扰等办法来捉弄财产。马克思在《路易·波拿巴的雾月十八日》中,分析了拿破仑时代和路易·波拿巴时代赋税的不同作用,指出:"拿破仑的赋税曾是刺激农民发展副业的手段,而现在赋税却使这些副业失去最后的资源,失去抵御贫困化的最后的可能性。"可见,税收对生产的作用可分为积极的和消极的两种,积极作用即促进生产的发展,消极作用就是阻碍甚至破坏生产的发展。此外,国家还通过税种的设立、税率的高低来鼓励或限制消费。"消费税只是随着资产阶级的确立才得到了充分的发展。……在它手中消费税是对那些只知消费的封建贵族们的轻浮、逸乐和挥霍的财富进行剥削的一种手段。"这种"剥削"的结果在一定程度上调节了分配关系。

第四,恢复对财产和所得课征的直接税以代替间接税。马克思说过:"直接税……是以土地私有制为基础的那个社会制度的时代产物。"在商品经济发展到一定阶段,特别是资本主义工商业兴起以后,直接税的课征就成为经济发展的障碍。所以资产阶级在夺取政权以后,为了财政需要也为了便利资本主义工商业的发展,就取消了对工商业户课征的原始的直接税,代之以对消费品课征的消费税,这是资本主义税制发展的第一阶段。马克思认为,随着资产阶级在国家立法地位上的巩固,城市资产阶级为了反对农村而实行的特别措施,就是消费税和入城税,一般说来,是间接税,这种间接税起源于城市……直接税则起源于农村。看起来,例如,消费税只是城市间接课在自己身上的税。① 可见,消费税完全"是随着资产阶级统治的确立才得到了充分的发展"。但是,随着资本主义的发展,间接税的积极作用不断削弱,间接税日益成为对广大人民群众实行财政剥削的手段,也因此同资产阶级的利益日益发生冲突。"后来,城市实行了间接税制度;可是久而久之,由于现代分工,由于大工业生产,由于国内贸易直接依赖于对外贸易和世界市场,间接税制度就同社会消费发生了双重的冲突。在国境上,这种制度体现为保护关税政策,它破坏或阻碍同其他国家进行自由交换,在国内,这种制度就象国家干涉生产一样,破坏各种商品价值的对比关系,损害自由竞争和交换。"加上间接税的税负转嫁比较容易,往往加重劳动群众的负担。基于上述原因,马克思强烈主张恢复对财产和所得课征的直接税以代替间接税。马克思于1866年写的《临时中央委员会就若干问题给代表的指示》中就指出:"如果需要在两种征税制度间进行选择,则建议完全废除间接税而普遍代之以直接税。"但是,实行对所得和财产等的课税,在当时并不符合资产阶级利益,因为,为了削弱土地私有者的利益,这些税不如消费商品税,后者有效而易行。为了进一步剥削劳动人民,在当时条件下这些税也是事倍功半。

第五,税收的变动与剩余价值的变动密切相关,资产阶级税制改革带有一定的虚伪性和欺骗性。马克思认为,对消费品征收的间接税,能降低劳动者实际工资的水平;但是,不能反过来说,取消或者减轻赋税,就会在不降低劳动力

---

① 《马克思恩格斯全集》第26卷(第Ⅱ册),人民出版社1972年版,第260页。

价值的前提下提高剩余价值量。资本主义经济运行的实际只能是:"这些捐税的取消绝不会改变产业资本家直接从工人身上榨取的剩余价值量。它所改变的,只是产业资本家装进自己腰包的剩余价值的比例或要同第三者分享的剩余价值的比例。所以它不会改变劳动力价值和剩余价值的比例。"①在马克思看来,税收的变动也不可能改变剩余价值的实质,以及由剩余价值与劳动力价值对比所反映的剥削率;税收变动可能改变的只是剩余价值在不同利益集团之间的分配比例。②尽管资本主义经济史里记载了多次税制改革,但这些税制改革带有很大的虚伪性和欺骗性。马克思指出:"税制改革是一切激进资产者的拿手好戏,是一切资产阶级经济改革的特殊要素。从第一批中世纪的城市小资产者起至当代的英国自由贸易论者止,全部斗争都是围绕着捐税进行的。捐税改革的目的不是废除影响工业发展的旧传统税和缩减国家机关的开支,就是更平等地分摊捐税。资产者愈顽强地追求平等分摊捐税的幻想,实际上这种幻想就愈不能实现。""减低捐税,更公平地分配捐税等等,这是庸俗无益的资产阶级改革。"因为,第一,捐税最多只能在一些次要方面改变直接以资产阶级生产为基础的分配关系,但是它丝毫动摇不了这些关系的基础,甚至取消捐税也只能加速资产阶级所有制及其内部矛盾的发展。马克思风趣地说:"废除捐税,这是资产阶级的社会主义。"第二,税制改革可能从表面上或者临时减轻人民大众的税负,但资产阶级最终会通过各种途径把法律上由他们负担的税负转嫁给人民大众。马克思说:"……在我们目前的这种企业主和雇佣工人的社会制度下,资产阶级在碰到加税的时候,总是用降低工资或提高价格的办法来求得补偿的。"任何一次税制改革都是骗人的,资产阶级采取装门面的、毫无价值的治标办法,拐弯抹角地做事,高喊什么"自由、平等、博爱",但实质上每一次税制改革都必须有利于大资产阶级。

第六,国家预算支出实际上就是国家赋税的一种支出形式。在资本主义生产方式中,赋税作为"国家的措施"之一,并不仅仅限于"消费性"支出(政府、军队、官员的消费支出),而且还包括某些"生产性"支出,这类支出对社会化大生产的发展起着一定的促进作用。马克思认为,一旦出现以交换价值为基础的生

---

① 《马克思恩格斯全集》第23卷,人民出版社1972年版,第570页。
② 顾海良:《马克思经济思想的当代视界》,经济科学出版社2005年版,第381页。

产形式,诸如修筑道路这样一些公共工程或社会基础设施,就会转由国家来承担;显然,在这些工程和设施上的投资费用也都由国家收入的一部分来支付。这些"国家收入"是通过征收直接税或附加税取得的。因此,"国家收入"的支出,实际上就是国家赋税的一种支出形式。这样,"在由国家利用赋税来修筑道路的地方,修筑道路不是单个人的私事"①。国家利用赋税在这些一般的、共同的生产条件上的投资,从单个资本的角度来看似乎是不具"生产性"的,是属于"消费费用";但是,从国家形式上来看,"对社会说来,属于生产费用",是一种"生产性"支出。因为"一条道路本身可能使生产力增长到这样的程度,以致这条道路造成的交通便利使它现在能够赢利"。在资本主义生产方式中,国家利用赋税所进行的投资,显示出两个方面的基本特征:一方面,由此而形成"一个由国家使用的特殊的筑路者阶级,或者,可能利用一部分暂时失业的居民和一定数量的建筑师等等从事这项工作,不过这些建筑师不是作为资本家,而是作为受过高级训练的奴仆来工作的"。"非生产"阶级中包括了雇佣工人阶级的成员。另一方面,国家进行的这类投资,往往是由"国家承包商"具体经营的。这样,这类投资在形式上摆脱了国家的直接干预,转由"国家承包商"按资本主义方式直接经营、管理。"国家承包商"显然要以利润的最大化为其经营目标;从事这一工程建设的雇佣劳动者的劳动,仍然分为必要劳动和剩余劳动两部分。因此,资产阶级国家利用赋税进行的这类投资,并没有改变资本主义经济关系的性质。

总之,在马克思经典作家的大量著作中,都科学地阐明了国家税收的学说。这些论述虽主要针对资本主义税收现象,但也揭示了一般社会化大生产条件下税收的重要规律,给我们建立、丰富和发展社会主义税收理论和探索适合我国国情的税收体制结构是有启发的。处在伟大变革时期的我们这一代人,只有认真遵循马克思、恩格斯的税收思想,总结我国多年的税收实践,才能建立起我国科学的社会主义税收理论,从而给实践以正确指导。不论何种税收,从它所代表的社会产品价值看,无疑地是对国民收入的分配,内在于再生产过程之中。从课税对象来分析,各种不同的税收总是和再生产过程各个环节相联系。因此,我们应研究税收在再生产过程中的分布。

① 《马克思恩格斯全集》第46卷(下册),人民出版社1980年版,第20页。

在生产阶段,可以作为课税对象的主要是资金的占用。如果对企业占用的固定资金和流动资金征税,可以理解为这种税是针对生产过程中的生产条件征收的。因此它的作用除调节利润外,主要在于促进企业合理占用资金和提高资金使用效果。

在流通阶段,可以作为课税对象的主要是交换过程实现的商品销售收入或销售收入扣除物耗部分的增值额。商品流通是商品和货币的相对运动,买者付出货币,卖者付出商品。由于商品交换必须按一定价格进行,因而流通阶段的税收和价格的关系就是直接的。在价格既定的条件下,流转课税可以直接调节商品销售利润。在价格不固定的条件下,流转税也可以影响价格进而影响商品销售利润。又由于商品的流通阶段是紧接生产阶段的,因此,商品销售活动的成果以及税收对商品销售收入的调节对生产的反馈也是直接的。正因为如此,流转课税作为经济杠杆对生产方向的调节也就是直接的。

在分配阶段,可以作为课税对象的各种所得,主要是个人所得和企业所得。在分配阶段就各种所得征税,可以把它看成是流转课税的向后推移,不同的只是计税依据。所得税是依据销售收入扣除成本后的纯收入征收的,而流转税则是依据全部销售收入或增值额征收的。由此而来的不同就是:流转税可以因不同产品的销售、收入区别对待,而所得税则无法按不同产品的所得分别征收。因此,所得课税的作用,除保证国家收入外,调节国家、企业、个人之间以及各经济成分之间的分配关系是最直接的。

在消费阶段,可以作为课税对象的是消费支出,不论是用于个人的生活消费还是用于生产的消费以及用于扩大再生产的投资消费,从再生产过程看,都可以把它看做消费支出。需要指出的是,在商品直接销售给消费者的情况下,就消费支出征税,和就相应部分的销售收入征税,尽管也可以说是同一对象,但付税人和计税基数不同。就销售收入征税,付税人是商品销售者,其内在于流通阶段,而就消费支出征税,付税人是消费者,属于消费阶段。与此相联系的,就销售收入征税,税额可以是商品价格的构成部分,而就消费支出征税,税额就不能包括在商品价格之中,而只能是商品价格之外的附加。由于消费是生产的归宿和目的,消费要反作用于生产,因此,对某种消费支出征税,也就可能对相应的生产起调节作用。

从上述对再生产过程各个阶段的课税对象的相互关系的分析中我们可以

看到:第一,在社会再生产过程不同阶段征收的各种税收之间,并不存在不可逾越的界限。再生产各个阶段的税收既可以向前推移,也可以向后推移,既可以合,也可以分,还可以相互替代,或同时并存。例如,如果仅从国家取得收入的角度看,流转税可以为所得税所替代,所得税的相对部分也可以转为流转税。其他各阶段的税收的相互关系也是如此。如消费支出税,从销售角度看,也可以转化为零售商业的流转税。第二,在再生产过程的不同阶段征税,其作用的方向是不同的,究竟实行什么样的税制结构则主要取决于各阶段税收的不同作用。由于社会经济生活是复杂的,特别是在商品经济的条件下,需要税收发挥调节作用的方面是多种多样的,因此,在再生产过程各个阶段征税,并构成一个相互协调相互配合的税收体系就成为客观必然。第三,即使从同一调节目的来看,每一种税的调节作用都有它的局限性,要实现最终的调节目的,也往往需要通过再生产过程各个阶段的一系列税收共同调节。也就是说,同一税收可能达到不同的调节目的,反过来,同一目的也可能需要采取多层次的税收调节。

4.2 主流经济学的税制理论架构及其评价

17 世纪中叶,古典经济学家在劳动价值学说中奠定了人的劳动在财富创造中的重要地位。威廉·配第关于"土地为财富之母,劳动则为财富之父和能动的要素"的论断,布阿吉尔贝尔关于劳动时间决定价值的论述,都把劳动看做经济增长的主要源泉,认为一国财富的规模取决于人口数量、勤勉程度和技艺水平。其后,亚当·斯密和大卫·李嘉图把劳动价值学说推到了那个时代西方经济学家可以达到的顶峰。从经济发展思想的演变来看,李嘉图指出了资源的有限性对经济增长的约束作用,这无疑是一个进步。在他以前,自然资源并没有进入经济学家的分析视野。亚当·斯密并没有把资源的有限性作为增长的制约条件来考察,他在国民财富增长的探讨中一般都是以报酬递增作为分析基础,很少考虑到人口总量相对于有限资源而产生的压力问题。但从现实的经济增长过程来看,任何经济增长都是在这一客观基础上进行的,所以李嘉图的理论更接近经济增长的客观现实,这无疑是一个进步。李嘉图提出的提高劳动生产率以促进经济增长的思想,资源的有限性对经济增长的约束思想,对实现国家的可持续发展具有重要的借鉴意义。在李嘉图看来,资源的相对稀缺并不构成对经济发展的制约因素,因为李嘉图认为技术进步可以改变这一状况,即技术可以提高生产力,机器的使用可以提高单位劳动的产出量。李嘉图对空气、水等自然资源是无限的、可无偿利用的、不存在稀缺性问题的看法,代表了那个时代的人们对环境资源的有限的认识水平。总之,古典经济学家在论著中涉及的自然资源,主要是指用于农业生产的土地,尽管李嘉图和穆勒都谈及矿产资源和自然环境,但他们未对此进行深入的分析。古典经济学家所考察的是自然资源尤其是土地的稀缺及其对收益和经济发展所造成的影响。

以瓦尔拉斯、马歇尔、萨缪尔森等为代表的新古典经济学说,都是以资源稀缺为基本的分析前提。在萨缪尔森看来,没有经济资源的稀缺性,就没有经济学这门科学存在的必要性。因为人类所面临着的所有经济问题,在根源上都是因为经济资源的稀缺性。萨缪尔森对经济学给出的定义是:"经济学是研究人和社会进行选择,来使用可以有其他用途的稀缺的资源以便生产各种商品,并在现在或将来把商品分配给社会的各个成员或集团以供消费之用。"在当代经济学界有新生代之称的曼昆,在其所撰写的《经济学原理》一书中,使资源稀缺性假设得到了更加清晰的表述。曼昆对稀缺性的解释是:"稀缺性是指社会拥有的资源是有限的,因此不能生产人们希望拥有的所有物品与劳务。"对于经济学的定义,曼昆的见解更是简洁明了,他说"经济学研究社会如何管理自己的稀缺资源"。值得注意的是,新古典经济学说的资源观是建立在效用价值论的基础上的,新古典经济学中的稀缺性是相对于人的欲望而言的。另外,新古典经济学说中关于资源稀缺性假定所指的对象是经济物品,经济物品相对于自由物品来说,是在成本约束和技术约束条件下界定的,因而,经济物品稀缺与自然资源稀缺是完全不同的概念。

在主流经济学的经济增长理论中,通常把自然资源看做是简单的生产要素,把资源问题演绎成单纯的生产成本问题。随着资源的不断被开采和利用,自然资源的利用成本在增加。但相对于资本、劳动等来说,自然资源成本问题不足以成为经济增长的障碍,因为技术进步可以提高资源的利用效率,相对地降低生产成本。因此,经济增长理论把技术、资本、劳动等要素作为关注的重点以及模型研究中的主要变量,而忽视自然资源的作用。许多经济学家认为,自然资源不是对经济增长起决定作用的因素,而仅是起到影响作用,对经济增长起决定作用的仍然是人才、技术和资本。因此,在经济学基本原理中,各种"投入品"所具有的特性被无差异地进行了"同一化"处理,也就是说,自然资源的投入、劳动力投入、技术投入和资本投入都被视为同类性质的投入。劳动力投入被用于生产工具使用过程,其特性得到强化,而自然资源投入被用作生产资料,其特性却被弱化。由于现代经济学用货币价格使一切要素进行等值量化,这就掩盖了自然界再生资源和非再生资源在稀缺性质上的差异。随着人类物质生活需求的无限制扩张,自然资源的特性差异对经济增长的制约作用已经逐步显现出来。而忽视自然资源特性的作用是以市场为主要研究对象的现代经济理论体系所固有的缺陷。在这种思想支配下,主流经济学对国家税收制度的设计也是有缺陷的。

新制度经济学的代表人物诺斯首次在科斯的"超级企业"中填进了暴力、产权界定、税收与保护的交换等实质性内容,提出了一个完整的新古典国家理论。其中,国家是一个以保护和公正来换取税收和租金的特殊企业,在暴力的使用上拥有比较优势,其边界取决于军事技术和内部的组织成本。国家的业务主要集中在两个方面:一是规模地提供保护,以节约经济体中的个体自我提供保护的成本;二是为经济体中个体之间的契约提供规则并保证其履行,从而降低交易(合作)费用促进经济增长。从这两方面来讲国家对于人类社会的发展和进步是不可或缺的,但国家本身具有经济人的特征,会利用暴力的优势来为自己谋取税收和租金的最大化。国家在界定产权的时候必须在这两个方面进行权衡,国家经常会为了自身的收益来选择无效率的产权制度,最终破坏经济增长。国家会利用暴力的比较优势来降低交易成本促进经济增长,同时又会为了税收和租金的目的来破坏经济增长,社会产出取决于国家在这两个目的间权衡并相应分配暴力的最终结果。

奥尔森的国家理论强调了国家以税收的方式来掠夺财富时所赋予被掠夺者的收益。奥尔森从其长期研究的集体行动的悖论出发,认为由于存在着搭便车现象,一个社会中成员以契约的形式来组织国家是不可能的,国家源于流窜匪帮向常驻匪帮的演变。当一个流窜匪帮在一个地区驻扎下来,以税收代替抢劫,并提供产权保护,国家便代替了无政府状态。奥尔森的国家理论提供了一个重要的新思路,即国家组织产生、演变中的政治权力结构变化。同诺斯一样,奥尔森也将国家视作以保护来换取税收的组织,强调国家对私人产权的保护之于经济增长的重要意义。所不同的是,奥尔森基本上没有关注国家内部的组织结构及交易费用,而主要着眼于公共财政和线性税收,将国家产权结构的变化同税收紧密联系在一起。民主的意义在于:一方面,它以一种非人格化的机制来代替有限生命的统治者,从而避免了流窜匪帮的短期行为;另一方面,民主制下的税率通常比独裁者追求的税率要低,因为民主政治中,多数人控制了征税权,由于他们与社会具有更大的共容利益,以减少国民收入来转移财富的重税收不能为他们带来好处。

与诺斯和奥尔森不同,巴泽尔的国家理论更接近于契约论。他将整个理论体系的逻辑起点建立在一种假定的霍布森的"自然状态"下。在这种状态下,社会中的每个个体都从事生产、保护和偷窃,保护是一种自我执行机制,取决于个体在暴力上的实际拥有量,个体会对暴力进行投资,直至投资暴力的边际成本恰巧等于由此所能获得的收益。这时,某个(些)在暴力上具有比较优势的个体就会从其他活动中分离出来专门从事保护,这种依托于暴力的第三方执行机制提高了保护的效率和偷窃的成本,最终将其他个体从保护和偷窃中分离出来专门从事生产,社会产出因而提高。这个提供保护和保证合同执行的第三方执行机制就是国家。巴泽尔从这两层含义上抽象出了国家的定义:国家由一群个体所组成,他们服从于一个建立在暴力基础上的单一的、终局的第三方执行机制。诺斯、奥尔森则将国家为了税收目的而破坏经济增长的专制状态视做经济史中的常态,而将民主和保护产权的制度的出现视做一种满足特定条件时的特殊解。[①]

诺斯、奥尔森、巴泽尔的国家理论侧重点不同,各有千秋。诺斯以竞争约束和交易费用约束所构建出来的国家分析框架是清晰而明朗的,企业理论的大量成果又为填充这个框架提供了丰富的工具,在分析长期历史中的国家组织结构变迁时,它是无可替代的。而巴泽尔所擅长的产权分析方法在分析产权结构调整中的细节,包括原因、发生的过程、产生的绩效方面又是无与伦比。诺斯将产权结构的调整归因于国家在使统治者收入最大化和降低交易费用两个目的方面的权衡,而调整的过程是怎样发生的无从论及,甚至最终不得不引入意识形态理论来解释个体如何克服搭便车实现制度变迁。而巴泽尔凭借着"公共领

① 郭艳茹:《经济史中的国家组织结构变迁:以明清王朝为例》,中国财政经济出版社2008年版,第22~23页。

域"一个概念,轻而易举地刻画出了个体出于自身利益最大化的行为如何最终影响了整体制度的变迁。奥尔森所提供的公共财政和税收的角度是研究国家组织结构变迁的一个最方便、直接的切入点,柏克在《法国革命反思录》中曾断言"国家的税收就是国家",财政税收制度在一定程度上可以看成是国家所供给的产权制度的基础和先决条件——私人产权位于国家税收权利之后,一个国家的产权状态在根本上取决于国家与个人间所形成的税收关系,诺斯也表明私人产权保护制度在欧洲的确立就是因为国王的征税权受到了议会的限制。以上分析表明,正是由于主流经济理论忽视自然资源特性的固有缺陷,从而使得主流经济学家在关于税制架构的理论设计中同样是轻视资源税甚至是忽视资源税的。在主流经济学关于国家税收制度架构的理论中,最有代表性的是美国财政学者马斯格雷夫,他在《财政理论与实践》一书中,论述了经济循环中的公共部门收入与支出流动,并完整地提出了税收制度架构的系统理论。该理论假定,在一个封闭的经济社会,整个国民经济只有政府、居民个人(家庭)和厂商(企业)三类主体,同时存在着要素市场、资本市场和产品市场三类市场。在这三个部门经济的运转体系中,政府可以运用税收手段介入其中,在一定的周转点上向居民个人或厂商课税,从而对国民经济活动产生影响。在产品市场上,如果向作为卖者的厂商征税,课税对象是厂商生产销售的产品货物,税基是其销售产品货物的销售收入流转额,税收的性质应属对商品课税。

在产品市场上向作为买者的家庭征税,纳税人是居民个人,课税对象是消费支出。消费支出就总体而言相当于各种所得扣除银行存款储蓄和库存现金,与所得税有相似之处。因此,有些经济学者主张以消费支出税来代替所得税。其理由是消费支出是测度纳税人负税能力的最好尺度,就消费支出征税最能鼓励储蓄,但从可行性上看,由于综合消费支出税在征收管理上存在着许多困难,因此,消费支出税的课税对象一般只限于少数特殊性质的消费支出。

在要素市场上向作为买者的厂商征税,一般是对厂商利润征收公司所得税,对厂商支付的薪给征收薪给税或社会保险税。公司所得税、薪给税或社会保险税,是对个别生产要素的征税,因此,属于特定要素税。在要素市场上,作为生产要素卖者的家庭,由于提供了各种生产要素,取得了工资、股利、利息和租金等收入,因此也应对其征税。对家庭的总收入,可以征收个人所得税,工资收入可以征工资薪给税,股利收入可以征股息税。对家庭总收入的征税,是对全部生产要素的征税,因此,个人所得税属于全部要素税。而由家庭个人缴纳的工资薪给税、股息税等,则属于特定要素税。

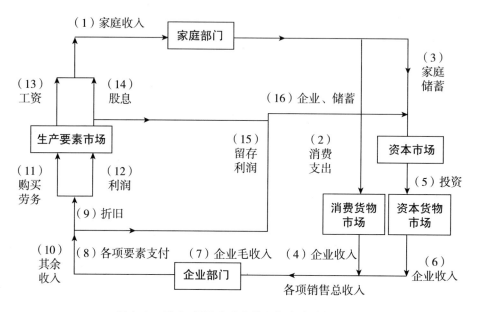

图4.1　政府、居民和企业收入与支出的循环图

图4.1给出了政府、居民和企业收入与支出的循环简图,同时标明各类主要税收在该经济运行体系中的地位与影响点。居民(家庭)所得的收入(图中点1)可以分为:消费支出(点2)与家庭储蓄(点3)两部分。用于购买消费支出,流入商品货物市场并成为出售这些消费品的厂商的收入(点4),储蓄通过资本市场而形成投资(点5),而后又成为在资本货物市场上的支出,最终则成为生产这些资本货物的企业收入(点6)。企业的毛收入(点7)为企业所用,支付各项要素(点8),其中的一部分用于补偿折旧(点9),其余部分(点10)则在生产要素市场上购买劳务(点11),用利润与利息(点12)购买资本与其他投入要素,这形成了国民收入中的要素份额。这些份额提供给这些生产要素的供应者,采用工资(点13)、股息(点14)、利息、租金等形式最终又变为家庭收入(点1)。此外,还有一部分利润作为保留利润(点15),并没有计入股利之中。而这些保留利润加上折旧补贴,就构成了企业的储蓄(点16),最后与家庭储蓄(点3)一起形成投资资金,用于购买资本货物。这就形成了一个

完整、封闭的收入与支出运转过程。在这个运转体系中,政府通过在一定的周转点上向企业课征税收,税收相应就在这些点上对国民经济活动产生影响。点4是对零售营业收入的征税,点6是对资本物品包括有形资产、无形资产以及证券交易的征税,点7是对企业毛收入的征税,点10是对扣除折旧后的净营业收入的征税,点12是对利润的征税,点14是对股利的征税,点15是对留存利润的征税。这一部分税种的设置,主要有对财富占有的课税,即财产税;对财产继承或财产赠与的课税,即遗产和赠与税等。可以看出,政府对企业的课税包括:对产出课征的税收,对企业使用要素课征的税收,以及对企业利润课征的税收等。这些税收对企业的投资、生产、融资、要素的使用等决策具有重要的影响作用。

三部门模型假定家庭的收入全部用来购买消费品,厂商所生产的消费品全部销给家庭个人,因此无论是对产品、对要素征税,还是向家庭、向厂商征税,只不过是征税形式不同,其负担和影响是相同的,所征的税款应该是等价的。但是,在现实的经济社会中,家庭收入除了购买消费品之外,还有一部分用于储蓄,即将这部分收入存入银行或者购买债券和股票等,由于货币流向不是产品市场而是金融市场,因此,家庭储蓄是货币流中的漏出。此外,厂商在要素市场上用取得的收入购买生产要素后,还有一部分收入作为保留利润,并没有计入股利之中,这些保留利润加上折旧补贴,就构成了厂商的储蓄,最后与家庭储蓄一起形成投资资金,用于购买资本货物。因此,如果存在储蓄的情况下,对买者征税与向卖者征税是不等价的。同样地,三部门模型假定国民收入(全社会个人所得)与国民产出(全社会个人产出)之间是等同的。由于收入值与产出值是相等的,如果向家庭收入课征的税收,对收入的所有来源按同一税率征收,与向家庭支出所课征的税收,对支出的所有消费品也按同一税率征收,那么,向家庭,对收入征税与对支出征税等价,向厂商,对收入征税与对支出征税等价。上述征税点的分布、税种的设置,处于实物流与货币流之中,从宏观上反映了对国民收入流量(即当年新创造的价值)课税的种类及环节。但是,在现实的税制中,还有处于实物流或货币流之外的一些税种,它们与国民收入的存量相联系,反映了对过去年度财富积累的课税。因此,从课税的客体看,无法在实物流或货币流之中表示出来。更为重要的是,三部门模型的税制架构并没有考虑资源税的因素。可是世界银行认为公司所得税,包括产品出口企业的利润税,特别是采矿和农业产权的经营税,在征收管理方面很少有问题。①

4.3　对国家税收制度架构理论的创新与突破

马克思主义和主流经济学关于国家税收制度架构的理论分析表明,传统的税收制度设计没有系统考虑资源节约和环境保护的因素。正是由于这种制度架构理论的不足,才导致各国的税收制度架构都不同程度地轻视甚至忽略资源税的客观现实。在我国还有不少文章提出资源税制的理论依据不够充分的论断,更有个别同志提出了彻底废除资源税的主张,并在全社会产生一定的舆论效应,给有关部门的决策提供了错误信息,也在很大程度上蒙蔽了人民群众。事实上,自然资源作为一种生产过程中不可缺少的基本要素,在我国的经济核算体系中是构成产品成本的重要因素,当资源短缺程度变化而导致产品价格变化时,这种影响就会通过市场信息和供求关系的波动在经济运行中表现出来,同时也会在人们的日常生活中直观地反映出来,很容易引起宏观决策层和人们的普遍重视。因此,在《国民经济和社会发展第十一个五年规划纲要》中,把节约资源上升到基本国策的地位,并确立了一系列强化资源节约的政策措施。党的十七大进一步提出,要"实行有利于实现科学发展、推动科技进步、节约能源资源、保护生态环境和促进和谐社会建设的财税制度"。在这种情况下国家的税收制度架构理论亟待创新与突破。

罗伯特·艾尔斯认为:税收政策是生态重构的关键,就这一点而言,最优税收制度的特征是:(1)最优税收制度应该是有效的。它会鼓励生产活动中的创业活动、冒险、技术创新、节约(资本积累)和资本投资。相反,它不鼓励非生产性资产的积累(如为了投机目的而囤积黄金、收藏品和土地)。(2)最优税收制度应鼓励工人出售其劳动力;同时,应该鼓励雇主去购买劳动力,特别应该鼓励雇主去创造新工作。(3)最优税收制度应该不鼓励对社会有害的活动,如武器、酒类、香烟和毒品的滥用,有限和不可替代的自然资源的过早耗尽,以及危险废弃物和有害污染向环境的扩散。(4)最优税收应该是平等的。这意味着同等情况应该同等对待;意味着收入分配方面的累进税率(高收入者比低收入

---

① 世界银行:《1988 年世界发展报告》,中国财政经济出版社 1988 年版。

者支付更高的税收);这也意味着在某种程度上关注代际平等问题。如何确定为了当前增长的消费,牺牲多少未来财富才是合理的? 在国际竞争方面,它应该是中性的。(5)最优税收制度应该是透明的,在计算和执行上是相对简单的。罗伯特·艾尔斯提出的这五个方面的最优税特征为我国国家税收制度架构创新提供了思路。在科学发展观指引下我国国家税收制度架构要减少污染的外部成本、保持自然资源存量、激励经济内涵式发展、缩小代内收入差距、重视代际公平。具体目标是:通过主体税种的设置和各个税种的相互配合协调实现税制的结构调整和优化布局。传统上,一般可将税收分为商品税和要素税两大类,考虑到资源环境作为经济系统的更大系统,资源环境要素是经济活动所必须考虑的约束条件,那么,从科学发展观角度看,资源环境类税理应成为税收体系中相对独立的主体税种,要构建以资源税和环境税为主体的税收制度体系。所以,在设计税制结构时,总的思路是考虑资源税、环境税与其他税种的配合。资源税、环境税的功能主要不是为了财政收入,而是为市场参与者提供有关成本的准确信息。资源税、环境税在国家税收制度架构中是可持续发展的公共政策工具,个人所得税主要起收入分配作用;商品税(我国是流转税)应缩小规模,因为一方面流转税对经济的扭曲很大,另一方面还助长了许多地方盲目追求高速度、不讲资源效率的活动大量存在,地方政府为多收税,鼓励大上项目,造成资源的大量消耗,污染也比较严重。所以,从可持续发展思想出发,以收入为目的的流转税规模在税制体系中规模不应太大。此其一。其二,资源税、环境税作为主体税种并不是将其只视为一种为实现可持续发展目标而孤立实施的税种,需要与其他税种配合兼顾财政收入目标。如果把采掘、使用、污染、浪费、滥用不可再生资源等活动作为资源环境税源进行课征,短期之内虽然会使税收收入有较大增长,但长远看来,随着生产者和消费者行为偏好的改变和技术水平的提高,资源税、环境税的效果显现出来,破坏生态的活动减少了,资源税、环境税的一部分税源还会消失。如果以其独立作为税收收入的主要附着点,长期来看会逐渐缺乏收入来源。因此,资源税、环境税的真正意义不在于取代原有税制中各税种的职能,而是要将节约资源和保护环境纳入税制基本原则之内,贯彻于税种的设计理念之中,并在各个税种的相互配合中体现出来。其三,在不影响国家宏观税负总体水平的情况下实施税负转移的战略决策。从税种上看,构建有利于科学发展的税收制度所涉及的就不仅限于一种抑制污染的行为目的税,而是多税种联动,主要涉及资源税、环境税、社会保险税、个人所得税、消费税等多个税种,这些税种都需要重新被考虑和塑造。在可持续发展目标下,资源税、环境税占 GDP 的比重会提高,以资本所得和资本流量为基础的个人所得税和企业所得税会增加,为保证宏观税负的稳定,就需要降低其他税种的税率。其四,为营造统一、公平、高效、规范的税收制度环境,在税收待遇上对市场主体一视同仁,让经济资源自由流动到最能发挥其效益的地方,激发市场活力,提升经济效率,建议减少对劳动课征的税种。从税收效率角度看,对资本课税不利于储蓄和积累,会影响对下一代的积累;对劳动征税只扭曲当代人工作与闲暇的抉择,不影响对下一代的积累,所以,资本课税应该轻于劳动课税。但从可持续发展视角分析,若对资本课税,有利于节约资源和环境;对劳动课税不利于对清洁资源的使用,所以,劳动课税应该轻于资本课税。我们说对资本课以重税可以影响环境的投入,而不是所有的资本投入。也就是说,并不是所有的资本投入都被限制,因而对后代的资本积累不会受影响。由于限制的只是自然资源的扩张使用,最终保护的是后代的利益。所以,无论从科学发展观角度,还是从效率角度出发,对资本应课以较重的税,而对劳动课以较轻的税。应设置一些资源环境税,减少一些以劳动为税基的税种,如用碳税部分代替社会保险税,消费者可以通过改变资源的使用结构和耗能产品的种类来减轻碳税负担。最终环保政策得以通过税收手段而实现,减低劳动力成本,必然增加劳动力清洁资源的使用;增加污染资源的使用成本,必然减少污染资源的使用。

基于上述考虑,根据政府、家庭和企业收支的循环流程以及在国民收入运转体系中三大部门和环境间的相互关系,根据马斯格雷夫按照货币资金的运行流程设计的税收流程,笔者在对其进行改良的基础上设计了国家税收制度架构创新理论,具体见图 4.2 政府、居民和企业收入与税收制度的循环图。图中标明各类主要税收在该资源—环境—经济运行体系中的地位与影响点,显示了国家与企业及其利益相关者的税收契约关系以及税收运动过程。

图 4.2 中各点的税收分别为:点 1.1 和 1.2 分别说明自然环境为企业和居民提供生态系统服务,同时对居民和企业从自然环境中开采资源征税,点 2 是对家庭在收入征收的个人所得税;点 3 是对家庭消费征收的消费税;点 4 是对家庭的储蓄征收的税;点 5 是对企业零售营业收入的征税;点 6 是对投资征收

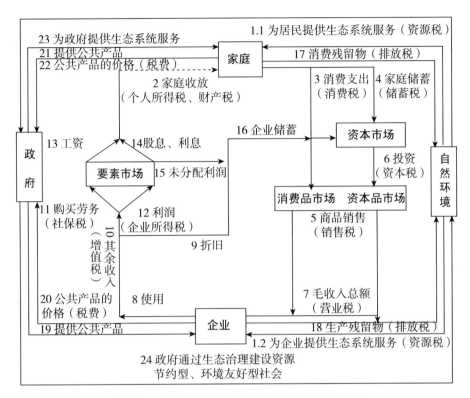

图4.2 政府、居民和企业收入与税收制度设置图

的税,影响了资本品市场,对资本物品包括有形资产、无形资产以及证券交易的征税;点 7 是对企业毛收入的征税;点 8 是对各项生产要素支付的税,又区分为工资、租金、利息和股息四个部分,这些资金流入企业或家庭,据以开征企业所得税和个人所得税,形成了对企业内部利益相关者的税负冲击;点 10 是对扣除折旧后的净营业收入的征税,也就是"收入型"的增值税,点 11 是对薪给征税,也就是社会保障税,一般是由企业及其人力资本的提供者承担,该税的轻重直接影响了企业的成本和个人的收入的高低,影响了企业人力资本的供求;点 12 是对利润的征税,也就是企业所得税;点 13 是对工资薪金征税,也就是个人所得税,个人所得税的征收直接影响了个人的可支配收入,进而影响个人的消费和储蓄,影响了企业人力资本的供求;点 14 是对财务资本的所得,股利和利息的征税,影响了企业财务资本的供给;点 15 是对留存利润的征税,同样是对财务资本的所得征税,由于留存收益已经课征了所得税,为了避免重复课税,一般不再对留存收益征税,但由于对点14股息征税,对留存收益不征税造成很多企业不分配股利,所以很多国家对留存收益和股息采取差别税率,以影响企业的财务资本供求;点16是对企业储蓄征税,其影响和点3一样,对进入资本市场取得的股息和利息征收所得税,以影响投资;点17是家庭活动对环境的影响;点18是企业对环境的影响,主要体现在"外部性"方面,是污染排放税的征税点;点19和21是政府为企业和家庭提供公共产品;点20和22是指企业和家庭为政府提供的公共产品支付税费;点23是指自然环境为政府提供生态系统服务;点24意味着政府通过生态治理主要是资源节约和环境保护来构建资源节约型、环境友好型社会。总体来说,企业、家庭以及国家和环境在税收方面的关系主要是政府如何制定税收政策矫正企业生产和居民消费的负外部性,使其社会成本内部化,从而达到保护环境的目的。

由以上分析可知,首先,这些影响点构成了政府和企业以及企业的人力资本提供者、财务资本提供者、市场资本提供者、公共环境产品提供者、生态系统服务提供者、生产消费残留物排放者的税收契约点,形成了显性或隐性的税收契约关系。从推进科学发展、构建和谐社会的视角出发,考虑到资源—环境—经济诸因素,国家税收制度架构的理论创新与突破实际上是对税收体系进行税种选优的过程。通过这种优化选择要充分发挥税收在筹集国家财政收入中的主渠道作用,推进税费改革,优化税收结构,合理税权配置,公平税收负担,不断提升税制竞争力,提高税法遵从度,以满足公共服务均等化和主体功能区建设的需要,完善以流转税和所得税为主体税种,财产税、资源税、环境税及其他税类相互配合,多税种、多环节、多层次调节的复合税制体系,构建以人为本、充满活力、富有效率、更为公平、更加开放、高度文明的税收体制机制。所以,国家税收制度架构的理论创新与突破不但要包括对已经或可能形成污染的产品或直接对污染物的征税,而且需要对形成污染源的资源开采和使用征税。这是因为污染的形成应该包括从资源的开采和利用到有可能产生污染的整个循环周期:第一步是资源开采,第二步是原材料生产,第三步是生产过程,第四步是产品,第五步是消费,第六步是消费者处置。在这样一个循环周期中,应该选择不同的环节和不同的行为或产品征收环境税。在第一步即资源开采阶段,应该对开采者征收资源税,目的是通过对资源开采的征税,提高资源的价格或开采成本。这样既能减缓资源开采的速率,又能减少对资源的需求,从而为资源的可持续利用提供条件。第二步是生产企业对原料的投入使用及原料使用的过程。原料的使用有时与污染的联系是直接的,这时对原料投入征税应该比污染排放征税更有效率。第三步是对生产过程的征税。在生产过程中,由于使用不同的生产工艺会造成不同的污染结果,此时对污染的排放征税即为生产过程的环境税。第四步是对产成品的征税。对产成品征税实际上是对这些产品的消费征税。即对引起污染的产品征税,促使消费者改变消费习惯,从而减少对引起污染的产品的消费,最终使其生产量减少。第五步与第四步实际很难区分。如为减少对轿车的使用,在轿车的销售环节征收了消费税,这样可提高价格,以减少对其的购买。此为对产品的征税。当消费者购买了轿车以后每年都要缴纳使用税,这就是对其消费轿车所征的税,同时他所消费的汽油、轿车轮胎中均含有消费税。第六步是对消费处置的征税。有些消费品是一次性消费的,而有些则是在物质形态上不能轻易消除的。如对轿车的消费、对电池的消费、对一次性饭盒的消费、企业对有些原料的消费最终形成废渣、家庭对垃圾的处理、医院对废弃物的处理等都涉及处置。对处置的征税是保护环境的一个重要环节。对不同的处置方式应有不同的环境税处理方式。所以说,构建有利于科学发展的税收体制机制,建设环境友好型、资源节约型社会,应依次涉及资源开采、生产消耗、废弃物利用和社会消费等环节,设计税收制度和选择税收政策,国家税收制度架构是从资源开采到产品生产、消费,到最后处置的全过程的课税理念和税制设计的不断创新与完善。具体包括以下几个方面:

一是在资源开采环节,通过对自然资源的开采环节征收资源税,使资源的环境价值内在化。从理论上说,当征税额能够充分反映自然资源的环境价值时,能发挥促进资源永续利用的作用。

二是在资源使用(消费)环节,一方面是有利于节约资源消耗的资源税法律制度,这样可以对有利于节约资源消耗的"节耗投资"实施税收优惠来降低"节耗投资成本";另一方面是对资源的使用的资源税法律制度,这样可以对资源的使用征收或提高使用税(即消费税),以增加资源的消耗成本,从而达到鼓励资源使用者增加节耗投资,减少自然资源消耗的目的。可供选择的措施有:节耗投资税收优惠、节耗投资设备或节耗产品的税收优惠(如节能产品)、节耗技术优惠;对资源产品和资源高消耗产品征收消费税或提高消费税税率,特别是那些污染性资源产品(如矿物能源产品)和消耗污染型资源的产品(如普通汽车)等等。

三是在资源消耗后产生废弃物排放环节,可以通过征收环境税来增加废弃物排放成本。增加废弃物排放的成本,不仅有利于提高节约资源的积极性,而且有利于促进资源的回收利用。因为,从理论上说,只有废弃物的回收成本低于其排放成本,废弃物的产生者才会有回收废物的意愿。征收环境税,是建设节约型社会税收政策体系中的最重要环节。环境税的内容主要包括:对直接排放到大自然中的污染物征收的税收,即排污税,如大气污染税、污水税、噪声税、垃圾税和燃油税等,以体现政府促进企业节约资源,可持续发展的政策导向。

四是在废弃物的回收利用环节,可以通过废弃物回收利用的税收优惠法规政策,来降低回收资源的成本,鼓励资源的回收利用。可供选择的税收措施有:资源回收企业的所得税优惠;回收资源产品的消费税也可以达到鼓励使用回收资源的效果;资源回收技术、设备的优惠等。

五是在资源的替代环节,除对原油资源增税从而提高原有资源的价格外,主要可以对替代资源实施税收优惠,以降低替代资源的价格。税收促使措施除提高原有资源的税负外还可以选择:替代资源的税收减免、资源替代技术及其研发的税收优惠等。

六是在资源的再生环节,除可以通过增税提高自然资源的价格外,可以通过税收优惠鼓励提高资源再生能力方面的技术研究、开发和使用,这样既有利于降低提高资源再生能力的投资成本,也有利于提高资源的增加量。税收措施除提高资源税的税负外还可以选择:提高资源再生能力技术及其研究的税收优惠、提高资源再生能力技术使用的税收优惠。

4.4　国家税收制度架构理论创新中的资源税

在以市场经济为主导的经济体制下,要实现资源可持续开发利用的长远目标是不能完全靠市场机制来实现的,国家的适当干预必不可少,而税收这一重要的经济杠杆在资源保护中将起到日益重要的作用。合理的资源税制不仅会促进国民经济的发展,而且还能起到保护资源及宏观控制的作用,促进社会经济可持续发展。资源经济政策的总体目标就是促使社会经济活动中产生的资源社会成本(外部成本)内在化,即有效实现资源价值的最大化。资源税收的价值在于为人类可持续发展建构一种激励机制和制度基础,所以资源税制是一种利导性制度。

4.4.1　厘清政府管理自然资源的角色,正确认识资源税的职能作用

在自然资源领域国家具有三种身份。一是自然资源所有者的民事主体身份,二是自然资源全民所有的代表身份,三是行政管理者的身份。国家作为自然资源所有者的民事主体,等同一般经济人,通过产权交易实现利益最大化;国家作为自然资源全民所有的代表,不同于经济人的地位,要考虑的问题是如何保障自然资源利益为全民享有而非某一个体享有,同时还要考虑自然资源利用的长远利益;国家作为行政管理者的身份,要管理国家经济的运行,保障经济持续、快速、稳定发展。政府在履行行政管理职能的同时,共有三种身份。一是作为矿产资源的所有者(代表国家),在出让矿业权的同时,凭借对矿产资源的所有权,要获得矿权使用费和权利金(矿产资源补偿费),体现的是政府与企业之间平等的交换关系;二是作为矿产资源开发的投资者(在市场经济条件下,国家投资于矿产资源开发,也是正常的矿业经济行为),在投资形成国有独资、控股、参股矿业企业的过程中,要得到资产增值、权益的回报,体现的是政府投资者与企业经营者之间的经济关系;三是作为社会管理者,凭借政治权力向企业征收的各种税金,体现的是强制性、无偿性,而不是平等的交换关系。资源税是政府作为行政管理者的身份介入的,每个社会成员和社会法人可从国家获得资源的占有、支配和使用权,同时有合理开发、正确使用、依法保护的义务。任何个人和法人使用公有资源都应该是有偿的,保护私有资源也是有偿的,国家主要通过征收资源税(资源使用费)来体现对资源的所有权,把保护私有资源和使用公有资源在所创财富中的贡献份额收归国有,用于社会,并逐步形成国有资产。而且资源税是从资源消耗的源头就开始介入的有利于促进资源节约型、环境友好型社会建设的税种,它通过合理设计资源税的征税范围、税率,可以提高对自然资源的开采、利用效率,通过税收介入资源价格形成机制,提高资源的使用成本;资源税和以后有可能开征的环境税一起将全面影响资源价格,并通过价格及其他直接的环境税影响生产者、开采者和消费者的行为,从而促进资源节约。

4.4.2　整合资源税费制度,建立价、税、费、租政策联动机制

价、税、费、租联动实际上是国际上矿产资源领域的通行做法。20 世纪80

年代以来,世界范围内掀起了矿业政策大调整的浪潮,近年来,至少有 102 个国家调整了与矿产资源勘察开发有关的法律法规和政策。① 在调整的过程中,各国以权利金为核心,形成了税、费、租联动的机制。这一机制,对于我国矿产资源分配体制的改革,有着重要的借鉴意义。目前,我国在矿产资源领域,主要的财政工具是资源税、矿产资源补偿费和采矿权。与国际矿产政策调整的趋势相比,一是缺乏相关的租金制度,没有建立起必要的权利金制度,二是目前的三项财政工具,由于开征时间较早,存在着理论依据不足、征收对象重复、征收税(费)率不合理等问题,与当前矿产资源开发快速发展的形势难以适应,所取得的收入,更难以弥补矿产资源所产生的外部性。因此,有必要根据建设和谐社会的要求,通过实现外部性内部化的改革,借鉴国际经验,进行价、税、费、租联动的改革。具体的思路是,除了规范矿产企业纳税的工商税收、非税收入的分配秩序外,通过价、税、费、租联动改革,最后形成促进矿产资源可持续发展的价格形成体系、资源税收体系、市场准入环节和采矿环节的行政收费体系、矿产资源租金体系。政府应当以自然资源全民所有代表者的身份用资源税调节自然资源耗竭和补偿问题,资源税应当由原来介入资源税领域调节级差收入,改为实现全民所有权益的功能调节自然资源耗竭补偿问题。按照价、税、费、租联动的机制,整合现行资源税费制度,推进资源市场化改革,完善探矿权、采矿权等权利金制度,将水资源等纳入资源税征收范围,逐步扩大资源税征税品目,完善资源税计征办法,对原油、天然气和煤炭实行从价定率的计税方法,提高其他资源类产品的从量税税额标准,调节能源资源型企业的级差收入水平,将资源优势转化为财政优势。

4.4.3 实施税负转移战略,资源税改革应与其他税种协同运作

国家税收制度架构的关键是合理安排一国税制中不同税系、不同税种之间的比重及协调关系,从而确保该税制给经济运行所带来的效率损失保持在当前条件下我们可以接受的水平上。它主要包括三个层次:一是现行税制应由哪些税系或税类构成,它们是什么关系,谁主谁辅,谁可有可无;二是在各税系内部

---

① 高小萍:《价、税、费、租联动:矿产资源分配体制改革的思考》,《财政与发展》2007 年第 5 期。

由哪些税种构成,它们之间是什么关系,是相互代替,还是相互重叠,有哪些内
耗;三是各税种内部的各要素确定是否合理,是否与该税系、该税种所要达到的
目的相一致,是否增加了该税种所造成的效率损失。进入21世纪以来,世界各
国税制结构中一个最重要的变化趋势就是"税负转移",即将税负从传统的对
资本、劳动、财产等的课税转向对高能耗行为、对环境污染行为的课税。OECD
国家中欧盟国家较为典型。如瑞典、挪威、荷兰、德国等,这些国家所谓的绿色
税收占税收收入的比重在不断提高。尽管由于统计口径的不同各国有比较大
的差异,如果将我国的能源类产品征收的消费税、资源税及排污费等加在一起
我们的比例可能不低,但我国税制结构调整中还没有明确提出可持续发展税制
的概念。所以在国家税收制度改革创新以前,有必要从资源税开始明确提出我
国税制改革已经全面引入可持续发展概念,税制将在和谐社会建设中发挥重要
作用。这也是资源税可以发挥作用的一个重要领域。众所周知,税收制度中各
个税种的作用点不同,课征的领域和环节不同,在经济运行中所起到的作用也
是不同的。在分步实施的税制改革中,各个税种出台的时间不一致,先后出台
的税种之间如何有效地协调,就是在税制改革中需要统筹考虑的问题。在我国
当前的税收环境下,资源税制的进一步完善应与其他税种协同运作,切实发挥
好资源税、燃油消费税、环境税的协同调控机能,构建起相互补充、相互衔接的
资源环境税收体系。特别是在燃油消费税改革业已取得初步成效的基础上,资
源税制改革要更多地注重与今后有可能将要实施的环境税,特别是各种排放税
如碳税搞好协调,既要确保资源税改革彻底到位,也要在资源税改革中为今后
的环境税留出足够空间;既要避免不同环节、不同领域税负畸轻畸重的不公平
现象,更要避免产生错误的税收诱导机制。

4.4.4　从法律、经济、社会和技术四个层面设计好资源税制

国外的资源税大都通过特定的税制设计,使税收参与资源价格形成过程,
从而有效地遏制对自然资源的过度开采,维持可持续发展的物质基础。在我国
过去的实践中,更多的是将税收作为一个经济范畴或经济问题,从政府有效地
组织收入和调节经济的角度来考虑税制建设和税制改革问题。现在看来,要改
变这种单纯经济视角的税收观念和税制改革取向,应站在建设社会主义生态文
明的制高点上来,高扬可持续发展理念,以资源级差地租Ⅰ为征税对象,以调节

资源级差收益为手段,以提高资源开采使用效率、降低社会成本、促进环境改善、缩小代际差别。当然,资源税制改革不仅仅是个经济问题,它首先是一个法律问题,要从法律层面看待资源税制改革问题,资源税的设计与实施要考虑到法律的形式、法律的内容、法律的程序、法律的实现、法律的效力等诸多方面的要求,应首先从法律制度的角度来研究其内容、形式、方法和程序等。其次,正确认识资源税制改革是一个经济问题,就是要在资源税制设计中充分考虑税收对经济的影响,合理界定税负及其分布,避免资源税制改革对经济产生的负面影响,资源税制改革要符合经济发展的方向和客观要求,建立有利于促进经济发展和稳定的激励机制和约束机制。再次,务必重视资源税制改革是一个社会问题,从关注社会民生、构建和谐社会的角度,不要赋予资源税制改革过多的政策目标,不要让资源税制改革承载一些其不应承载的问题,不要"理想化"地设计资源税制与政策,不要在条件不成熟时"积极"推出改革措施或新制度。资源税制改革的出台应是积极稳妥、条件成熟、准备充分、社会认可。最后,充分重视资源税制改革是一个技术问题,一个完善的资源税制需要科学、合理、规范地设计并形成体系,在一定意义上,这是一个技术问题。资源税制的设计要符合立法要求,符合法律基本规范,税法名称、形式、级别的选择以及文体结构、语言表述等都应准确规范;要科学设计资源税制要素,既要保证财政收入,又要重视税收对纳税人行为及整个经济运行的影响状况和程度,符合经济发展趋势,体现政府政策目标;要充分考虑现实的征管技术与水平能否有效地保证资源税制的实施,并设计出合理的征管制度和征管机制。

5 资源税制改革的国际比较与借鉴

世界上没有最佳税制,已经出现的只是一批有用的参考税种。现在没有关于多种税甚至是一种税税制设计的专门规范,也没有任何一个国家所有的税种都是最佳设计的范例。

——世界银行:《世界税制改革的经验》

为了保护自然资源,促进资源合理开采,世界上有不少国家或地区都对资源开采活动按资源开采量或价值征收属于间接税性质的资源税或资源开采税。鉴于各国历史发展道路不同,社会制度存在差别,区域资源禀赋的差异及其经济影响的不同,各国实际纳入课税范围的资源种类和征税办法也丰富多样,各国资源税税制设计及其实施机制更是千差万别,但是历史发展的丰富性背后也展示了诸多的共同特征,每一个国家都已根据本国国情逐步形成了一套相对有特色的资源税收体系。本章主要就世界各国的资源税制及其改革进行介绍和比较,旨在为我国资源税制改革寻求可借鉴的国际经验。

5.1 美国的资源税制及其改革

美国资源税制调节的是政府与矿产资源经营者(包括所有者和生产者)之间的经济利益的分配关系,主要有森林采伐税和矿产资源开采税两种。美国最早的森林采伐税颁布于 19 世纪 20 年代。路易斯安那州于 1922 年颁布的采伐税规定把采伐材分为几个不同等级,对每个等级确定不同的税率。税率由每4.53 立方米次生松树、紫树的 7 美分至柏木的 26 美分不等。在 1935 ~ 1958 年间,森林采伐税的立法工作较为普遍,阿肯色、路易斯安那、弗吉尼亚、北卡罗来纳、新墨西哥、密西西比、亚拉巴马和俄勒冈州相继制定了采伐税法。北卡罗来纳、南卡罗来纳、亚利桑那和伊利诺伊州的森林采伐税法是 1977 年以后颁布的。西弗吉尼亚州于 1987 年实行了新的森林采伐税以取代原有的营业税和土地使用税。随后的几十年内,森林税法和修正法不断颁布,旧的税法也在不断修改。森林采伐税方面的立法、司法和管理条例仍在不断调整之中。森林税法的修改与调整已被越来越多的林地所有者接受。许多所有者已经使他们的林业投资和经营决策适应于森林税法规定的财政条款。美国林业税收制度中最重要的问题,不在于税率的大小,也不在于税收的种类,而在于税制的相对稳定和完善。美国各州森林采伐税中对纳税人的定义不尽相同。一些州规定木材采伐者为纳税人,另一些州规定木材加工者或运输者为纳税人。在各州税法中,采伐税申报和纳税的时间规定差别很大。有的州按月申报和纳税,而有的州按季度申报和纳税。美国的森林采伐税普遍采用的有两种税率,一是为单位材积或单位产品规定一个税款,按固定税款纳税;另一种是确定一个比例,按采伐木材价值的百分比纳税。实施森林采伐税的目的是为了保护森林资源,确保森林资金投入,所以许多新近颁布的采伐税法规定,将大部分税收重新用于林业,这种方式使税法中规定的职责和受益者均体现在林业部门和森林拥有者身上,因此在政策上颇具吸引力。目前,美国有 12 个州制定和实施着森林采伐税法,其中新墨西哥州制定了森林采伐税和木材消费税两种税法。不同的州对于税收款的使用分配也有不同。除亚利桑那、路易斯安那、新墨西哥和西弗吉尼亚州外,其他各州都将税款的主要部分用于改善森林经营活动,以促进林业工作的进一步发展。由此看来,森林采伐税的实施为改善森林经营水平获得了一笔额外的资金来源,鼓励并促进了森林的经营活动。①

　　在美国,除了森林以外,还有许多自然资源如石油、天然气和煤炭等均需要征收资源采伐(或称开采)税。征收资源开采税基于两种理由,理由之一最早可追溯到 18 世纪末的重农论者身上。重农论者认为,任何自然资源均属于所有公民,如果不能通过缴纳资源开采税来补偿对自然资源构成的损失,任何人均不允许从自然资源的采伐中获益。理由之二是在利用自然资源的同时,应对保护自然资源予以鼓励。倡导者认为森林采伐税可在两方面有利于实现保护目的:阻止森林资源的不合理或过度消耗;为改善森林经营提供潜在的经费来

---

① 陈永申:《发达国家自然资源管理制度》,时事出版社 2001 年版,第 737 页。

源。对于森林资源的可持续经营和利用来说,以后者理由的影响最大。目前,
美国矿产资源开采税(有的州称采掘税或矿产税)是由州政府对开采煤炭、石
油、天然气和其他矿产资源的行为开征的一种税,目前有一半以上的州开征资
源税。各州开征的资源税的征税对象和具体名称也是五花八门:阿拉斯加州征
收石油和天然气税;路易斯安那州征收天然气税;俄克拉荷马州征收石油和天
然气税;得克萨斯州征收原油和天然气税;田纳西州征收天然气税;犹他州征收
石油和天然气税;怀俄明州征收矿产税。油气开采税是国家或地方政府对油气
资产所有人征收的税,并且以油气销售收入为计税基础。有些地方政府的油气
税简单,而另一些地方政府的油气税却特别复杂。在美国,有几个州政府要
强行征收从价税。许多州政府都制定了纳税激励政策,并且要对其进行不断的
修改。许多有时间限制的激励政策还在继续实行,而有的则已终止。许多州政
府对有些油气井和油气开发项目实行免税,但都规定了相应的免税条件。这些
税的税率在州与州之间也不尽相同,有些州的税率为零,而另有一些州的税率却
高达油气销售总收入的15%。因此,在油气开发项目的评价中考虑税费问题极
为重要。因为高税费会对项目的赢利能力产生影响。如果有两个可供选择的油
气田开发项目,它们的油气储量、开采期限以及初期投资和未来的营运成本都大
致相同,企业就会选择开采税低的项目。① 美国的开采税减少了自然资源的开采
和开发,一定程度上改变了开采的利润最大化模式的时间格局,并因此减少了资
源开采对环境的破坏。比如俄亥俄州的开采税开征于1972年。在2004年财政
年度,该州来自于开采税收入约为750万美元。纳税义务人是指在俄亥俄州的土
壤和水域中开采自然资源的单位和个人。开采税税基为从俄亥俄州的土壤或水
域中开采的自然资源的重量或体积。比如煤炭开采税收入的6.3%用于地质勘
查基金、14.2%用于再生补偿基金、21.6%用于未开垦土地基金、57.9%用于煤炭
开采管理和再生储备基金;盐开采税收入的15%用于地质勘查基金、85%用于未
开垦土地基金;石灰岩、白云石、砂、砾石开采税收入的7.5%用于地质勘查基金、
42.5%用于未开垦土地基金、50%用于露天采矿管理基金;页岩、勃土、石膏、石英
岩、砂岩开采税收入全部用于露天采矿管理基金;石油和天然气开采税收入的
10%用于地质勘查基金、90%用于油气井基金(见表5.1、表5.2)。

---

① [美]M. A. 米安:《油气项目经济学与决策分析》,石油工业出版社2005年版,第60页。

表 5.1　美国各州政府规定的开采税收标准

序号	州	油	气	序号	州	油	气
1	阿拉巴马州	0.06	0.06	17	路易斯安那州	0.03125	0.07
2		0.01		18		0.0625	
3	阿拉斯加州	0.1225	0.1	19		0.125	
4		0.15		20			
4	亚利桑那州	0.025	0.025	21	密歇根州	0.066	0.05
5	阿肯色州	0.04	0.003	22		0.04	
6		0.05		23	密西西比州	0.06	0.06
6		0.005 美元/桶		23	蒙大拿州	0.05	0.0265
7	加利福尼亚州	多样的	多样的	24		0.06	
8	科罗拉多州	0.02	0.02	25		0.0002	
9		0.03	0.03	26	内布拉斯加州	0.02	0.02
10		0.04	0.04	27		0.03	0.03
11		0.05	0.05	28		0.0004	0.0005
12		0.0006		29	内华达州	0.005	0.0001
13		0.0009		30	新墨西哥州	0.0375	0.152
14	佛罗里达州	0.05	0.05	31		0.0019	
15		0.08	0.05	32		0.0255	
15	佐治亚州	0.005	0.0005		纽约州	无	无
15	爱达荷州	0.02	0.02	33	北卡罗来纳州	0.005	0.0005
15	印第安纳州	0.01	0.01	34	北达科他州	0.05	0.05
16	堪萨斯州	0.08	0.08	35		0.115	
16	肯塔基州	0.045	0.045	36		0.001875/b	
16	俄克拉何马州	0.07085	0.07085		俄亥俄州	0.10	0.03
16	俄勒冈州	0.06	0.06	37	犹他州	0.04	0.04
16	南达科他州	0.045	0.045		弗吉尼亚州	无	无
16	田纳西州	0.03	0.03	38	西弗吉尼亚州	0.0434	0.0863
16	得克萨斯州	0.046	0.075	39	怀俄明州	0.06	0.06
				40		0.04	
				41		0.0001	

资料来源:[美]M.A. 米安:《油气项目经济学与决策分析》,石油工业出版社 2005 年版,第 60 页。

表5.2　从价税表

单位:%(占总销售收入的%)

州	油	气	州	油	气
阿拉巴马州	无	无	内布拉斯加州	0.06	0.06
阿拉斯加州	0.002	0.002	内华达州	0.06	0.06
亚利桑那州	0.05	0.05	新墨西哥州	0.05	0.05
阿肯色州	0.04	0.04	纽约州	0.10	0.10
加利福尼亚州	0.09	0.09	北卡罗来纳州	0.05	0.05
科罗拉多州	0.03	0.03	北达科他州	无	无
佛罗里达州	0.02	0.02	俄亥俄州	0.07	0.07
佐治亚州	0.05	0.05	俄克拉何马州	无	无
爱达荷州	0.05	0.05	俄勒冈州	无	无
伊利诺伊州		0.08	宾夕法尼亚州	0.08	0.08
印第安纳州	0.07	0.07	南卡罗来纳州	0.05	0.05
堪萨斯州	0.08	0.08	南达科他州	0.02	0.02
肯塔基州	0.06	0.06	田纳西州	无	无
路易斯安那州	无	无	得克萨斯州	0.04	0.04
马里兰州	0.07	0.07	犹他州	0.05	0.05
密歇根州	0.02	0.02	弗吉尼亚州	无	无
明尼苏达州	0.05	0.05	西弗吉尼亚州	无	无
密西西比州	无	无	怀俄明州	0.07	0.07
蒙大拿州	0.09	0.09			

资料来源:[美]M. A. 米安:《油气项目经济学与决策分析》,石油工业出版社2005年版。

5.2　俄罗斯的资源税制及其改革

俄罗斯联邦环境保护法规定:根据俄罗斯联邦宪法,每个人都有享受良好环境的权利,每个人都必须爱护自然和环境,珍惜自然财富。自然财富是生活在俄罗斯联邦国土上的各族人民持续发展、生存和活动的基础。俄罗斯联邦环境保护法确立环境保护领域国家政策的法律基础,以保证平衡地解决各项社会经济任务,保持良好的环境、生物多样性和自然资源,其目的是满足当代人和未来世世代代的需要、加强环境保护领域的法律秩序和保障生态安全。该联邦法调整在俄罗斯联邦领土范围内,以及在俄罗斯联邦大陆架和专属经济区进行的经济活动和其他影响自然环境活动的过程中产生的社会与自然相互作用领域的关系。自然环境是环境的极重要组成部分,是地球上生命的基础。公民必须爱护自然和环境;善待自然,珍惜自然财富;遵守法律的其他要求。俄罗斯联邦国家权力机关、俄罗斯联邦各主体国家权力机关、地方自治机关和公职人员,必须帮助公民、社会团体和其他非商业性团体实现其在环境保护领域的权利。资源大国俄罗斯的资源税征收情况较为复杂,俄罗斯于 2001 年进行了全面的税制改革,建立了新的自然资源税制系统。从 2002 年 1 月 1 日起以矿产资源开采税,替代了原先存在的三种税费,即矿产资源开采使用费、矿物原料基地再生产提留和石油、天然气、凝析气消费税。对开采石油和天然气的课税额规定了特殊的分配方法,这些税款列入地方预算 30%,列入联邦主体预算 30%,列入联邦预算 40%。开采其他矿产的税收分配比例为 50% 列入地方预算,25% 列入联邦主体预算,25% 列入联邦预算。除了矿产,俄罗斯还对地下水开采征税,地下淡水开采权税的最高水平为所开采原料价值的 2% ~ 8%。水资源税联邦预算占 40%,联邦主体预算占 60%。矿产开采税是主要税种,在税法典第 26 章规定。在联邦总预算中占第三位,为 17%。经过改革后,俄罗斯减少了矿业的税种。俄罗斯联邦全境征收矿产开采税的纳税人是根据俄罗斯联邦法律成为地下资源利用者的单位或个体企业家;征税对象主要包括矿产(如果俄罗斯联税法第 336 条第 2 点未做其他规定)、从俄罗斯联邦给纳税人规定的地段地下采出的、根据俄罗斯联邦法律使用的矿产从采矿生产废料中回收(如果这种回收根据俄罗斯联邦地下资源法属于另外许可的矿产)、从俄罗斯联邦境内开采的矿产(如果这种开采是主权限范围内的区域和划归纳税人使用的地下资源地段及从其他国家租赁的或根据国际协议使用的地区),见表 5.3。

表 5.3　俄罗斯联邦矿产开采税税率表

所采矿种	税率(%)
对于确定种类的矿产	0
钾盐	3.8
泥炭	4.0

续表

所采矿种	税率(%)
烟煤、褐煤、无烟煤和可燃页岩	4.0
磷灰石—霞石、磷灰岩和磷块岩矿石	4.0
符合指标的黑色金属矿石	4.8
放射性金属原料	5.5
矿山化学非金属原料(除磷灰石—霞石、磷灰岩和磷块岩矿石)	5.5
主要用于建筑工业的非金属原料	5.5
天然盐和纯氯化钠	5.5
地下工业水和热水	5.5
霞石,铝土矿	5.5
矿山非金属原料	6.0
沥青岩	6.0
含金精矿及其他半成品	6.0
未归入其他类别的另外的矿产	6.0
含贵金属(黄金除外)的精矿及其他半成品	6.5
作为多种组分综合矿石有用组分的贵金属(黄金除外)	6.5
符合指标的压电光学原料,尤其是纯石英原料和彩石原料	6.5
矿泉水	7.5
符合指标的有色金属矿石(霞石和铝土矿除外)	8.0
形成矿床的和在其他矿石中作为伴生组分的稀有金属	8.0
多种组分的综合矿石,及多种组分综合矿石的有用组分(贵金属除外)	8.0
天然金刚石及其他宝石和半宝石	8.0
碳氢化物原料,如以下未做其他规定	16.5
所有油气田中的凝析气	17.5
所有油气田中的可燃天然气	107 卢布 / 1000 立方米天然气

靠自有资金在其开发的矿床中进行普查勘探工作,或完全补偿了的已用于普查勘探相应数量的此类矿产储量的所有费用,及到 2001 年 7 月 1 日之前根据联邦法律免于缴纳这些矿床开发的矿物原料某地再生产提成的纳税人,就其在相应许可证地段所开采的矿产,按照 0.7% 的税率纳税

资料来源:宋国明:《俄罗斯国土资源与产业管理》,地质出版社 2005 年版,第 115 页。

根据 2005 年 1 月 1 日起生效的俄罗斯联邦税法修正案,俄罗斯境内石油的资源开采税将从现行的 347 卢布/吨涨到 419 卢布/吨。这一税率的提高主要是考虑国际石油价格和通货膨胀等因素。俄财政部税收和关税司副司长伊万涅耶夫表示,该系数自 2005 年起将随时调整,这将使石油行业的税收在油价高于每桶 18 美元的情况下得以扩大。[①] 2008 年 1 月份俄罗斯财政部副部长谢尔盖·沙塔洛夫希望天然气生产商缴纳更高的矿产开采税,因为新天然气田的开发将要求大规模投资,在当前税收体制下不会产生积极回报。但俄罗斯天然气协会负责人瓦列里·亚泽夫 2008 年 2 月 29 日称,俄罗斯不会上调所谓的天然气矿物开采税。兼任议会副发言人的 Yazev 称,政府已在一次非公开会议上决定反对上调天然气矿产开采税。该税收已维持三年不变,而与此同时生产商享受着天然气价格上涨带来的利润上升。天然气部门税收相当于俄罗斯石油部门税收的一小部分。俄罗斯石油公司正在呼吁下调赋税,称过度的出口关税不利于他们重新投资新的生产。[②] 2008 年 3 月底,俄罗斯财政部副部长谢尔盖·沙塔洛夫曾宣布,政府财政预算编制委员会拥护财政部提出的2009~2011年税收政策的主要方针。因此,从原则上讲他同意调整石油矿物资源开采税比率,将免税的基准点从 9% 上调到 15%。此外,沙塔洛夫表示,该法令已经给联邦财政预算带来 1000 亿卢布的损失。俄罗斯经济发展和贸易部部长埃莉维拉·纳比乌林娜也表示,俄罗斯财政部近期将向政府提交刺激石油开采量增长的税收措施建议,其中包括降低矿产资源开采税。纳比乌林娜说:"石油开采业有些停滞,我们对此感到担忧,因此需要实施包括税收政策在内的具体措施。"纳比乌林娜表示,已经出台了降低矿产资源开采税的原则性法令,她称降低矿产资源开采税是"一项必要的举措"。在乌斯季卢加就波罗的海管道输油系统二期工程建设问题召开的会议上,俄罗斯总理普京表示,必须按石油产品的质量实行新的纳税制度。普京认为政府应当向石油开采商提供一整套税收优惠政策。其中包括尽快将降低矿物开采税法案提交国家杜马。"必须降低矿物开采税,这很重要,应尽快准备相应法案并进行初步审议,然后尽快提交议

---

① 俄罗斯从 2005 年起提高石油开采税,http://finance. sina. com. cn,2005 年 1 月 13 日。
② 俄罗斯天然气协会负责人:《俄罗斯不会上调天然气矿物开采税》,《世华财讯》2008 年 2 月 29 日。

会讨论。"①俄罗斯政府主席团 2008 年末通过有关从 2009 年起降低石油公司税负的法案。俄罗斯总理普京宣布,将石油公司的矿产资源开采税起征点从每桶 9 美元提高到每桶 15 美元,以提高国内石油产量。普京表示:"当前一项重要任务是提高石油产量。为此需要采取一系列措施,其中包括提高矿产资源开采税的起征点。"根据俄罗斯财政部的评估,2009 年石油公司税负将减少 1041亿卢布(44.2 亿美元),2010 年减少 1120 亿卢布(47.6 亿美元)。②

5.3 越南的资源税制及其改革

根据越南社会主义共和国 1992 年《宪法》和第十届国会第二次会议关于1998 年法律、法令制定规划的决议,经越南社会主义共和国第十届国会常务委员会 1998 年 4 月 16 日通过的《资源税法令(修改)》。越南社会主义共和国境内、海岛、内陆水域、领海、专属经济区和大陆架的自然资源均属全民所有,由国家统一管理。凡开发本条国内自然资源的任何组织与个人,均为资源税纳税人,但是,越方依《越南外国投资法》同外国方建立联营企业,如以资源作为出资投入法定资金,联营企业无须对越方用以出资的资源缴纳资源税。资源税的应税对象包括:金属矿产资源;非金属矿产资源,包括一般建材矿产、开发的土地、矿泉水、天然温泉水;天然气;天然林产品;天然水产品;除矿泉水和天然温泉水之外的天然水;其他自然资源。资源税计算依据系实际开发的商品资源,计税价和税率。资源税实施比例税率,《资源税法令(修改)》规定了金属矿产(黄金、稀土除外)等八大类税目税率表,根据此税目表,政府对每种自然资源作明细规定。资源税计税价是开发地资源产品出售单价。资源开发后未有售价的,由政府确定资源税计税价格。天然水用作水力发电的,资源税以商品电售价计算。从事资源开发的组织和个人有下述责任:自获准从事资源开发之日起最迟十天内,按规定格式向税务机关注册与申报。从事资源开发的组织和个人,如合并、合一、分离、解散、破产或改变活动方式须在合并、合一、分离、解散、破产或改变活动方式前五天向税务机关申报。充分地执行政府对不同对象规

---

① 俄罗斯政府出台降低矿产资源开采税法令。
② 《俄明年起降低石油开采税》,新华网 2008 年 5 月 29 日。

定的凭证,单据和会计簿册制度。在下月上旬向税务机关填报月度应纳的资源税。如月内无资源税发生,仍然向税务机关递交报税表。从事资源开发的组织和个人须按报税表格式充分地、准确地填写,并对其准确性负责。按税务机关的要求提供有关材料、会计簿册、凭证、单据。按税务机关的纳税通知,如期足数地向国库交纳资源税。纳税期在通知中写明,最迟不得超过下月25日。从事资源开发的组织和个人在下述情况下得减免资源税:《鼓励国内投资法》规定的优惠投资对象的投资项目,从事资源(石油除外)开发的,在开发日起三年内得减征资源税的50%;从事资源开发的组织和个人在遇到自然灾害、战争、意外事故的情况下,已报税的开发资源部分受到损失,该损失部分可免征资源税;用大功率渔船在远海地区从事水产开发者头五年免征资源税,随后五年减征50%。还有困难的可酌情再减税一到五年,本法令生效前从事远海水产品开发的,其税收减免期自本法令生效日起算,按规定计足减免时间;个人开发的天然林产品,诸如枝材、梢材、竹子等直接为日常生活服务的,免征资源税;利用天然水力发电,但不与国家电网联网的免征资源税;开发土地用于平整建设国防安全工程,人道主义救济、慈善性工程,堤坝、水利、交通工程以及政府规定的某些用途的工程的,免征资源税。2009年2月4日,据越南《经济时报》报道,越南国家主席阮明哲又颁布主席令,对《资源税法》第六款进行补充修改。补充修改的《资源税法》第六款对各类自然资源的税率做了具体规定,如金属类矿产资源(黄金和稀土除外)税率为5%~30%,非金属矿(煤炭和宝石除外)税率为3%~10%,宝石为10%~30%,原油为6%~30%,各类木材(树枝、树梢、木柴除外)为10%~40%,药材为5%~15%(沉香为20%~30%),天然水产为1%~2%(海参、鲍鱼、珍珠为6%~10%),燕窝为10%~20%等(见表5.4)。

表5.4 1998年《资源税法令(修改)》规定的税目税率

编号	资源种类	税率(%)
1	金属矿产(黄金、稀土除外)	1~5
	——黄金	2~6
	——稀土	3~8

续表

编号	资源种类	税率(%)
2	非金属矿产(宝石和煤炭除外)	1～5
	——宝石	3～8
	——煤炭	1～3
3	石油	6～25
4	天然气	0～10
5	天然林产品	—
	各类木材(枝梢材除外)	10～40
	枝梢材	1～5
	药材(沉香、巴戟、奇南除外)	5～15
	沉香、巴戟、奇南	20～25
	其他天然林产品	5～20
6	天然水产品(海参、鲍鱼、珍珠除外)	1～2
	海参、鲍鱼、珍珠	6～10
7	天然水(天然矿泉水、瓶装罐装净化天然水除外)	0～5
	用于水力发电的天然水	0～2
	天然矿泉水、瓶装罐装净化天然水	2～10
8	其他自然资源(燕窝除外)	0～10
	燕窝	10～20

资料来源:中华人民共和国驻越南社会主义共和国大使馆经济商务参赞处网站。

5.4　乌兹别克斯坦的资源税制

　　为了稳定发展国内经济、减轻企业税负,根据乌兹别克斯坦总统卡里莫夫签署的政府令,自 2008 年 1 月 1 日起,乌兹别克斯坦对国内税收项目进行了部分调整,实行新的征税税率。新的税收政策旨在避免纳税人的某些逃税和隐瞒收入的行为,促进纳税人的生产积极性和增加企业利润。通过减税获得的资金将主要用于增加投资、发展生产和提高工资。新税法典是在 1998 版税法(11章,135 条)基础上修订的,修改 30 余处。新税法包括 2 大部分、21 篇、64 章、392 条。规定在乌兹别克斯坦境内实行以下资源使用税。

5.4.1　水资源使用税

随着乌兹别克斯坦经济建设的发展和用水量的大量增加,水资源日益紧缺。2007 年水资源使用税率与 2006 年相比提高了 50% ,2008 年保持不变。其中经济部门的企业税率最高,地面、地下水使用税分别为 14.40 苏姆/立方米和 18.45 苏姆/立方米(见表 5.5)。

表 5.5　　乌兹别克斯坦的地下水使用税

纳　税　人	税率(苏姆/立方米)	
	地面水	地下水
所有经济领域中的企业(下列除外)	14.40	18.45
电站	4.13	6.14
公共服务部门企业	7.91	0.25
不支付统一土地税的农业企业、个体经济(法人和自然人)和在经营活动中使用水资源的自然人	0.71	0.89

资料来源:中华人民共和国驻乌兹别克斯坦共和国大使馆经济商务参赞处网站。

5.4.2　超利润税

自 2008 年 1 月 1 日起对水泥和天然气征收"超利润税",同时保留对阴极铜征收超利润税,具体如下:对矿渣波兰特水泥、抗硫酸盐水泥、固井用水泥每吨售价超过 7.5 万苏姆的部分征收 75% 的超利润税;除白水泥外,其他牌号水泥售价每吨超过 6 万苏姆,均应征收 75% 的超利润税;对天然气售价超出每千方 100 美元(或等值苏姆)部分也需征收 75% 的超利润税;对阿尔马雷克矿山冶金公司阴极铜售价每吨超过 2730 美元的部分征收 60% 的超利润税。

5.4.3　土地资源使用税

按照乌兹别克斯坦制定的有关土地使用税则规定,税务部门按照纳税人所在的不同地区确定不同的土地税率。除首都塔什干市外,其余各州、共和国均根据企业或居民住宅所处的不同的地理位置和用途而分别按不同税率征收土地税。首都塔什干市被划分为 14 个区,企业、机关、组织的税率有 14 级,最低税率为 3793529 苏姆/公顷,最高税率是 41423705 苏姆/公顷。公民个人住房用地的税率同样有 14 级,最低税率为 37.4 苏姆/平方米,最高税率是税率为162.5 苏姆/平方米(见表 5.6)。

表 5.6   乌兹别克斯坦的土地资源使用税

区域	土 地 税 率	
	企业、机关、组织(苏姆/公顷)	公民个人住房用地(苏姆/平方米)
1	3793529	37.4
2	3907148	47.1
3	6525345	66.5
4	9788003	71.9
5	11631410	81.8
6	16271777	101.1
7	19526129	106.2
8	22845605	111.2
9	26044526	123.6
10	29169978	130.8
11	32378625	140.3
12	35616348	148.1
13	38822162	155.3
14	41423705	162.5

资料来源:中华人民共和国驻乌兹别克斯坦共和国大使馆经济商务参赞处网站。

5.4.4   向旱地、熟荒地及多年生植物征收的土地税

采取从量定额征收办法,区分平原区(降水无保障)、丘陵区(降水半保障)和山脚及山地区(降水有保障),对不同州实施差异化的旱地、熟荒地及多年生植物征收的土地税。具体见表 5.7。

表5.7　乌兹别克斯坦向旱地、熟荒地及多年生植物征收的土地税

州	按照区域每公顷土地税率（苏姆）		
	平原区 （降水无保障）	丘陵区 （降水半保障）	山脚及山地区 （降水有保障）
安集延	533.5	562.0	852.7
吉扎克	503.2	529.8	857.4
纳沃伊	503.2	529.8	857.4
纳曼干	556.8	636.1	792.6
卡什卡达里亚	556.8	636.1	792.6
撒马尔罕	503.2	715.0	902.4
苏尔汉河	447.7	636.1	792.6
锡尔河	503.2	666.2	852.7
塔什干	533.5	882.2	1058.4

资料来源：中华人民共和国驻乌兹别克斯坦共和国大使馆经济商务参赞处网站。

5.4.5　向非灌溉割草场和牧场征收的土地税

采取从量定额征收办法，区分沙漠、丘陵和山地的不同，对不同州实施差异化的非灌溉割草场和牧场征收的土地税。具体见表5.8。

表5.8　乌兹别克斯坦向非灌溉割草场和牧场征收的土地税

共和国、州	根据高山地带每公顷税率（苏姆）		
	沙漠	丘陵	山地
卡拉卡尔帕克斯坦	83.2	152.3	216.0
安集延	113.4	158.0	216.0
布哈拉	113.4	158.0	216.0
吉扎克	103.2	132.7	186.4
卡什卡达里亚	132.7	132.7	207.4
纳沃伊	113.4	132.7	186.4
纳曼干	113.4	158.0	207.4
撒马尔罕	103.2	177.7	295.9

共和国、州	根据高山地带每公顷税率(苏姆)		
	沙漠	丘陵	山地
苏尔汉河	74.9	158.0	207.4
锡尔河	103.2	132.7	186.4
塔什干	103.2	158.0	216.0
费而干纳	103.2	132.7	216.0
花拉子模州	83.2	152.3	216.0

资料来源:中华人民共和国驻乌兹别克斯坦共和国大使馆经济商务参赞处网站。

5.4.6　向其他非农业及林业土地征收的土地税

采取从量定额征收办法,区分水库、排水渠、道路、公共建造物及楼堂和其他非农业用地的不同,对不同州实施差异化的向其他非农业及林业土地征收的土地税。具体见表5.9。

表5.9　乌兹别克斯坦向其他非农业及林业土地征收的土地税

共和国、州	每公顷税率(苏姆)		
	水库、排水渠、道路	公共建造物及楼堂	其他非农业用地
卡拉卡尔帕克斯坦	109.7	61202.5	15.5
安集延	177.7	93348.6	15.5
布哈拉	142.9	80043.0	15.5
吉扎克	124.2	69040.7	15.5
卡什卡达里亚	124.2	66709.4	15.5
纳沃伊	132.7	78450.7	15.5
纳曼干	154.4	81607.3	15.5
撒马尔罕	169.6	89444.0	15.5
苏尔汉河	186.4	103546.0	15.5
锡尔河	98.2	58009.6	15.5
塔什干	154.4	83938.6	15.5
费而干纳	154.4	83938.6	15.5
花拉子模州	154.4	81607.3	15.5

资料来源:中华人民共和国驻乌兹别克斯坦共和国大使馆经济商务参赞处网站。

5.4.7　使用塔什干市土地地段土地税

采取从量定额征收办法,按照不同地段向法人按公顷征收、向公民个人住房建筑用地按每平方米征收,对不同区块分14级实施差异化的使用塔什干市土地地段土地税。具体见表5.10。

表5.10　乌兹别克斯坦使用塔什干市土地地段土地税

区块	土地税征收税率	
	向法人每公顷征收(苏姆)	向公民个人住房建筑用地每平方米征收(苏姆)
1	4552235	44.9
2	4688578	56.5
3	7830414	79.8
4	11745604	86.3
5	13957692	98.2
6	19526132	121.3
7	23431355	127.4
8	27414726	133.4
9	31253431	148.3
10	35003974	157.0
11	38854350	168.4
12	42739618	177.7
13	46586594	186.4
14	49708446	195.0

资料来源:中华人民共和国驻乌兹别克斯坦共和国大使馆经济商务参赞处网站。

5.4.8　燃料油及天然气消费税

乌兹别克斯坦从2007年1月1日起降低碳氢化合物资源开采税及成品油消费税。石油的开采税税率从35%降到20%,凝析气从32%降到20%,天然气从58%降到30%;国产汽油的消费税从45%降到28%,国产柴油从40%降到25%,航空用煤油从20%降到8%。从2008年1月1日起,液化气消费税由

21% 增加到 26%。同时,对乌本国生产的 A-76 和 AH-80 号汽油消费税定为 14.8 万苏姆/吨,AH-91、92 和 93 号汽油为 16.3 万苏姆/吨,AH-95 号汽油 18.8 万苏姆/吨,柴油 13 万苏姆/吨,航空燃油 1.87 万苏姆/吨。天然气消费税仍保持 2007 年 25% 的水平;烃资源开采税将保持在 2007 年水平,即开采石油、凝析油 20%,开采天然气 30%。

5.5　哈萨克斯坦的资源税制及其改革

哈萨克斯坦的资源税制主要有经济租金税和超额利润税率。前者从 2005 年 1 月 1 日开始,原油出口的经济租金税作为地下利用者的特殊支付正式停止,同时已获得完全地位,一个所定义的经常纳税人应征税目标的正常税收。虽然严格来讲,在 2004 年,除了地下利用者外,经济租金税已在其他实体的税收中应用,但 2005 年修订生效使得这一事实更清楚。另一个重要的变化是现在凝析油的出口也受限于经济租金税。经济租金税支付者是出口原油进行销售的法人实体和个人。产量分成合同持有者免除了自己合同区域产品的经济租金税。计税基数由原油出口值所决定,此价值基于通过原油质量和运费所返回的市场价格。决定石油、凝析油市场价格程序由哈萨克斯坦政府按已通过的单独的法律决定,出口的原油和凝析油的税率见表 5.11。原油品牌的篮子由政府建立,并且每种原油品牌的每天市场平均价是按照这一品牌的石油交易的开盘和收盘的简单平均计算的。依靠市场的价格和变化,税率适用于返回的石油市场价。出口石油的经济租金税的税期是按月计算的。

表 5.11　哈萨克斯坦经济租金税税率和原油市场价格之间的关系

市场价格(美元/桶)	税率(%)	市场价格(美元/桶)	税率(%)
<19	0	28~29	21
19~20	1	29~30	22
20~21	4	30~31	23
22~23	7	31~32	25
23~24	10	32~34	26
24~25	12	34~36	28

市场价格（美元/桶）	税率（%）	市场价格（美元/桶）	税率（%）
25 ~ 26	14	36 ~ 37	29
26 ~ 27	16	37 ~ 38	30
27 ~ 28	17	38 ~ 40	31
28 ~ 29	19	>40	33

资料来源：中华人民共和国驻哈萨克斯坦共和国大使馆经济商务参赞处网站。

　　后者从 2004 年 1 月 1 日起开始，之前的以 IRR（内部收益率）基准计算，在目前的税收体制下，计税基数是地下资源利用者在超过扣除费用的 20% 后的净收益部分。在合同中，地下矿产开采者按照已制定的比率和程序交纳超额利润税，超额利润税的交纳程序依修订后的《税收法》，该法从 2005 年 1 月 1 日开始生效，在 EPT 计算中引进了触发点，一旦累计总收入和累计税收扣除（像按公司所得税计算的）超过了 1.2，EPT 将开始启动。关于 EPT 用途中净收入的定义在《税收法》已有说明。税收基准能够被调整的，通常是因为提高哈萨克人的工作能力的花费或者是固定资产的增加，但是不能超过应纳税金额的 10%。依据累计收益和地下资源利用者的累计花费的比率，已制定的税率按比例增减的范围为 0 ~ 60%。超额利润税的支付和每个地下资源利用合同是相分离的。超额利润税通过以下制定的税率增加计税基数（见表 5.12）。[①]

　　从 2007 年 1 月 1 日起，哈萨克斯坦修改针对地下资源使用者的征税，修改措施主要是：地下资源使用者预先申报的用于地质勘探和生产预备活动的费用，如果这种费用降低，就应该在全年总所得中申报为所得增加。修改措施阐明了原油和天然气、凝析油运输费用的税法定义，包括运费费率、装卸费用和保险。特许权使用费不再适用于地下设施的建造。考虑到矿床的开采特性并取决于年开采量：随着开采量的增加，赋税也将随之增加，2008 年 7 月 4 日召开的"圆桌"会议上，参与制定新税法的 KazEnergy 联合会执行会长阿斯卡尔·阿乌巴基罗夫宣布，在哈萨克斯坦采矿税的税率将确定在 4% ~ 20% 之间。[②] 这

①　李富兵、张庆兵：《哈萨克斯坦油气资源及其税费政策》，《国土资源情报》2006 年第 7 期。

②　《哈萨克斯坦确立采矿税税率》，亚心网 2008 年 7 月 8 日。

项税收的主要任务将由那些正在开采老矿床(开采成本非常高)的企业负担,因此,涉及采矿税,务必要考虑到矿床的年限和地下矿产使用者的费用构成。哈萨克斯坦政府计划从 2009 年起对有色金属矿征收开采税。哈萨克斯坦政府已经草拟了一份征税方案,按照这个方案,2009 年该国将对铝、铜、锌等有色金属矿征收开采税,税率分别为 LME 价格的 0.3%、8.7% 和 8% ;上述税率每年都将进行调整,目前可以得知,2010 年铜和锌的开采税将分别增加到 9.8% 和 9%,而铝的增幅尚不明了。[①]

表 5.12　超额利润税税率计算

累计收益和累计花费的比率	超额利润税 EPT(%)
≤1.2	0
1.2 ~ 1.3	10
1.3 ~ 1.4	20
1.4 ~ 1.5	30
1.5 ~ 1.6	40
1.6 ~ 1.7	50
>1.7	60

资料来源:中华人民共和国驻哈萨克斯坦共和国大使馆经济商务参赞处网站。

5.6　世界各国资源税制改革的借鉴

近年来,世界各国资源税制改革风起云涌。摩尔多瓦于 2005 年 6 月 10 日公布了第 67 - XVI 号法令,规定从 2006 年 1 月 1 日对自然资源征税,总共有 7 种自然资源税,包括水税、自然资源勘探税、自然资源地质勘探税、自然资源开采税、为建造地下结构的土地使用税、地下结构经营利用税和对“木材运输”的征税。法人和个人勘探自然资源需缴纳自然资源勘探税及地质勘探税,分别为勘探合同估计价值的 2% 和 5%。法人和个人开采自然资源则需缴纳开采税,

---

[①]　李扬:《哈萨克斯坦计划从 2009 年起对有色金属矿征收开采税》,中国有色金属信息网 2008 年 9 月 12 日。

具体税率如下:开采金属矿和非金属原材料(花岗岩、硅土、黏土和石灰岩等),应纳税额为开采的自然资源的价值的7%;开采非金属建筑材料(水泥原材料、石膏、沙、砖土等),应纳税额为自然资源价值的6%;开采石油和天然气,应纳税额为开采的自然资源的价值的20%。[①] 委内瑞拉是世界第五大原油出口国,2006年5月8日举行的委内瑞拉部长会议决定增设新的税种——石油开采税,并将委内瑞拉国家石油公司、合资石油公司和奥里诺科石油带4家重油开发合资公司的矿区使用费与石油开采税之和统一定为总收益的33.3%,所得税率统一为50%。[②] 2007年12月泰国工业部宣布调整后的黄金和锡矿等多种金属的开采税,其中黄金开采税从2.5%大幅上调至20%,以当时金价计算,矿产企业的开采税缴纳额将增加一倍,不过锡矿开采税从60%下调至与黄金开采税相差无几的水平,可能使锡矿开采投资更具吸引力。[③] 通过对世界各国资源税制度改革的比较分析可以看出,尽管各国的资源禀赋不同,开征税种的命名不同,具体的征收管理办法也不尽相同,但在其征税范围、计税依据、征收管理等方面又存在一定共性,为我国资源税体系的改革完善提供了很好的借鉴。

5.6.1　资源税法律名称的国际借鉴

在税种名称上,资源税制的名称上名称多样,有的国家叫"资源租金税",有的国家叫"资源税"、"超额利润税",有的叫"开采税"或"采掘税",但大多数国家都征收资源开采税。[④] 市场经济国家的资源税收制度一般主要包括:所得税(公司税)、权利金(产量税、产品税、采掘税等)、超额利润税(资源租金税、资源租金权利金等)、进口税、出口税、按土地面积征收的税费(租费)、申请/登记费、印花税、矿权转让税、销售税(营业税、增值税)、教育税、附加税、环境税等等。中亚国家的高税率阻止了新投资,部分国家的高额采矿特许费阻碍了对开采成本高、难度大的资源进行投资。蒙古国规定税收必须预付,这使得在物价波动影响下矿业公司往往无法预见每年的经营环境。2006年5月该国还通过

---

①　《摩尔多瓦颁布对自然资源征税的新规定》,《世界税收信息》2005年第8期。

②　《委内瑞拉决定增设石油开采税》,新华网2006年5月11日。

③　《泰国下调锡矿开采税》,http://www.sunsecond.com,2007年12月7日。

④　[美]尼尔·布鲁斯:《公共财政与美国经济》(第二版),隋晓译、崔军校译,中国财政经济出版社2005年版,第640页。

新的"横财税",黄金价格达到每盎司 500 美元、铜每吨 2600 美元时即征 68%
的税。2005 年年底以来黄金交易价一直超过该价位,铜的交易价上次达到该
价位是在 2004 年 9 月,新税规定可追溯征收。这一新税使开采黄金和铜的外
商已暂停投资计划。① 新加坡为保护水资源、节约用水,除水费之外还征收水
资源保护税。② 纳税人是使用水资源的家庭用户或非家庭用户。课税对象是
在新加坡消耗的水资源,计税依据是纳税人每月消耗的水的价格或消费总额。
自该税征收以来,税率几经调整,自 2000 年 1 月 1 日起,税率为:对于家庭用
户,每月用水量为 1~40 立方米,税率为 30%;每月用水量超过 40 立方米的,税
率为 45%;对于非家庭用户的所有单位,按照 30% 的固定税率征收。老挝对其
境内从事木材和建筑原材料等自然资源开发业务的征收资源开发税,纳税人为
老挝境内木材和建筑原材料等自然资源开发权的持有者,课税对象为产自老挝
境内的木材或建筑原材料,计税依据为每立方米资源的价值。厄瓜多尔征收采
矿意外收益税。③ 厄瓜多尔石油和采矿部部长在 2007 年 12 与 18 日宣布,该国
准备在铜、金及其他矿产品价格高于一定水平时对采矿公司征收 70% 的意外
收益税,征税对象为该国现有小型采矿公司,未来在该国经营的大型国际采矿
公司,如有重大矿产发现,亦须缴纳意外收益税,此项新税收是厄瓜多尔左翼总
统科雷亚当时提出的税收改革议案的一部分,科雷亚总统提出加强对国家经济
和自然资源的控制。

5.6.2　资源税功能定位的国际借鉴

资源开采的一个显著特点是会对环境和生态造成严重的破坏,在西方发达
国家资源税收制度的制定和完善过程中,都比较好地考虑到了环境问题,不仅
对于资源开采者所发生的任何环境保护或恢复支出在计税时给予相当有利的
扣减,而且政府通过资源环境税及矿地恢复保金制度等对矿业活动征税,来治
理矿业对环境的破坏。所以,在功能定位上,国际矿业税收研究专家奥托教授
认为,国家认为矿业税制合理性的评价准则是:对利润率的反应,即税收与利润

---

① 《中亚区域经济合作区采矿业投资机遇及障碍》,新华社 2006 年 12 月 15 日。
② 财政部税收制度国际比较课题组:《新加坡税制》,中国财政经济出版社 2006 年版,第
116 页。
③ 林农:《厄瓜多尔拟征收采矿意外收益税》,《国土资源情报》2008 年 3 月 12 日。

密切相关的程度;偿还迅速,即税收制度能够使投资资本在较早期收回;税负的严正性,即税收公开和公正的程度以及对投资者支付税收能力的灵敏性,尽可能地避免产生影响项目的财务限制;确定性和便利性,即税收制度稳定(政治风险低)、透明度高,付税与项目所创现金流相联系;在鼓励合理的矿产勘查项目方面的有效性,即减少对产量和成本的扭曲,对管理效率提供优惠;刺激勘查投资,即能够鼓励承担新勘查风险的程度;再投资优惠,即能够鼓励公司再投资;对边际项目的影响,即不能鼓励在没有税收的情况下可行的项目。"政府的明确的职责是关注,并且在需要时,通过法律的制定,去保护国家将要耗尽的资源,免遭鲁莽的和粗暴的掠夺。不论是通过税收,或是通过国家贷款,或是通过保障利息的政策,政府对于那些资源流向如果放任自流工商界就将远离事业的运作,都是一个更难解决的问题。"[①]"共有地悲剧故事的一般性结论表明:当一个人用共有资源时,他减少了其他人对这种资源的享用。由于这种负外部性,共有资源往往被过度使用。政府可以通过管制或税收减少共有资源的使用来解决这个问题。此外,政府有时也可以把共有资源变为私人物品。"[②]"黄金税分为两种:一种是按流通中的实际黄金量征收;另一种是按矿山的年产量征收。两者都有减少黄金产量提高黄金价值之倾向,但两者在减少黄金产量之前,都不能提高其价值。所以在减少供应之前,这种税会暂时落在货币所有者身上。但是永远由社会承担的那部分将由矿主以减租的方式缴纳,以及由那些把黄金作为供人享乐的商品来购买而不作为流通媒介来购买的人缴纳。"[③]由此可见,资源税开征的理论依据,是需要政府来减少资源产品开发中的负外部性,并遏制资源的过度开发,维护代际公平,使资源产品的成本和价格能反映出其稀缺性,保护资源的合理利用,减轻环境污染程度,提高能源利用效率。今后的资源税的功能定位应实现由财政收入型资源税向生态文明型资源税的成功转型。

5.6.3 资源税税制模式的国际借鉴

在税制模式上,基本上有产出型资源税、利润型资源税和财产型资源税三种类型,但我国目前实行利润型资源税或财产型资源税困难较大,应该继续实

---

① [英]庇古:《福利经济学》,金镝译,华夏出版社 2004 年版,第 24 页。
② [美]曼昆:《经济学原理》(第二版)(上册),梁小民译,北京大学出版社 2001 年版,第 228 页。
③ [英]大卫·李嘉图:《政治经济学及赋税原理》,周洁译,华夏出版社 2005 年版,第 140 页。

行以加工过的矿石或未经加工的原矿为课税对象的产出型资源税。世界各国的资源税税制模式基本上三种类型：一是产出型资源税。这种税通常也称为土地使用费或买断税，既可以针对每单位产出征收，也可以是生产总值的一个百分比。以西方对石油的管理为例，早期的大多数特许经营协定都直接要求生产公司对每一桶产出支付专门税。该征税方式一般已经被利润税或利润分成所取代。以加工过的矿石或未经加工的原矿为课税对象，或者从量定额征收，或者从价定率征收。我国的现行资源税也属于产出型资源税。但它与西方的产出型资源税并不完全相同，最重要的一点是，我国的地方政府不享有自然资源的所有权和资源税的立法权。二是利润型资源税即利润税，按纯收入或纯利润征税。20世纪70年代后，很多国家还引入了超额意外利润税和超利润税，在非正常的高利润时期或对证明是特别有利可图的项目进一步增加税收。这种税收形式后来发展到了实质上的主权国家利润分成的形式。只有在实际上获得利润的情况下，利润分成才有意义，随着资源价格的波动，这种税制也在发生变化。以开采企业的赢利为课税对象，对亏损企业不征税。与产出型资源税相比，这一税种既考虑到了开采企业的运营成本，也考虑到了资源耗减因素。对利润率低的小型矿山企业没有歧视，意味着更为公平的税收原则。但是，为使税收保持公平合理，要求保持簿记的准确性和合乎程序性，这无疑增加了税务管理的成本。由于外部性存在，丰矿区的矿产企业或者短缺资源的采掘企业，一般都会有超额利润。为了调节这部分利润，1975年，澳大利亚首创了资源附加利益税，这一税种以采矿企业所创的经济租金或超额利润扣除平均利润后为征税依据。这一办法，尽管因种种原因实施的国家并不多，但充分说明，利用专项税的方式，可以较好地起到调节矿产企业利润率的作用。资源超额利润税就是对矿山企业超过基本的投资收益水平以上的利润征收的税收，其目的在于通过国家的干预，调节因不同矿山企业的资源丰度等自然条件不同而造成的采矿权人收益上的显著差距，促使采矿权人在同等条件下公平竞争。但是澳大利亚首次提出该税种以来，对其争论一直未停止过。三是财产型资源税。以矿产财富作为课税对象，按其价值征收，实际上是一种从价税。然而，矿产财富的价值很难衡量和评价，而且通常缺乏评价这些参数的科学方法。这实际上是一种典型的资产价值税，是对公司所拥有财产的价值而不是对生产或利润征税。这种资产价值税又分两种，一种是年度税，即按公司所持有的探明储量价值征收；一种是资本所得税,公司为售出的资产纳税。由于财产型资源税的征管技术要求高,受目前的经济发展阶段和政府征管能力的掣肘,还不宜实施财产型资源税。总体来看,世界上大多数国家的资源税制模式基本选择产出型资源税,仅有少数国家选择利润型资源税,没有发现有国家选择财产型资源税。① 因为产出型资源税政策设计要求不太复杂,征收技术要求难度较低,而且能较好地满足了矿业投资者期望得到比其他行业更高的投资回报率的要求,征收产出型资源税后因矿山企业的资源条件差异而产生的收益差别,可以通过征收所得税加以调整。从三种资源税来看,实行利润型资源税或财产型资源税目前对我国来说困难比较大,所以应该继续实行以加工过的矿石或未经加工的原矿为课税对象的产出型资源税。

5.6.4 资源税课税范围的国际借鉴

在课征范围方面,应税资源的范围可以包括矿产资源、盐、水资源、森林资源等,具体纳入课税范围的资源种类还应结合本国实际确定。目前世界各国的资源税主要包括对矿藏资源、水资源、土地资源和其他资源的征税。由于矿藏资源的稀缺性与非再生性及其在现代社会经济生活中所起的重要作用,世界各国政府均十分关注本国矿藏资源的合理开发与科学利用,纷纷采用税收等手段加强对矿藏资源的保护,并将矿藏资源课税作为资源税的主要内容。以水资源为例,目前各国水资源征税涉及的范围均较为广泛,既包括地表水资源、地下水资源,还包括水产资源、渔业资源等。但由于世界的水资源分布极广,各国开发利用的方式繁多,且又难以采用准确单一的方法计算其使(占)用的数量,因而,各国的水资源税,往往是根据纳税人利用水资源所生产的产品的产量、销量或销售收入额从量或从价征收,也有的国家则是根据纳税人排入水域中的污染物的数量或浓度征税,如德国的水污染税和荷兰的"人口当量税"。OECD 国家

---

① 如巴布亚新几内亚征收附加利润税,如果现金流量的收益率超过20%或超过美国优惠利率加上12%(由纳税人选择其中之一),在矿业公司回收其初始投资后就要征收35%的附加利润税;巴西对按一定公式计算的超额利润征收10%的超额利润税;加拿大新布伦克省在公司所得税和权利金之外,对纯利润超过100000加元的超额利润征收16%的采矿税,对纯利润在100000加元以下的利润不征采矿税;加纳规定,对投资收益率超过35%的净现金流量(利润)开征超额利润税,税率为45%。

征收的水资源税主要包括水污染税和地下水税两种。除水资源税之外,土地资源税也成为当今世界各国征收最普遍、最广泛的一种资源税。尽管各国对土地资源征税所采用的具体名称不同,但从性质上看基本分为两类:一类是根据土地的面积、等级或价格征收的属于财产税性质的土地税,另一类是根据土地收益或增值程度征收的属于所得税性质的土地税。很多国家除了对矿藏、土地、水等资源征税外,还对森林、草原(或草场)、山岭、滩涂等资源征税。我国在进行税制设计时,可以在资源税的总体框架下单独征收矿产资源税、森林资源税、水资源税,也可以将各种应税资源作为资源税的具体科目。面对我国水资源相对匮乏、掠夺性开采和浪费严重的现象,可以借鉴俄罗斯和荷兰的经验,将水资源纳入资源税的征收范围,对在工农业生产中直接抽取地下水和地表水的单位和个人按其开采量征收。具体税额可根据各地区水资源状况和经济发展水平来确定。对农业灌溉用水可先按较低税额征收。同样的道理,也可以借鉴俄罗斯、荷兰等国,把森林资源也纳入资源税的征收范围,并设置相应的课征办法。

5.6.5 资源税计税依据的国际借鉴

资源税计税的依据是按照销售收入(或销售数量)征税,还是按照资源可采储量征税同样需要认真权衡。按照销售收入(销售数量)计征和现行资源税的做法基本一致,企业开采出来的资源只要不实现销售就不需要征税,难以有效避免资源开采过程中的浪费严重问题,但操作简单,便于征管。因此有学者认为,资源税改革后仍然按照销售收入计征。出于资源开采过程中促使企业节约开采、提高回采率的目的,更多的学者主张按照资源储量计征资源税,这样会更加合理,但会存在不少技术和管理上的困难。需要提高专业技术和完善管理,不断摸索按储量征税的可行性和具体的方式方法。其实,在计税依据方面,各国在从量计征资源税时,采用的计税依据为应税资源的实际开采量或者可开采储量(如俄罗斯的未砍伐林木税),这比我国现行的以资源销售量或自用量为计税依据更有利于保护资源,值得借鉴。同时,还可结合资源的市场价值,采取从价计征的方法,既能体现资源的市场价值,又有利于更好地发挥资源税的调节作用。在具体的征税方法上,对于森林资源一般是就采伐数量计征,而对于草原(或草场)、山岭、滩涂等资源,则多半是按照占用面积或利用这些资源所生产的产品的数量或销售收入,从量或从价计征。

5.6.6　资源税税率设计的国际借鉴

世界各国在资源税税率设计上一般都实行多种差别税率,有不少国家或地区对资源开采活动按资源开采量或价值征收属于间接税性质的开采税,税率往往因不同资源类型而不同。如美国路易斯安那州对不同的自然资源分别开征开采税,对石油征收石油开采税,对天然气开征天然气开采税,对煤、矿石、盐、硫等征收非石油矿产开采税,其中除石油开采税实行从价定率征税外,其他的实行从量定额征收。这同我国现行的资源税制基本相同,只不过我国对应税资源均实行从量定额征收,没有实行从价定率征收。借鉴国际经验,我国资源税税率的设计应该考虑到筹集财政收入、调节负外部性作用和促进可持续发展等因素,并综合考虑我国的稀缺资源类型和现行的税收征管水平。一是由于原油、天然气、煤炭资源较为稀缺,而且其开采、生产和使用过程中会产生较大负外部性,因此,要大幅度提高这些资源品的适用税率。二是其他非金属矿原矿、黑色金属矿原矿、有色金属矿原矿等资源产品可以实现循环使用,但在对其开采和生产过程中会产生一些"三废"物品,对生态环境造成一定影响,并且这些矿产资源也属于稀缺资源,因此对这些资源产品要适当提高税率。三是应该将盐资源产品划分为工业用盐和食用盐。食用盐是普通居民生活的必需品,因此对食用盐的税率应适当调低,工业用盐属于原材料,应该从高适用税率。四是对于新增应税资源品,如对再生周期较长的耕地资源、原始森林资源、草场资源、滩涂资源、海洋资源要适用高税率,对可再生资源和国家鼓励的新型"绿色"能源实行低税率(如地热资源),对我国相对稀缺的资源实行高税率(水资源等),对一些用于制造高档消费品的资源产品应适用高税率(如利用原始森林制造实木家具,利用地下水资源制造高档饮用矿泉水等)。在确定基本税率的基础上,可综合一个地区资源开采单位的回采率和该地区的环境质量指标确定该地区开采单位的资源税适用税率。回采率越高,环境质量越高,则该地区开采单位适用的税率应该越低,反之则适用税率应该越高。对同一资源也可借鉴各国对不同时期发现的油田采用不同税率的方法,对油田、矿山等据不同品位、开采难度、发现时间、区块(油区)分别规定税率,对品位高的、发现时间早的、开采难度小的矿山、油田采用较高税率,对发现时间迟的、品位低的、开采难度大的矿山、油田采用较低税率,同时将矿山、油田的服务年限分为达产期、稳产期、下降期、衰竭期等几个时期,分别采用低—高—低的不同税率。

5.6.7　资源税优惠政策的国际借鉴

在优惠政策上,税收优惠方面应根据本国政府的经济发展目标及政策导向,借助资源税的开征加以引导,鼓励符合政策意图的行为。如芬兰为了鼓励私有林主加强森林管理和改良林地,在所开征的林业税中制定了相应的扶持性条款,以引导林主进行合理、有序、科学的砍伐行为;俄罗斯在开征水资源税时,也考虑到人们日常生活所需以及对水资源的节约使用情况,设置了相应的优惠政策。这些税收优惠政策都很具体、对象明确,而且政策导向性很强,能够促进相关税收政策的贯彻落实,实现资源税的基本政策目标,很值得借鉴。比如俄罗斯水资源税法中还规定了一些优惠措施,主要有:在属于自己的或租赁的地段开采地下水用于自身需要的,地段所有者凭地块所有权证书或地块租赁合同免税;联邦主体代表权力机关可以为某些类型水资源使用者,免交应纳入联邦主体预算的税款而规定其他一些依据和措施;对于开采地下淡水向居民出售的企业,地区权力机关规定低于其开采成本的税率,国家给予这些企业适当的补贴。再如,美国森林采伐税的免税条件。税法上还确定了许多免税条件,例如许多州的森林采伐税法中均有这样的规定,即森林所有者采伐的木材供自己家庭使用时可以免税,另外,还有两种间接免税的规定。俄勒冈州规定,任何个人都允许每年免税采伐113.25立方米(按千板英尺等于4.5立方米换算)木材。西弗吉尼亚州规定,潜在纳税人每年可获得500美元的税款信贷,月平均为41.67美元。有些税法还规定,除了为自己使用而采伐的木材外,还对家庭用的圣诞树和薪材实行免税,伊利诺依、北卡罗来纳和南卡罗来纳等州的税法中就包括这些条款。路易斯安那州对在原始林中采伐的木材实行免税。亚拉巴马州对州教育部门用于林业教育或实验目的而采伐的木材实行免税。俄罗斯在开采以下矿产时按照零税率(年卢布征税发生在以下情况:如果对于所采矿产,税收基数根据税法第338条确定作为实物形式的所采矿产的数量)征税:矿产定额内损失部分的矿产(定额内损失是开采时同所用的开采流程和技术有关的矿产的实际损失未超出按照俄罗斯联邦政府确定的办法批准的损失定额范围);伴生气;矿产的地下水;其回收同其他种类矿产的开发相关联,在矿产开发时或建设并使用地下设施时被回收;开采不符合指标的储量(低质量的剩余储量)或以前注销的矿产储量(由于选择性开采矿床造成储量质量恶化的情况除外)时采出的矿产,储量纳入不合指标的储量按照俄罗斯联邦政府规定的办法进行;在按照俄罗斯联邦政府规定的办法批准的矿产品位的标准范围内,从剥离岩石、围岩、乱石堆或加工生产废料中采出的剩余的矿产(由于国内没有将其回收的技术),及从剥离岩石或围岩、矿山开采废料及同其有关的加工生产废料中得到的矿产(包括石油加工残渣);纳税人仅用于治疗和疗养并且不直接销售的矿泉水(包括经处理、制备、加工,分装入瓶后的矿泉水);纳税人仅用于农业目的的地下水,包括浇灌农用土地,公民的畜牧场、畜产品综合体、禽类加工厂、蔬菜、菜园、畜牧联合体供水。

5.6.8　资源税税权划分的国际借鉴

在税权划分上,大部分是中央和地方共享,如美国、日本、澳大利亚等国家;也有中央独享,给地方以财政补偿,如英国。英国税收收入和权限高度集中于中央,税收分为国税和地方税。地方税仅占全国税收收入的10%左右,构成地方财政主要来源的是中央对地方的财政补助。和德国一样主要依靠进口的日本,其国内不同的资源税分属于中央税和地方税,日本现行三级税制,共有53个税种,地价税、挥发油税、石油天然气税等属于国税,由大藏省统一征收;属于地方征收的资源税种有轻油交易税、特别土地持有税等。对各种资源拥有所有权的中央拿了资源税的大头,地方征收的只是小头。[1] 但也有例外,比如加拿大矿产资源属各省所有,在矿产开发生产阶段,对采矿业的经营一般实行三级税制,其中省级开采税,税率一般为18%～20%,鼓励矿山企业优先选择在本省,特别是在本省欠发达地区进行矿产品的加工和冶炼,在安大略省若仅进行选矿,补贴率为8%;若进行冶炼或精炼,补贴率为12%～16%;若在本省北部(安大略省南部较发达)进行精炼加工,补贴率则为20%。进行补贴后,开采税率一般可降到17%,矿山企业税率最高为经营利润的48%,实际总的税率一般为30%左右。这明显是一种鼓励资源产地收益的税收激励办法,有利于实现资源生产地和消费地之间的利益平衡和协调,对我国有一定的借鉴意义。

---

① 徐伟:《资源税:国外如何念这本经》,《中国经济时报》2007年4月23日。

　　然而,资源税制改革中让地方拿大头、中央征小头的税权分配道路似乎也很难走通。1999 年印度尼西亚议会通过了有关地方自治的 22 号法,从此印度尼西亚矿业管理(至少有相当部分)进入了一个地方自治的时代。22 号法将中央政府的一些权力下放到了地方政府,包括矿权管理、税收和产业政策等。同年议会通过的关于财政分配的 25 号法律(2001 年执行)明确了印度尼西亚中央与地方政府在矿产资源开发收益方面的分配比例,将使至少 25% 的国内收入通过中央分配基金转移到地方政府。25 号法规定,矿业部门(油气除外)的税收收入 20%归中央政府,80% 归地方政府(省政府得其中的 16% ,矿山所在城市分 64%);权利金也是二八开,20% 归中央政府,80% 归地方政府,其中省政府分 16% ,矿山所在城市分 32% ,省内其他城市分 32% ,这样,矿山所在的省政府和其他地方政府将从征收的税后石油权利金中得到 15% 的份额,从天然气中得 30% 。但是,25号法令执行以来,一些地方政府发现它们所分配的资金减少了,它们选择了从矿业公司那里来增加收入。例如一些地方政府要求煤炭生产商每吨支付 250 印尼盾(约 0.24 美元)的费用。采矿、石油和天然气业的投资者常常抱怨,地方当局违反投资商和中央政府签订的合同,强征额外的税收。据统计,目前已经发布了数百条征收附加税的地方政府法令,为此,矿业公司的生产成本已经增加了6% ~ 10% 。[①] 这也为我国资源税制改革提供了前车之鉴。

　　关于资源税收入的分配,像美国、俄罗斯、荷兰等国几乎都规定了专门用途,有的还建立了专门基金,主要用于资源勘探、保护、管理及成本补偿。如俄罗斯水资源税作为联邦税种,水资源税实行专款专用的管理方式,用于水资源的保护与开发,促进水资源的合理使用,充分体现了政府的调控意图。使用地下水资源税的税收收入分配方法由《俄罗斯联邦水法典》规定,分别缴入联邦预算 40% 、联邦主体预算 60% 。开采地下水的矿物原料基地再生产税的税收收入原则上为联邦预算、联邦主体预算和企业分享,但具体数额由自然资源部、经济部和联邦主体执行权力机构协商确定。工业企业从水利系统取水税的税收收入中开采医疗用地下矿泉水、热力工程用水、用于提取有用成分的地下工业用水的所纳税款不纳入预算。向水资源设施排放污染物税的税收收入 10% 列入联邦预算,

---

　　① 宋国明:《新世纪以来印度尼西亚重要的矿业法规政策及其影响》,《国土资源情报》2007年第 10 期。

30%列入联邦主体预算,60%列入地方预算;并规定80%的税款必须用于水资源设施的恢复和保护措施。这种做法能有效防止资源税收入被挪作他用,可以为保护资源和环境,促进资源可持续利用,确保资源保护和环境修复的资金来源,我国可以考虑学习国外的做法,加强资源税税款使用的规范和管理。

5.6.9　资源税改革配套措施的国际借鉴

在配套设计上,资源税是国家矿业税费体系架构中的一个税收工具,不应孤立考虑,更不能"单兵突进",而应与国家税费体制改革整体设计、协同运作。矿业税收的种类繁多,税制结构中几乎所有的税种均直接或间接地与矿业的经营有关,而与矿业活动直接有关的专门税费主要由资源租金税、增值税、销售税、由公司支付的工薪税、进出口关税、权利金、耗竭补贴、与取得和保持矿权有关的收费等构成的。政府对每一种税费的设计,都有其特定的目的,比如,权利金是矿产开采人向矿产所有人因开采不可再生资源而支付的补偿,权利金作为一种绝对地租,或称之为纯地租,反映的是地下矿产资源的原位价值,是采矿权人向所有权人的补偿;耗竭补贴是指每个纳税年度从净利润中扣除一部分给油田、矿山的所有人或经营人,用于寻找新矿体,以替代正在耗竭的矿体;资源租金税是与盈余有关的权利金或资源租金权利金,它是矿产工业中使用的一种税收制度,其目的是对采矿作业所创造的经济租金或超常利润征税,相当于一种级差地租,可以将它理解为是一种超过正常投资回报之后征收的超权利金,一种以利润为基础的纯租金基础的权利金;与取得和保持矿权有关的收费,最主要的费用是申请费、租费、红利、许可费等。但是对企业来说,关心的是总的税赋,无论以何种方式,企业承担的各类税费的结构因国家、矿种而异。以煤炭为例,在美国联邦拥有所有权的煤炭开采中,煤炭企业全部应缴税费中,标金红利占到35%,联邦政府收取的权利金占28%,这两部分(代表所有权财产收益的主体部分)就占了60%以上。而我国在煤炭资源的税费结构中,则是以所得税、增值税等各类税为主,代表矿产资源国家所有权收益的矿产资源补偿费、矿业权价款等所占比例不足30%。美国所有权收益占绝对地位也表明了矿产资源管理部门在煤炭资源的经济管理中拥有绝对的话语权,是煤炭资源经济政策制定的主体。矿业税费是一个整体,比如在计算应纳税所得额时,对于勘查投入,各个国家的处理方式是不同的,有的允许 100% 抵扣,有的甚至可以 200% 抵扣。对于勘查投入的处理不同,企业承担的勘查风险就不同,权利金费率也应该反映这种差异。另外,对于那些通过公开市场竞争方式授予的矿业权,和那些通过申请获得的矿业权,其后期的权利金政策也应该有差异。有鉴于此,资源税制改革不应孤立考虑,更不能"单兵突进",而应与国家税费体制改革整体设计、协同运作,特别是设计和实施好与资源税改革紧密相关的税费制度基础,以及建立健全资源价格形成机制等有关配套措施。

5.6.10　资源税制改革策略的国际借鉴

从改革策略来看,我们既要充分借鉴世界各国资源税制改革的成功经验,也要认真汲取各国资源税制改革的失败教训,实施积极审慎、循序渐进的改革策略。既不因循守旧,也防止脱离国情实际的贸然出击,还要选择好有利时机,资源税制改革并不是任何时候都可行,应结合具体国情因时因地考量。本书列举三个国际资源税制改革的案例以供参考。

案例一:2007 年 2 月 22 日澳洲能源新闻网报道,针对澳洲工党领袖陆克文就位于西澳州西北部海上的高庚天然气项目资源开采税分配方案的提议,澳洲联邦政府霍华德总理拒绝了该方案。陆克文的方案计划是从原先高庚天然气项目计划上缴澳联邦政府的开采税中每年返还西澳州 25%,总额是 1 亿澳元,如按此方案执行,在项目生产后,在 20 年内西澳州将可从项目中总共获得至少 20 亿澳元开采税。按当时联邦政府计划,在 20 年的时间里,西澳州总共从高庚天然气项目获得开采税 3 亿澳元,与此同时,联邦政府可获得 110 亿澳元开采税,其他州获 30 亿澳元开采税。霍华德总理认为高庚天然气项目是在海上,区域属澳联邦政府管辖,因此该项目应作为联邦财产来对待。在此前澳联邦政府已表示高庚天然气项目大部分开采税应上缴联邦政府。按当时预算,高庚天然气项目总计将耗资 200 亿澳元,项目如开始生产,预计在全部生产期内,它将共上缴税收和开采税 170 亿澳元,每年创造出口收入 25 亿澳元。①

案例二:加拿大西部亚伯塔省蕴藏着可开采 1750 亿桶的油砂矿,2006 至

---

① 《澳洲工党领袖陆克文关于高庚开采税分配建议遭霍华德总理反对》,金融界网站,http://www.jrj.com,2007 年 2 月 22 日。

2007 年度,亚省征收了 100 亿加元的石油资源开采税。2007 年 9 月 18 日加拿大亚伯塔省政府能源开采税审查组公布了审查报告,提出政府今后应多征收石油公司每年 20 亿加元(20%)的能源开采税,使亚省人同石油公司一样公平地分享能源开采的获利。报告公布之后,四面八方的压力随之而来。亚省省长斯特马琪表示,"开采税政策将会改变。我们的底线是,在提高开采税和不损害亚省在全球周知的良好投资环境之间,找到一个平衡点"。10 月 17 日,石油公司和亚省政府能源开采税审查小组成员,云集大辩论会举行口水大战。反方由石油开采业巨头,其投资银行,连同他们的支持者组成。声称亚省审查小组提高开采税的报告发表之日,便是亚省经济末日的开始。他们警告说,若报告结论被采纳,100 亿加元的投资和 2 万份工作在亚省将会瞬间蒸发。民众大多数支持改变开采税政策,他们也应该从自己土地上开采的资源中获得合理的收益。但同日,大约 500 名石油工人到省立法会大楼前集会抗议,反对增加石油开采税。他们担心将失去工作和影响经济发展。伴随着立法会门外 500 名石油工人对提高开采税的强烈抗议,当天纽约原油价格也一路上涨到 89 美元一桶收盘。①　与加拿大西部亚伯塔省相比,乌兹别克斯坦政府 2005 年大幅度提高了石油、天然气和贵重金属的资源税后,又在 2006 年年底公布的新"矿产资源税"(2007 年 1 月 1 日起生效)中大幅降低了油气资源使用税,如天然气资源税从 58% 降至 30%,石油从 35% 降至 20%,凝析油从 32% 降至 20%。与此同时,乌政府还大幅度降低了石油制品的消费税,如汽油的消费税从 45% 降至 28%,柴油从 40% 降至 25%,航空煤油从 20% 降至 8%。

　　案例三:赞比亚是位于非洲中部的一个内陆小国,也是一个铜资源大国,蕴藏了世界 4% 的铜储量,铜产量约占世界总产量的 3%。但在当今铜价高启的局势下,它却没成为最大的受益者,铜价高涨产生的财富大多被外国投资商拿走,其重要原因之一是赞比亚矿业多年来实行了低税率政策。由于政府实施了低税率政策,经营者加大了资金的投入,据统计,私有化前的 7 年中(1990～1996 年)每年的矿业投资为 1.25 亿美元,私有化后的 7 年中(1997～2003 年)每年投资为 3.5 亿美元。进入 21 世纪后,由于国际市场金属价格的大幅度增

---

① 《能源开采税之争　石油巨头大战亚省省长》,爱城新闻,http://cn.edmontonchina.com,2007 年 10 月 22 日。

长,赞比亚铜产量迅速回升,2000 年铜产量仅为 24.9 万吨,2006 年已经达到 51.4 万吨。在取得上述成果的同时,赞比亚也为此付出了巨大的代价,1992 年当时的国际铜价为 2280 美元/吨,赞比亚铜产量为 40 万吨,政府的财政收入为 2 亿美元,相比之下,2004 年铜价为 2868 美元/吨,政府收入仅 800 多万美元。由于矿产权利金从 3% 下降到 0.6%,在 2002 ~ 2004 年间仅此一项国家便损失 6300 万财政收入。近年来国际矿产品价格大幅度增长,到 2006 年铜价已经从最低时的 1543 美元/吨上升到 7499 美元/吨(2006 年 10 月现货价格),仅 2006 年上半年伦敦金属交易所(LME)的现货铜价就增长了 65.3%。赞比亚的外国矿业公司因此而利润大增,赞比亚矿业主要的外资公司之一加拿大第一量子矿产公司 2003 年的利润仅为 460 万美元,2006 年猛增到 1.528 亿美元;赞比亚重要的铜矿生产者孔科拉铜矿山公司(印度控股公司,Vedanta 公司为控股股东)2006 年的利润达到 2.063 亿美元,比 2005 年增长 291.5%。相比之下,过低的采矿业税负使得赞比亚人民并没有成为国际铜价高涨的最大受益者,该国矿产资源所带来的巨额财富绝大多数被外国矿业公司占有。2003 年到 2006 年间赞比亚铜矿公司从铜销售中获得的利润为 6.52 亿美元,其中只有 7100 万美元作为税收上交国家财政,占企业利润的 10.9%。为了改变这一现状,确保赞比亚从高涨的国际铜价中获得应有收益,赞比亚政府于 2008 年年初出台了一项新的税收政策,决定从 2008 年 4 月 1 日起把采矿业的平均有效税率从目前的 31.7% 提高到 47%。赞比亚将征收最高为 15% 的可变利润税(应税收入为毛收入 8% 以上的部分),还征收至少 25% 的暴利税。按照此次提税方案,赞比亚采矿业的平均有效税率提高到 47%,这可使赞比亚政府在 2008 财年增加 4 亿美元税收。新政策的实施宣告了赞比亚矿业低税率时代的结束。此次提税方案的提出也遭到了矿业公司的强烈反对,但赞比亚政府表示决不改变这一决定,同时认为提税不会损害赞比亚矿业公司的生存能力,因为它们的投资回报率依然维持在世界平均线之上。目前赞比亚矿山的大多数经营者虽然不情愿但也不得不接受提税这一事实。但这一政策将对赞比亚的矿业投资环境产生较大的负面影响,会阻碍矿业资本的正常流入,进而影响赞比亚矿业的发展。有些外国投资者已经宣称将延缓或停止一些新的投资项目,理由是新的矿业税收制度增加了投资资本的不确定性和困难。随着新税率的实施,新的投资可能会明显减少,原计划到 2009 年铜产量达到 100 万吨的生产目标很难实现。

6 我国现行资源税制度的基本评价①

人类的智慧还从未创造过操作起来能体现完全平等的税收体制。

——安德鲁·杰克逊

6.1 我国现行资源税制的演变轨迹

1982 年 1 月,国务院发布了《中华人民共和国对外合作开采海洋石油资源条例》。《条例》第九条规定:"参与合作开采海洋石油资源的中国企业、外国企业,都应当依法缴纳矿区使用费。"这里的"矿区使用费",在英文上就是"Royalty"。这可以看做是有偿开采的萌芽,是我国矿产资源财产权利制度向国际惯例靠近的起步。

1984 年 10 月,国务院发布了《中华人民共和国资源税条例》,决定对开采石油、天然气和煤炭的企业开征资源税,征收基数是销售利润率超过 12% 的利润部分。比起 1982 年的"矿区使用费"制度来,1984 年的资源税,征收矿种增加了煤炭,征收地区从海洋扩大到了陆地,纳税人从中外合作企业扩大到了所有企业。1984 年资源税制度建立的思路完全是为了调节级差收益。把起征点定为销售利润率的 12%,等于是明白宣布:只要没有获得 12% 以上的销售利润,国有矿产资源都可以无偿开采。但 1984 年资源税制度的建立,毕竟在客观上维护了国家对于矿产资源的部分权益,推动了改革的前进。

1986 年 10 月 1 日,《中华人民共和国矿产资源法》开始施行。《矿产资源法》第五条规定,"国家对矿产资源实行有偿开采。开采矿产资源,必须按照国

---

① 本章所有税收数据均来自国家税务总局编辑并由中国税务出版社出版的历年全国税务统计资料,2008 年资源税收入数据来源于财政部和国家税务总局网站;所有经济统计数据均来自于国家统计局出版的历年中国统计年鉴。

家有关规定缴纳资源税和资源补偿费。""税费并存"的制度从此以法律的形式确立下来。《矿产资源法》1986 年文本的主要贡献是确立了有偿开采的原则，而有偿开采的具体实现形式则还不够完备。1986 年制定《矿产资源法》时，"税费并存"制度的建立，显然是借鉴了西方"租税并存"的制度，而后者不过是资本主义初级阶段的经验。只是在 1986 年，我们对当代资本主义国家在这一方面发生的变化，了解得还不够透彻，而根据我们自己当时的经验，也难以对"税费并存"制度进行有效的改革，所以只好保持并从法律上确认了"税费并存"的制度。但这样一来，由于指导思想的不同，在《矿产资源法》条文中留下了一个逻辑矛盾。众所周知，我国的税收理论强调税收"三性"——强制性、无偿性、固定性。而《矿产资源法》第五条的规定却让人们看到，根据"有偿开采"的原则，可以建立起具有"无偿性"的资源税制度。

　　1994 年 4 月 1 日起实施的《矿产资源补偿费征收管理规定》具体落实了《矿产资源法》中有偿开采的原则，并在《附录》中列出了我国当时已发现的全部 173 种矿产及其补偿费率。尽管由于要考虑矿山企业的承受能力，我国的资源补偿费率比许多国家的权利金征收率要低得多，但这毕竟是划时代的一步：无偿开采到此结束，覆盖全部矿种的有偿开采制度从此奠定了基础。大致与此同时，在全国财税体制改革中，对 1984 年第一代资源税制度做了重大修改，形成了第二代资源税制度。其核心要点是，不再按超额利润征税，而是按矿产品销售量征税，并且为每一课税矿区规定了适用税率，几乎是一矿一税率。从征收办法看，1994 年第二代资源税制度很像是对第一代资源税制度的重复，区别只在于：第一，后者是从价计征，考虑了矿产品价格的变化，前者是从量计征，不管价格变化影响，结果不是国家吃亏就是企业加重负担。第二，后者是一组矿种一个费率；前者是一个矿区一个费率，显得更为繁琐。1984 年第一代资源税制度，虽然是对西方市场经济国家经验的简单移植，但其中包含着可取思路——调节级差收益，而且也只存在"有偿开采"原则和"无偿性"具体制度一个逻辑矛盾。1994 年第二代资源税制度，增加了一个新的逻辑矛盾——对没有获得超额利润、没有达到平均利润以至出现亏损的企业，也要征收体现"级差收益"的资源税。税收的三大门类——流转税、收益税、财产税，各有自己的理论依据和立法原则。我国第一代资源税，很明显也属于收益税。那么第二代资源税属于哪一类呢？它事实上是按照流转额征收收益税，使人觉得好像是一个无处归属的"四不像"。根据以上分析,可以认为,1994 年第二代资源税制度,很难说是改革的深化和法制建设的进步。只能说,这是改革过程中的一个过渡事物。随着改革的深化,它应当为新的事物所取代。

1994 年以来,新疆、长庆、四川等石油企业的资源税又陆续进行了调整。为支持新疆少数民族地区经济的发展,经国务院批准,自 1997 年 1 月 1 日起,将新疆油田、塔里木油田和吐哈油田开采的原油资源税税额,由每吨 12 元调整为每吨 20 元,2000 年又调整为每吨 24 元。随着长庆气田的天然气开始进入大规模开发,财政部和国家税务总局规定,长庆油田天然气资源税标准实行"分步走"的方案。另外,胜利、吉林等其他油气田企业的资源税也有所调整。

为了更好地贯彻落实国家对资源综合利用的优惠政策,促进合理利用和节约资源,提高资源利用率,保护环境,实现经济社会的可持续发展,在《关于印发〈资源综合利用目录(2003 年修订)〉的通知》(发改环资〔2004〕73 号)明确了石油行业的资源综合利用目录。

为振兴东北老工业基地,《财政部　国家税务总局关于调整东北老工业基地部分矿山油田企业资源税税额的通知》明确指出:自 2004 年 7 月 1 日起,根据有关油田、矿山的实际情况和财政承受能力,对低丰度油田和衰竭期矿山在不超过 30% 的幅度内降低资源税适用税额标准的建议,报省人民政府批准后实施,并报财政部、国家税务总局备案。但对因降低资源税税额标准而减少的收入,由地方自行消化解决。

为了维护国家作为油气资源所有者的权益,促进油气资源的合理、高效开发和利用,调整和完善油气资源有关税费政策势在必行。2005 年 7 月,财政部、国家税务总局联合发布了《关于调整原油天然气资源税税额标准的通知》(财税〔2005〕115 号)。《通知》规定,从 2005 年 7 月 1 日起,调整后的原油资源税税额标准为 14 ~ 30 元/吨。新标准规定了 30、28、24、22、18、16、14 元/吨七个原油资源税税额档次。具体地讲,大庆、新疆、吐哈、塔里木、青海油田以及中国石化西北分公司等的原油课税标准为 30 元/吨,华北、长庆油田及延长油矿为 28 元/吨,冀东、大港、江汉、中原油田为 24 元/吨,胜利、辽河、吉林、华东、江苏、河南油田为 22 元/吨,玉门油田、西南油气田为 18 元/吨,其他石油开采企业为 16 元/吨,各企业的稠油和高凝油课税标准为 14 元/吨。2008 年,国家还提高了硅藻土、玉石、磷矿石、膨润土、沸石和珍珠岩等非金属矿产品的资源税税额标准,以促进矿产资源的保护和有效利用。

为促进钒矿石资源的合理开发利用,自 2006 年 9 月 1 日起在我国境内开采钒矿石(含石煤钒)的单位和个人应依照《中华人民共和国资源税暂行条例》及相关规定缴纳资源税,钒矿石(含石煤钒)资源税适用税额标准为每吨12 元。

为支持青藏铁路运营,减轻青藏铁路公司的经营压力,自 2006 年 7 月 1 日起对青藏铁路公司及其所属单位自采自用的砂、石等材料免征资源税;对青藏铁路公司及其所属单位自采外销及其他单位和个人开采销售给青藏铁路公司及其所属单位的砂、石等材料照章征收资源税。

为支持盐业的发展,自 2007 年 2 月 1 日起,北方海盐资源税暂减按每吨 15元征收,南方海盐、湖盐、井矿盐资源税暂减按每吨 10 元征收,液体盐资源税暂减按每吨 2 元征收,通过提取地下天然卤水晒制的海盐和生产的井矿盐,其资源税适用税额标准暂维持不变,仍分别按每吨 20 元和 12 元征收。

为促进焦煤的合理开发利用,经国务院批准,自 2007 年 2 月 1 日起,将焦煤的资源税适用税额标准确定为每吨 8 元。

为加快推进煤层气资源的抽采利用,鼓励清洁生产、节约生产和安全生产,自 2007 年 1 月 1 日起对地面抽采煤层气暂不征收资源税。

根据铅锌矿石、铜矿石和钨矿石的市场价格以及生产经营情况,为进一步促进其合理开发利用,自 2007 年 8 月 1 日起,对上述三种矿产品资源税适用税额标准作如下调整:铅锌矿石单位税额标准:一等矿山调整为每吨 20 元;二等矿山调整为每吨 18 元;三等矿山调整为每吨 16 元;四等矿山调整为每吨 13元;五等矿山调整为每吨 10 元。铜矿石单位税额标准:一等矿山调整为每吨 7元;二等矿山调整为每吨 6.5 元;三等矿山调整为每吨 6 元;四等矿山调整为每吨 5.5 元;五等矿山调整为每吨 5 元。钨矿石单位税额标准:三等矿山调整为每吨 9 元;四等矿山调整为每吨 8 元;五等矿山调整为每吨 7 元。

为发挥资源税的调节作用,促进资源节约开采和利用,自 2008 年 10 月 1日起,调整硅藻土、玉石等部分矿产品的资源税税额标准,调整后的税额标准分别为:硅藻土、玉石每吨 20 元,磷矿石每吨 15 元,膨润土、沸石、珍珠岩每吨10 元。

6.2　我国现行资源税制的运行绩效

从 1984 年到 2008 年,我国资源税制已经有整整 24 年的历史了,我国第一代资源税最早于 1984 年开征,当年取得资源税收收入只有 4. 16 亿元,1985 年为 16. 64 亿元,从 1986 年开始每年都在 20 亿元左右,到 1993 年也只有 25. 61 亿元,第一代资源税制运行 10 年共筹集税收收入 194. 52 亿元。1994 年我国对第一代资源税进行了彻底的改革,正式实施第二代资源税收制度,1994 年至 2005 年第二代资源税运行 11 年共筹集收入 870. 55 亿元。2006 年我国对第二代资源税进行了完善和调整,适当调增部分税目的单位税额,从 2006 年到 2008 年的 3 年里资源税共筹集收入 769. 89 亿元。从 1984 年到 2008 年的 24 年里,我国资源税收收入由 4. 13 亿元增加到 301. 76 亿元,净增 297. 63 亿元,平均每年增加 12. 4 亿元。总之,我国资源税制运行 24 年共筹集税收收入 1834. 96 亿元,其中,第一代资源税制运行 10 年所筹集到的收入占 24 年筹集到的资源税总收入的比重为 10. 6%,第二代资源税制运行前 11 年所筹集到的收入占 24 年筹集总税收收入的比重为 47. 44%,第二代资源税制运行后 3 年所筹集到的收入占 24 年筹集总税收收入的比重为 41. 96%。从发挥资源税的财政功能来讲,我国资源税制改革是比较成功的。

6.2.1　资源税收收入总体处于平稳增长的演化态势

1994 年资源税收入总额为 45. 89 亿元,占税收收入的 0. 90%,占 GDP 的 0. 095%,2007 年其收入总额达到 261. 02 亿元,是 1994 年的 5. 69 倍,其间资源税绝对额增长了 215. 13 亿元,平均每年增长 15. 37 亿元,但占税收收入的比例降至 0. 57%,下降了 0. 33 个百分点,占 GDP 的比重升至 0. 105%,上升了 0. 01 个百分点。1994 年至 2004 年 11 年间,资源税每年波动幅度不大,但 2005 年至 2007 年资源税增长额较大,分别比上年增长了 43. 4 亿元、64. 82 亿元、54. 00 亿元。1994 年税收收入额为 5126. 88 亿元,而 2007 年达到 45621. 97 亿元,是 1994 年的 8. 90 倍。14 年间名义额增长了 40495. 09 亿元,每年平均增长 2892. 51 亿元。2007 年的 GDP 名义额为 249529. 9 亿元,是 1994 年 48197. 9 亿元的 5. 18 倍,绝对额增长了 201332 亿元,平均每年增长 14380. 86 亿元。资源税除了 1997 年出现负增长外,其余各年均是呈上涨趋势,且涨幅在 2005 年、2006 年是税收收入增长率的 2.30 倍、2.18 倍,分别高出了 24.84%、24.64%。1997 年开始,税收收入增长率明显高于 GDP 的增长率,即税收收入对 GDP 的弹性几乎都大于 1,也就是说每增加 1 元的 GDP,会产生更多的税收收入。

单位: 亿元

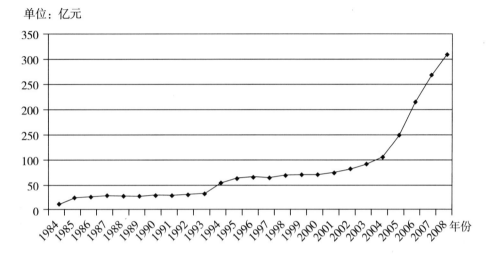

图 6.1   1984~2008 年的资源税收收入的增长状况

6.2.2   资源税收收入与全国税收收入和 GDP 之间大体协调增长

除 1985 年之外,从 1986 年到 2008 年的 22 年里,只有 1988 年、1989 年、1991 年和 1997 年 4 年的资源税出现负增长,其中 1991 年的负增长率最高为 3.32%,这 22 年里资源税收收入平均每年的增长率为 15.38%。而同期全国税收收入平均每年的增长率为 17.47%,资源税收收入平均每年的增长速度仅仅低于全国税收收入平均每年的增长速度 2.09 个百分点,二者大体处于协调增长的态势。但是,如果分年度来考察,1986 年以来的 22 年里只有 8 年资源税收收入的年度实际增长率高于全国税收收入增长率,其中最高增长幅度为 1994 年的 56.09%;另外的 14 年里资源税收收入的年度实际增长率均低于全国税收收入增长率,其中最低幅度为 2000 年的 21.56%。上述分析表明,22 年来资源税收收入的增长与全国税收收入的增长基本协调但不十分协调。1995 年,资源税增长率为 21.75%,税收增长率为 17.77%,财政收入增长率为 19.6%,GDP 增长率为 26.13%,明显可以看出,资源税快于税收、财政收入的增长,且其增长率是税收增长率的1.22倍,高出了3.98个百分点。2007年资源税名义增长率为26.08%,税收名义增长率为31.08%,较1995年分别上升了4.33%、13.31%,但GDP增速下降至17.75%,回落了8.38个百分点。资源税的增长速度低于税收、财政收入的增速,2007年资源税增长率占税收增长率的比重为0.84%,即税收收入增长1个百分点,而资源税只增长0.84个百分点,但资源税明显快于GDP的增长,其增速是GDP的1.47倍,即GDP每增长1个百分点,资源税可以增长1.47个百分点。1995年至2007年,资源税对税收、GDP的平均弹性分别为0.79、1.05,就平均而言,税收每增长1个百分点,资源税就增长了0.79个百分点,GDP每增长1%,资源税也会相应增长1.05%,2007年资源税对税收、GDP的弹性分别回落至平均水平附近。

单位:%

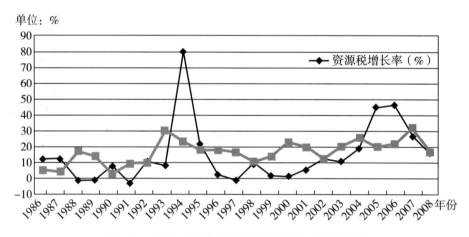

图6.2　1984~2008年的资源税收收入的增长状况

6.2.3　资源税收收入年度增加额与资源税制改革高度正相关

从1986年到1993年,资源税收收入的年度增加额相对较小,每年不足10亿元。1994年税制改革之后,当年资源税年度增加额就达到20.28亿元,此后,年度增加额又一度下滑,但在2004年之后,资源税年度增加额都在40亿元以上。据国家税务总局统计,从1985年到2008年,我国资源税年度增加额的总和为297.72亿元,占同期资源税收收入总和的比重为16.26%。从图6.3可以清晰地看到,资源税收收入年度增加额与资源税制改革高度正相关,1994年我国资源税制进行重大改革,颁布实施了新的资源税暂行条例,资源税收收入当年增加额比上年净增加 18.4 亿元,2006 年国家调整了原油、煤炭等资源税单位税额后,资源税年度增加额高达 64.82 亿元,创历史最高水平。

单位: 亿元

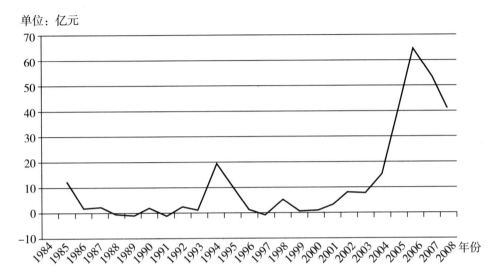

图6.3　1985~2008 年资源税收入年度增加额

6.2.4　资源税收入的比重结构逐步得到调整

1994 年资源税收入结构中,原油资源税所占的比重是 43.29%,天然气资源税所占的比重是 1.85%,煤炭资源税所占比重是 17.20%,其他非金属矿原矿资源税所占比重是 5.01%,黑色金属矿原矿资源税所占比重是 23.5%,有色金属矿原矿资源税所占比重是 3.19%,盐资源税所占比重是 5.96%。2007 年原油资源税所占的比重是 15.08%,天然气资源税所占的比重是 1.93%,煤炭资源税所占比重是 27.97%,其他非金属矿原矿资源税所占比重是 22.30%,黑色金属矿原矿资源税所占比重是 21.11%,有色金属矿原矿资源税所占比重是 7.31%,盐资源税所占比重是 2.97%。14 年来,原油资源税在整个资源税收入中所占的比重下降了 28.21 个百分点,平均每年约降低 2 个百分点,总体上经历了一个稳步下降的走势;天然气资源税 2007 年比 1994 年上升 0.08 个百分点,但在整个资源税收入中所占的比重总体上略有上升,14 年的平均水平是 2.05%;煤炭资源税在整个资源税收入中所占的比重经历了一个由降到升的走势,14 年的平均水平是 18.22%,2007 年比 1994 年上升了 10.77 个百分点,平均每年约上升 1.3 个百分点;其他非金属矿原矿资源税在整个资源税收入中所占的比重经历了一个直线上升的走势,14 年的平均水平是 16.17%,2007 年比 1994 年上升了 17.29 个百分点,平均每年约上升 1.24 个百分点;黑色金属矿原矿资源税在整个资源税收入中所占的比重经历了一个由升到降再到升的曲折走势,14 年的平均水平是 23.21%,平均每年约上升 1.66 个百分点;有色金属

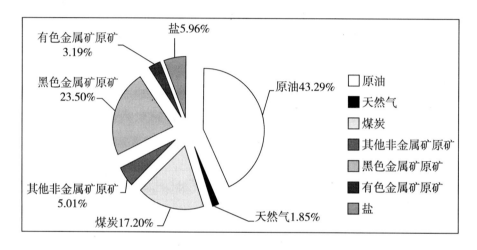

图 6.4　1994 年资源税各项目所占资源税总收入的比重

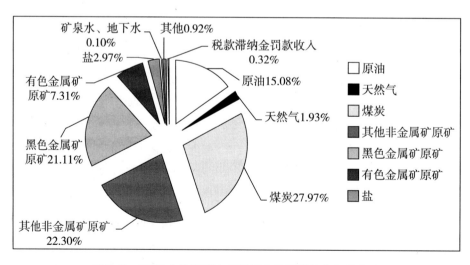

图 6.5　2007 年资源税各项目所占资源税总收入的比重

矿原矿资源税在整个资源税收入中所占的比重经历了一个稳步上升的走势,14年的平均水平是4.01%,2007年比1994年上升了4.12个百分点,平均每年约上升0.29个百分点;盐资源税在整个资源税收入中所占的比重经历了一个稳步下降的走势,14年的平均水平是4.78%,2007年比1994年下降了2.99个百分点,平均每年约下降0.21个百分点。

6.2.5 资源税占GDP的比重一直比较稳定

14年来,资源税占GDP的比重非常低,平均每年的比重为0.077%,但一直比较稳定,变动幅度很小。除2007年以外,其余各年均处于0.1%以下,即每100元GDP,可产生的资源税不足0.1元,平均只有0.077元。资源税占税收收入总额的比重也较低,也就是说资源税对税收总额的贡献较小,这也印证了征收资源税的主要目的不是为了获得财政收入,而是要对资源性产品的耗用起到调节与引导的作用,使得资源性产品得到合理有效的利用。14年来,资源税占税收总额的平均比例为0.60%,即每100元的税收收入中,资源税可贡献的不足1元,平均才0.60元。1995年至2004年,资源税占税收收入总额的比重呈稳步下降趋势,之后两年其比重有所回升。资源税占税收收入总额的比重从1995年的0.93%逐年降低,至2004年资源税只占税收收入的0.41%,下降了0.52个百分点。即资源税对每100元税收收入的贡献从0.93元降至0.41元,比平均贡献水平降低了0.19元。2006年与2007年其比重分别为0.59%、0.57%,均接近于平均比重水平。相比之下,14年来,资源税占税收收入比例的波动幅度要比资源税占GDP比重的波动幅度大得多。

6.2.6 资源税对资源型地区的财政贡献非常大

从全国来看,资源税在地方税收收入中不具备主体税种的资格,1994年资源税制改革之后,当年全国资源税收入占地方税收收入的比重为2.24%,1994年之后,全国资源税收入占地方税收收入的比重每况愈下,2007年只有1.47%。但是,按照我国现行的分税制财政体制,资源税按不同的资源品种划分为中央和地方共享收入,其中海洋石油资源税为中央收入,其余资源税为地方收入。资源税名义上是共享税,实际上是地方税,地方政府部门实际上将这部分税收所得主要用于矿管部门的经费补助预算,并把它作为地方税的一个主要税种,曾经被许多地方政府为摆脱当地财政困境而寄予厚望。特别是资源型地区的财政资源税的贡献越来越大,甚至逐渐演化为这些地区的主要税种之一。

单位: %

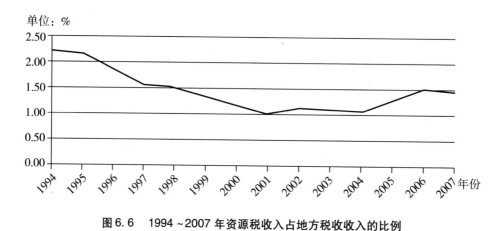

图6.6　1994～2007年资源税收入占地方税收收入的比例

6.3　现行资源税制运行中存在的问题

6.3.1　理论依据不充分,税制设计思想与科学发展观的要求尚有差距

我国资源税是在1984年的第二步利改税时开征的。当时理论界主要是从受益原则、公平原则和效率原则等方面来展开分析的。从受益方面考虑,资源属国家所有,开采者因开采国有资源而得益,有责任向所有者支付其价格。从公平角度来看,条件公平是有效竞争的前提,资源级差收入的存在,影响资源开采者利润的真实性,或偏袒竞争中的劣者,或拔高竞争中的优胜者,故级差收入以归政府支配为好。从效率角度分析,稀缺资源应由社会净效率高的企业来开采,对资源开采中出现的掠夺和浪费行为,国家有权采取经济手段促其转变。但这种解释只从一定侧面说明了开征资源税的意义或必要性,其理论依据并不充分。马克思的地租理论认为,地租分为绝对地租和相对地租两种形式。我国存在着资源所有权的国家垄断,而参与市场经济的主体无论是企业或个人已具有独立的经济利益,土地的所有权和使用权的分离必然体现为一定的经济差别,所有者必须收取一定的费用作为使用者使用土地的代价或允许使用土地的

报酬,这便是所有权在经济上的体现。故我国存在绝对地租因而必须对资源进行有偿开采和使用。由于我国开采和利用自然资源的单位对资源的开采使用权在一定时期内也具有"经营垄断权",这就使开采不同的资源,即使投入等量资本也会取得不同的收益。对这种级差地租Ⅰ的部分应主要收归国有,而对级差地租Ⅱ的部分应适当留给开采企业,有利于提高开采效率。上述理论分析对解决我国资源无偿使用问题是有意义的,也完全能说明当时的资源税的征收依据。但如根据外部性理论和可持续发展理论,则用该理论只能在一定程度上说明对资源征税的必要性,无法说明应该按何种标准去征收资源税的问题。尽管从实际操作角度来说,对外部性征税和对为保持资源的可持续性征税都是有难度的,但这种征税的基点就是不一样的。按这种思想,不仅对两种地租要征税,而且还要对外部性和为弥补使用者成本征税,这就为资源税的改革提供了更高的起点。而现行资源税的目的,主要就是为了调节资源的级差收入,而并不是想把资源的环境成本等内在化。它既不利于资源按社会成本定价,更不能使之按可持续成本定价,因而其在反映可持续发展上是不充分的。其理论依据也就是马克思的地租理论,只是说明了为什么可以对国有资源征税,而没有从量的角度说明应该按什么来征税的问题,其目标也是有偏差的。

我国《矿产资源法》第五条规定,国家实行探矿权、采矿权有偿取得的制度,开采矿产资源必须按国家有关规定缴纳资源税和资源补偿费。资源税和补偿费并列提出,给很多人造成误解,有些人认为资源税也是矿产资源有偿使用制度的内容之一。实际上,从矿产资源有偿使用制度的角度分析,资源税不属于有偿使用制度内容。资源税首先作为"税"是国家凭借政治权力无偿从矿山企业征收的,它立税的原则应是与资源财产效益无关,不存在国家与企业之间财产交换关系,资源税不应该成为我国矿产资源有偿使用制度的内容。另外,资源税作为一个税种还应具有无偿性的特点,体现不出(也不应体现)矿产资源有偿开采的含义。如果说1984年的第一代资源税制度(将资源税定义为是向矿产的级差收益征税)在立税依据上还有一点道理可讲的话,那么1994年的第二代资源税制度在立税依据上却与资源补偿费相重复,并认为资源税是国家财产性收益,是资源有偿使用制度的组成部分,彻底混淆了国家凭借政治权力征税,凭借财产权利(所有权)收费的界限,第二代资源税错用了国外矿产的"权利金"理论依据,既混淆了与矿产资源补偿费的性质,也改变了调节优势矿山企业与劣势矿山企业级差地租的初衷。按税收的性质,它的征收对象应该是矿产所有者,即国家,但是作为征收主体的国家向自己征税显然是不合逻辑的。

6.3.2　税费关系混淆,税费关系不协调,以费挤税的问题依然比较严重

根据我国《矿产资源法》规定,在出台资源税的同时出台了矿产资源补偿费,实行从价计征,由地矿部门代表政府收取并上缴中央财政;根据《水法》、《土地管理法》、《森林法》等法规,出台了矿山专向维护费、矿产管理费、水资源补偿费、土地损失补偿费、育林基金等十多项收费。开征资源税的目的是保护、合理利用资源,但由于一些地方的政府部门保财政要税收,加剧了盲目开采、破坏环境的行为。在实际工作中,各级政府面临的环境治理、公共建设任务繁重,由于不能从税收上解决补偿资金的来源问题,转而寻求收费渠道。税费混杂、费大税小的状况导致对资源的课征方式本末倒置,严重削弱了资源税应有的作用,制约着我国资源税体系的建设。从纳税人的角度看,在税额与收入一定的前提下,从事资源开发和利用的企业还要承受高额收费,必然在发展中背负沉重的包袱。形式多样的税外收费,干扰了企业的改革和经营,随着收费规模的不断扩张,税收征管力度必然大打折扣,税收执法空间必然愈加狭小。这种税费并存的局面,其负面影响为:一是政出多门,各种税费之间调节作用和效力不协调,不能体现资源税的立法精神;二是收费单位各自为政,为追求部门利益最大化,随意立项收费,加大了企业的负担;三是税费混乱,使资源税不能形成规模,制约了资源税筹集财政收入改善环境作用的发挥。

6.3.3　资源税收入规模过小,增长潜力有限,难以发挥调节作用

我国目前的资源税直接与资源产量挂钩,根据资源的产量来核定税额。这种调节作用建立的基础是资源价格保持不变,如果资源价格出现变动,那么,这种调节作用就无法发挥,在资源价格上涨的背景下其最终的结果必然演化为一种累退税。近年来,尽管资源价格的上涨给资源生产企业带来了丰厚的利润,资源的开采量并没有出现大幅变化,资源税额在国家税收中的比重基本上保持稳定。但是,与资源生产企业的销售收入和利润额相比,资源税所占的比重开始下降,演变为一种具有累退性质的税种,这与资源税实际应具有的调节收入差距的功能相距甚远。1984 年资源税收收入占全国总收入的比重为 0.32%,

1986 年第一代资源税制实施后这一比重为 1.02%,1987 年为 1.1%,此后资源
税占全国税收收入的比重一直处于 1% 以下,从图 6.7 中可以看出,1994 年资
源税制改革之后,这一比重有所上升,但还是没有突破 1% 的最高限额。2005
年资源税制进行改革之后,这一比重由 2004 年的 0.38% 上升到 2006 年的
0.55% 后又开始下滑,2007 年为 0.53%,2008 年为 0.52%。至此,资源税收入
占全国税收收入的比重又处于低谷状态。

单位:%

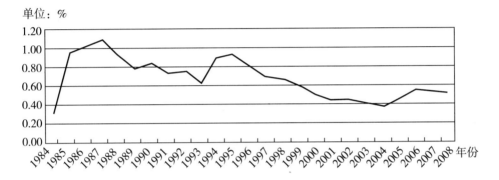

图 6.7   1984~2008 年资源税占全国税收收入的比重

不仅资源税收入在全国税收收入中所占的比重非常小,如果把资源税收入
年度增加额和全国税收收入年度增加额相比较,不难发现,资源税收入年度增
加额占全国税收收入年度增加额的比重也非常小。1985 年资源税收入年度增
加额占全国税收收入年度增加额的比重最高,为 2.85%,随后,这一比重在第
一代资源税运行的 10 年里一直处于下滑状态。1994 年第二代资源税实施后,
这一比重下滑得更加厉害,2000 年只有 0.03%,2005 年也只有 0.84%。2006
年对第二代资源税制进行完善和调整后,这一比重有所反弹,当年上升到
0.96%,但 2007 年和 2008 年又重蹈覆辙,分别为 0.46% 和 0.49%。这也从另
一方面说明,资源税的增长潜力确实有限。再如果选取采矿业工业增加值为解
释变量,采矿业缴纳的资源税额为被解释变量,选取 1995~2007 年的数据作为
样本数据,通过简单的线性模型进行回归分析,结果发现,工业增加值前的系数
为 0.0174,也就是说采矿业增加值每变动 100 元,资源税额相应地变动 1.74
元,即采矿业的资源税负水平仅为 1.74%,可见,资源税对采矿业的调节作用
力度较低。也就是说,按照现行资源税税制,资源税没有能发挥其相应的调节

功能,对合理有效地利用资源缺乏政策性引导。2005 年 9 月,国家环保总局和国家统计局向媒体联合发布了《中国绿色国民经济核算研究报告 2004》。研究结果表明,2004 年中国因环境污染造成的经济损失为 5118 亿元,占当年 GDP的 3.05%。大气污染的环境成本为 2198.0 亿元,占总成本的 42.9%;而其中超过 50% 是公众健康影响的成本。世界银行根据目前发展趋势预计,2020 年中国燃煤污染导致的疾病需付出经济代价达 3900 亿美元,占国内生产总值的13%。煤炭开采排放的硫化物、氮氧化物等造成的损失计入煤炭利用的外部成本,以避免重复计算。从损失统计中看出,治理瓦斯和煤矸石自燃、采煤造成的水资源破坏和污染、森林植被等破坏所带来的损失最大,应作为治理的重点。煤炭开发环节所造成外部成本为 71.4 元/吨。[①] 而同期的煤炭资源税收入只有 18.71 亿元,还不足其外部成本的 27%。

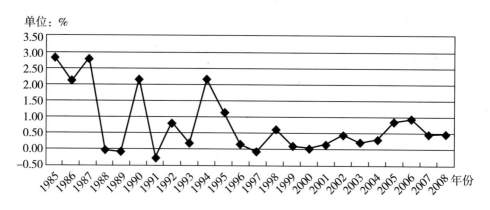

图 6.8　1985~2008 年资源税收入增加额占全国税收收入增加额的比重

6.3.4　征税范围偏窄,调节广度不够,资源税与税基增长速度轨迹不协调

1984 年设置的资源税只有煤炭、石油和天然气三个税目。1994 年税制改革后的资源税由原来的三个税目扩大到现在的原油、天然气、煤炭、其他非金属矿原矿、黑色金属矿原矿和盐等七个税目,课税对象局限于矿产资源,而对于大部分的非矿藏品资源没有征税,难以遏制对其他自然资源的过度开采,并使利

①　侯艳丽、杨富强:《2010 年及 2020 年中国煤炭开发利用的外部性成本预测》,《中国煤炭》2007 年第 8 期。

用资源生产的下游产品的比价不合理,刺激了对非税资源的掠夺性开采和使用。资源税征收范围过窄带来以下弊端:一是难以遏制对自然资源的过度开采。范围过窄的资源税难以保护所有的资源,也不能有效地起到促使资源使用效率提高的作用。我国可采成材林资源的大量减少、土地沙漠化速度加快、水土流失状况的日益加重等一系列资源遭到掠夺和破坏的事实,就是资源宏观控制(包括税收手段在内)不力的证明。二是造成资源后续产品比价的不合理,刺激对非税资源的掠夺性开采。资源是商品价格的构成基础,范围过窄的资源税使纳税资源的价格比不纳税资源的价格相对较高,相应地,纳税资源的后续产品的价格在商品价格比价中也必然较高,而不纳税资源的后续产品的价格就相对较低。这种不合理的比价直接导致企业对不纳税资源及其后续产品的争抢,在需求的促动下,非应税资源必然遭到掠夺性开采。三是不能体现税收的公平原则。被开采的自然资源一部分不征收资源税,而另一部分却征收,这与税收调节经济、营造公平的市场经济环境功能是相悖的。

6.3.5　计税依据欠合理,资源禀赋差异考虑不充分,调节深度不足

我国现行的《资源税暂行条例》规定了资源税的课税数量:纳税人开采或生产应税产品销售的,以销售数量为课税数量;纳税人开采或者生产应税产品自用的,以自用数量为课税数量。由此可见,现行资源税的计税依据是:纳税人开采和生产应税产品销售的,以销售数量为课税依据;纳税人开采和生产应税产品自用的,以自用数量为课税依据。由于各类自然资源的丰度、地理位置、开发技术难度不同,而我国目前的资源级差收入测算比较粗糙。如煤炭可以分为焦煤、瘦煤、贫煤、肥煤、无烟煤等 20 余种不同品种,不同品种的煤炭因其地理条件和储藏状况有很大差异,开采成本也有很大不同。同时,由于不同品种煤炭煤质的不同,销售价格有很大差异。但调节级差收入的煤炭资源税定额仅为 0.3 ~ 5 元/吨。这种以劣质低价为基础设定的不同级差的单位税额,只是部分地反映了劣等资源与优等资源的级差收益,没有充分考虑影响级差收入的各个自然因素。如随着矿难事故的频发,安全投入在生产成本构成中的比重大大增加,现有资源税对级差收入调节中并没有考虑由于矿藏自身条件的不同而造成的安全成本差异。加之,我国现行的资源税实行单一的从量定额征收,只对资源开发过程中的销售和自用部分征税,而对积压或库存的部分不进行征税,也

不反映经济发展的水平和速度。这无疑是忽略了资源的多样性,存在方式的复杂性,开采条件好坏的差异性,使得"滥采富矿"和"采富弃贫"的现象时有发生,弱化了资源税制的适应性。特别值得一提的是,资源税的从量征收方式使得税款缴纳与资源产品的市场价格变化没有任何关联,即税率、应纳税额与价格没有建立起相应的联系,税收杠杆和价格杠杆均因定额税率而无法起到调节利润的作用,征税多少与矿产品市场价格变化及矿山企业的赢利没有关系,资源价格和税收的关系断裂,不仅不能反映所有者的权益变化,也会挫伤矿山企业的生产积极性,不利于改善矿业投资环境,国家不能通过税收这个重要经济手段实现对矿业的调控。特别是当资源价格持续飞涨的时期,相关产品资源税税率标准却长期在低位徘徊,其税额不能反映资源产品,尤其是对优质价高产品价格的变化,资源品的增值无法在国家税收收入中体现,资源税的调节功能进一步弱化。

6.3.6　法定税率与实际税率差距较大,实际有效税率相对偏低

我国目前应税资源品中最高税额 60 元/吨,最低税额 0.30 元/吨,从国家的角度看,资源税税负过轻导致资源税在保护国家资源、调节收入分配的作用得不到充分发挥。从地方政府的角度看,由于资源税幅度税额标准由中央制定而其税收收入归属于地方财政,中央资源性垄断企业其单位税额过低。以原油为例,《中华人民共和国资源税暂行细则》规定原油资源税实施从量计征的定额税率,税额幅度为 8 ~ 30 元/吨。《中华人民共和国资源税暂行实施细则》(财法字〔1993〕第 43 号)规定原油的资源税额标准为 24、12、8 元/吨三个档次,平均税额标准是 14.67 元/吨。这就是说在 2004 年以前原油资源税的实际有效税率应当是 14.67 元/吨。但是,从 1994 年到 2004 年的 11 年里,只有 2002 年和 2003 年的实际有效税率达到这个水平,分别是 15.2 元/吨和 14.84 元/吨,其余 8 年时间内原油资源税都低于这个水平,其中 1997 年为最低水平,只有 12.68 元/吨。从 2005 年 7 月 1 日起,财政部、国家税务总局联合发布的《关于调整原油天然气资源税税额标准的通知》(财税〔2005〕115 号)规定了 30、28、24、22、18、16、14 元/吨七个原油资源税税额档次,平均税额标准是 21.72 元/吨,税额幅度最高标准比以前提高了 6 元/吨,税额幅度最低标准也比以前提高了 6 元/吨,按照平均算术法计算的平均税额标准比以前提高了

7.05 元/吨。在这种情况下,2005 年的实际有效税率起码不应低于法定税率的平均标准。然而,2005 年实际有效税率只有 13.91 元/吨,不仅达不到法定税率的最低标准 14 元/吨的水平,而且与 1994 年 13.6 元/吨的实际有效税率相比,每吨原油实际缴纳的资源税仅仅提高了 0.3 元。可以看出,我国现行资源税单位税额只反映劣质资源和优质资源之间的单位级差收入,不仅资源税的单位税额偏低,而且资源税名义税率与实际税率差距很大。

6.3.7 未考虑资源开采环境损害成本,难以满足环境污染治理投资的需要

资源开发对环境会造成不可避免的破坏,主要有地面塌陷、地下水系遭受破坏、空气中的粉尘和扬尘污染、污水排放等。据不完全统计,全国因采矿引起的塌陷 180 多处,塌陷坑 1600 多个,塌陷面积 1150 多平方公里。全国发生采矿塌陷灾害的城市近 40 个,造成严重破坏的 25 个。因露天采矿、开挖和各类废渣、废石、尾矿堆置等直接破坏与侵占土地面积约 26.3 万公顷。采矿破坏地下水均衡系统,导致区域性地下水水位下降,造成大面积漏斗。采矿在造成严重生态破坏的同时也给矿区带来了严重的环境污染,据调查,我国采矿企业排放的废水占工业废水的 10%,采矿产生的固体废弃物占工业固体废弃物的 80%。资源富集的地区由于资源开发规模大,其资源破坏、环境污染程度也高,而我国资源富集区又主要分布于生态脆弱的中西部地区,因此在资源开发中保护环境就显得更加重要。这尚未包括资源开采的环境补偿和耗竭成本,即使地方政府将资源税全部用做生态的补偿,也无法满足生态环境恢复的所需资金。相对于资源开发遗留的环境生态修复、移民搬迁和社会保障所需的巨额资金,资源税收入实在是杯水车薪。从 2000 年到 2007 年,全国环境污染治理投资总额 15358.7 亿元,其中工业污染源污染治理投资额为 2622.1 亿元,资源税收入总额为 998.05 亿元,资源税收入总额占全国环境污染治理投资总额的比重为 6.5%,占工业污染源污染治理投资额的比重为 38.06%,这说明我国资源税所筹集到的财政收入根本无法满足工业污染源污染治理投资的需要,更是不能满足全国环境污染治理投资的需要。尽管这些年来,资源税收入总额占全国环境污染治理投资总额的比重和占工业污染源污染治理投资额的比重一直处于上升态势,其中,资源税收入总额占全国环境污染治理投资总额的比重由 2000 年的 6.3% 上升到 2007 年的 7.71%,8 年来上升了 1.41 个百分点,资源税收入总

额占工业污染源污染治理投资额的比重由 2000 年的 27.11% 上升到 2007 年的 47.25%,8 年来共上升了 20.14 个百分点,这说明,我国资源税制所筹集到的税收收入与全国每年工业污染源污染治理投资额之间的差距在逐步缩小,但如果仅仅依靠现行资源税的筹资机制来满足工业污染源污染治理投资的需求,依然存在非常大的资金缺口。由此可见,依托现行资源税制进行环境友好型和资源节约型社会建设依然任重而道远。

表6.1　2000~2007 年资源税收入占全国环境污染治理投资总额的比例

年　度	工业污染源污染治理投资额(亿元)	资源税占工业污染源污染治理投资额的比例(%)	全国环境污染治理投资总额(亿元)	资源税占全国环境污染治理投资总额的比例(%)
2000	234.8	27.11	1010.3	6.30
2001	174.5	38.46	1106.6	6.06
2002	188.4	39.88	1363.4	5.51
2003	221.8	37.47	1627.3	5.11
2004	308.1	32.07	1909.8	5.17
2005	458.2	31.03	2388	5.95
2006	483.9	42.78	2566	8.07
2007	552.4	47.25	3387.3	7.71

资料来源:根据国家统计局出版的 2000~2008 年《中国统计年鉴》中有关数据整理、计算得出。

6.3.8　优惠政策的规范性不高,难免产生负面影响

对于自然资源的有效保护和节约利用应当采取限制和激励并重的税收政策,既要通过征税限制资源的任意开发,又要对利用替代资源和综合利用自然资源生产产品的企业给予减税或免税激励。一是资源税优惠政策造成地方政府非税收入的不规范。资源税优惠减免以政府直接放弃和让渡部分税收收入为代价,这必然使得地方政府收入中规范性的税收减少。在政府职能不断加强和财政支出不断增加的情况下,地方政府各部门必然通过设置一些收费和创收项目来组织不规范的收入,以弥补预算资金的不足。而这些花样繁多的收费和创收也逐渐发展成为政府难以控制的乱收费。由此可见,过多的税收优惠也是

导致收费泛滥的深层次原因之一。二是资源税优惠减免不利于市场经济条件下纳税人开展公平竞争。从适用地区看,目前资源税优惠中存在的地域性减免政策,不利于东西部地区之间的公平竞争,从课税对象看,现行资源税依据纳税人开采利用不同资源品而制定优惠政策,不利于经营不同品种的同行业纳税人之间的公平竞争。如现行适用于东北老工业基地的优惠政策,即因资源品的不同特殊属性而降低了低丰度油田和衰竭期矿山的资源税,虽然体现了政府针对东北经济发展特点的政策倾斜,但造成的税负不公显而易见。三是从资源配置看,资源税是资源产品价格的一个重要组成部分,如果某些资源产品在开采和利用活动中享受了税收减免,那么这类产品在市场竞争中就更具价格优势,能占有更多的市场份额,或者能够在同样价格条件下实现销售,赚取更多的利润,最终使得资源配置向那些在开发利用中享受减免优惠的行业、企业和资源品转移。四是资源税优惠政策有悖于资源保护政策。出台资源税优惠政策,将对资源开采者产生暗示作用,鼓励其增加对于享受优惠政策的经营活动的投入,以通过满足市场对资源品的巨大需求来达到获取自身利益的目的。为了充分利用各地对矿产资源的税收优惠政策,在优惠期内达到最大的经济效益,部分企业就很可能采取采富弃贫、采易弃难、采大弃小的方式加大矿产资源的开采率,尽最大可能增加资源税的实现数量。因为对大部分矿山来说,其开采期一般都在 5 ~ 10 年之间,探明的大储量的矿山并不多,因此企业往往寻求最大的短期经济效益。加之矿产资源是不可再生资源,因此,资源税优惠政策有进一步刺激自然资源过度开采利用之嫌,不利于资源保护。

6.3.9 收入归属和利益分配不合理,政府资源税调节效率低下

我国矿产资源主要集中在中西部地区,因此产业格局基本上是东部以加工为主,中西部地区以能源或者资源供应为主。在资源富集区,矿产开发企业中国有企业比重大。在中央和地方有关资源的税收收入分配中,中央企业 75% 的增值税和全部的所得税集中到了中央,资源税是地方政府在资源开采中所取得的重要收入。但由于资源税负低、定额征收使地方政府不能合理分享资源开采和上涨带来的收益,影响了地方政府的利益。自 1999 年西部大开发以来,我国的资源得到不断开发,但资源税占地方财政收入的比重并不高,这说明西部的资源优势远没有转变为经济优势和财政优势。从资源税的税收立法权和收

入的政府间分配看,现行的资源税不利于缩小区域间财政能力的差距。尽管地方政府分享了绝大部分的资源税,但地方政府并没有税收立法权。这就意味着,在全部资源租值的分配中,地方政府不可能以税收的方式从资源的消费者那里转移大量的收入。作为一种地方性税收(海洋石油资源税除外),资源税能否起到平衡地区经济差距的作用,完全取决于该部分税收的使用方向:如用于返还当地的资源开发企业,则可能通过促进企业的发展而增加当地的就业,提高当地 GDP 总量,从而起到缓解区域经济差距的效果;若用于环保等公共品的支出,则可能通过改善当地居民的生产和生活条件,缓解了区域间居民的福利水平差距。但往往那些资源税份额相对较多的落后地区,地方财政极为紧张,资源税用于政府消费性支出的可能性更大,因而并不能起到调节区域经济差距的作用。由地方政府掌握大部分的资源税,也不利于中央政府从总体角度统筹考虑资源税在转移支付方面的作用。

6.3.10 资源税管理体制适应性较差,资源税收法律层次低

1994 年,根据《国务院关于实行分税制财政管理体制的决定》,我国进行了财税体制改革,确立了分权式的分税制财政体制。我国现行的税收管理体制是"统一领导,分级管理",即分中央和地方(省、自治区、直辖市)两级。税收可划分为中央税、地方税以及中央地方共享税。资源税名义上定为共享税,规定"资源税按不同的资源品种划分,大部分资源税作为地方收入,海洋石油资源税作为中央收入"。在实际操作上,现在除了海洋石油企业的资源税由国家税务总局负责征收管理且收入完全归中央之外,其他的资源税均由地方税务局负责征收且收入完全归地方政府支配。这种分税制的管理体制在充分调动地方积极性发展当地经济的过程中曾经起到过突出作用,但随着资源的日益耗竭,随着可持续发展理念的确立,现有的资源税管理体制已经不能适应新形势的要求。现行的分税制的管理体制不但将资源税(海洋石油资源除外)的征收管理权限下放到地方,更是将资源税(海洋石油资源除外)的收入划归到地方,这与以可持续发展为立法目的的资源税存有明显矛盾。资源税的立法和执法未能完全体现税收法定主义的原则,资源税开征以来,仅凭财政部单独或与国家税务总局联合发布的一纸通知,频繁变动征收标准,有违程序法定原则,也容易导致税法失去权威性及确定性。

7　资源税制改革的总体思路

任何形式的改革既制造了赢家,也制造了输家,而后者往往怨声载道。因此,人们应该寻求能导致帕雷托改进的"税制改革方向",亦即,这种方向要求税制的变化必须是渐进的,这种变化不会产生输家而只会产生一些赢家。[①]

——伯纳德·萨拉尼

7.1　资源税制改革的重要意义

节约资源和保护环境是我国长期以来的基本国策,加强能源资源节约和生态环境保护,增强经济可持续发展能力,是近年来我国倡导循环经济发展的重要内容。从长远来看,把握税制改革与可持续发展之间的关系,处理好资源有偿使用制度与国家税收制度架构之间的关系,实质上就是处理好生产效率和生态效率之间的关系,将人与自然和谐发展的生态文明理念融入到资源税等税制改革的过程当中,将资源节约、环境友好社会的理念通过税收制度体现出来,本着"谁污染,谁纳税"与"完全纳税原则",通过资源税制的设计将对环境污染及其产生的外部成本内部化,让污染者承担责任,抑制其损害环境的行为,矫正市场失灵。具体地说,就是在今后一段时间内,如何抓住财税改革有利时机,通过资源税制创新和改革来促进经济发展方式的转变,形成有利于科学发展的资源税体制机制,是一个迫切需要解决的问题。特别是自 2008 年以来,世界经济增长速度放缓,我国出台了抑制资源产品出口的政策,国际上对中国产品的需求也有所下降,物价上涨压力相对变小,国内物价涨幅逐渐回落,资源性产品已经迎来有利的调价时机,抓住这个机会对我国的资源税制进行改革,有着重要的

[①]　伯纳德·萨拉尼:《税收经济学》,陈新平等译,中国人民大学出版社 2005 年版,第 176 页。

现实和历史意义。

推进资源税改革是构建有利于科学发展的税收制度的根本要求。从世界主要发达国家税制结构变动的趋势来看,进入 21 世纪以来,税制结构中一个最重要的变化趋势就是"税负转移",即将税负从传统的对资本、劳动、财产等的课税转向对高能耗行为、对环境污染行为的课税。其中欧盟国家较为典型,如瑞典、挪威、荷兰、德国等,这些国家所谓的绿色税收占税收收入的比重在不断提高。瑞典已经达到大约 12% 左右。尽管由于统计口径的不同各国有比较大的差异,但是若将我国的能源类产品征收的消费税、资源税及排污费等加在一起我们的比例可能也不低,问题是我国税制结构调整中还没有明确提出可持续发展税制的概念。所以在全面进行环境税改革以前,有必要从资源税开始明确提出我国税制改革已经全面引入可持续发展概念,只有从保护资源、实现社会的可持续发展为出发点,将资源税改革为能够切实产生效果的合理税制,才能真正将科学发展观落到实处,才能真正有利于推进我国经济社会全面、协调、可持续发展。

推进资源税改革是抑制通货膨胀、稳定金融市场的现实需要。在人民币汇率上升趋势明显,物价一路走高的形势下,推进资源税改革,增加国内资源供给和提高利用水平,减少初级资源大量出口,调节资源企业的利润水平,有利于中国金融稳定。中国要素资源以及制成品价格上涨,有利于释放中国的通胀压力。中国的出口需求将减弱,国际收支失衡将得以改善,人民币升值压力也会减轻,有利于改变中国流动性泛滥的局面。资产泡沫也可能实现软着陆。推进资源税改革和资源价格改革,在短期内可能增加通胀压力,但着眼于治本之策,理顺资源价格体系这一关非闯不可。只要改革到位,就会随着经济失衡的改善减少走向全面通胀的风险。并能促使中国的经济结构变革,用中国的资源要素价格、收入分配体系影响和改变世界经济格局,使之朝着符合中国国家利益的方向发展。

推进资源税改革是完善税收制度和完善公共财政体系的必然要求。我国原有的资源税制度调整范围小,调节力度不够,没有充分发挥税收的调控作用。资源税由"从量计征"改为"从价计征",扩大征税范围,提高资源税率,必将进一步体现税收调控职能,并顺应公共财政的要求和收入分配体系合理设计的要求。改革资源税的分配方式,将一部分资源税收入划归中央所有,有利于加强国家对资源开发的调控,避免地方政府为了自身利益,产生短期行为,对矿产资源进行过度开发,加剧生态环境破坏。同时,从地方所得的资源税划出一定比例,留给资源原产地地方政府,让资源所在地政府、老百姓共享资源开发的实惠,有利于调动地方政府、老百姓珍惜资源、保护资源的积极性,从根本上促进"四矿"问题的解决和矿业秩序的根本好转。让资源原产地有稳定的财政收入,也有利于促进国民经济持续稳定发展及和谐社会的构建。

推进资源税改革是统筹人与自然和谐发展的必然选择。跨入 21 世纪以来,随着我国工业化和城镇化进程的加快,基础设施的不断发展和完善,固定资产投资仍将保持在较高的水平,从而对资源性产品保持较高的增长需求。固定资产投资从 2003 年以来,出现了新一轮快速增长,一直保持在 20% 以上的增速,在有力的宏观调控措施下,投资增幅从 2003 年的 27.7% 下降到 2006 年的23.9%,2007 年和 2008 年呈现回升之势,应该说工业化、城镇化进程加快推动着固定资产投资的持续快速增长。预计固定资产投资增速会维持较快增长速度,仍将保持在 20% 以上的较高水平。固定资产投资的高速增长必然加剧资源消耗快速增长,一方面巨额的固定资产投资需要"落地",需要更多的建设用地,对耕地保护保持高压之势,另一方面也将进一步拉动钢铁、水泥、有色金属、化工产品、煤炭等能源和原材料需求的增长。另外,汽车产业的发展,将拉动钢铁工业、石油开采及加工业等的发展。从我国消费结构升级来看,未来相当一段时期内,对国土资源的需求将保持旺盛的态势,这对统筹人与自然和谐发展提出了新的挑战。我国资源产品的价格,目前主要反映的是资源的直接开发成本,资源开发所造成的生态环境破坏等间接成本并未得到反映。现行资源税不仅调节范围极狭,仅限于对矿产资源的征收,其他诸多资源,如森林、草地、水资源、海洋资源等等,都在调节范围之外,并且其调节着眼点也仅仅限于对级差收益的调节,并没有把调节放在促进合理开发和节约使用以及促进循环经济发展的方向上。推进资源税改革,加大资源利用成本,提高资源产业准入门槛,使税收真正成为治理环境污染,保障可持续性发展的重要手段,在节约资源和保护环境中起到统筹人与自然和谐发展之目的。

7.2　资源税制改革的总体思路

资源税制是税收制度的重要组成部分,说其重要不是因为资源税税款在财政收入中占重要比重,而是因为资源税是税收制度中针对资源征收的税种,是政府通过税收对资源进行宏观调控的重要手段。在建设节约型社会的目标下,政府通过对资源税的设计和征收,对资源可以起到合理配置和有效利用的调控效果。一方面,从资源税对消费者的影响来看,资源税会对消费者产生收入和替代两方面作用,从而实现资源的合理配置。从收入效应看,由于征收资源税会使生产者将一部分税收负担通过价格转嫁给消费者,而同时消费者的名义货币收入没有变化,这就相当于消费者的实际收入(购买力)减少了,就会促使消费者减少对资源的消费,而这种作用对那些过度消费资源的消费者影响更大,有利于减少利用现有资源进行重复建设的浪费现象。从替代效应来看,由于征收资源税是生产者将一部分税收负担通过价格转移给消费者,使得资源的价格相对于其替代品来说价格更高,从而刺激消费者增加资源替代品的消费而减少资源的消费,进而实现减少资源使用浪费的现象。另一方面,从对企业的影响来看,资源税主要通过对成本的影响来实现资源的合理配置。现在我国许多资源的过度开采是因为企业可以获得超出正常水平的利润,而对资源开采企业征收适当水平的资源税,可以增加资源开采企业的生产成本,从而通过影响企业的利润最大化产出量,来实现资源的有效配置。当企业的边际成本等于边际收益的时候,企业的产出量可以实现利润最大化,征收资源税,税后的边际成本相当于企业原来的边际成本加上税率,因而征收资源税提高了企业的边际成本,这样会使企业的利润最大化产出量减少,从而控制资源开采企业对资源的过度开采,实现资源的合理配置。

基于上述考虑,设计合理的资源税制,可以建立起针对资源利用效率的内、外部激励机制来引导消费者,从而实现资源的有效利用。一方面,完善的资源税制可以建立提高资源使用效率的内部激励机制。这种激励机制的建立,主要是通过制定合理有效的税收优惠政策来实现的。在资源的使用方面主要有两大类资源税收优惠政策可以起到这样的作用,一类是给予资源使用效率较高的纳税人一定的资源税减免优惠,另一类是给予对资源循环使用的纳税人一定的资源税减免优惠。通过这两大类资源税税收优惠政策,在纳税人的资源使用观念中建立起内在的经济激励,激励纳税人在使用资源时自主地提高资源使用效率以获得税收上的收益。另一方面,完善的资源税制可以建立提高资源使用效率的外部激励机制。这种激励机制的建立,是通过市场竞争机制来实现的。这种外部激励机制的作用机理是:由于征收资源税,使得消费者减少了资源的消费量,消费者要想达到征税前的产出程度、实现利润最大化,就必须提高现有资源消费量的使用效率,这样就建立起了一种由外部迫使消费者提高资源利用效率的激励机制。

自"改革资源税制度"写进我国国民经济和社会发展第十一个五年规划纲要开始,有关部门就一直在紧锣密鼓地进行资源税改革的调查研究与方案制定。目前有关方面在改革资源税制上应该达成共识。在国际、国内市场多种资源产品价格快速增长和我国矿产资源浪费严重的大背景下,根据构建资源节约型和环境友好型社会的要求,对已明显落后于社会、经济发展的资源税制进行改革已无悬念。今后一段时期内,应按照党的十七大提出的"实行有利于实现科学发展、推动科技进步、节约能源资源、保护生态环境和促进和谐社会建设的财税制度"的总体部署,根据完善社会主义市场经济体制的要求,高举中国特色社会主义伟大旗帜,以邓小平理论和"三个代表"重要思想为指导,按照贯彻落实科学发展观、构建资源节约型和环境友好型社会的要求,坚持"简税制、宽税基、低税率、严征管"的原则,树立"法治、文明、公平、效率、和谐"的治税理念,统筹税费关系,扩大征收范围,优化计税价格,调整税率结构,实施税负转移,有效配置税权,规范减免政策,提高税法遵从,构建以人为本、充满活力、富有效率、更为公平、更加开放、高度文明的资源税体制机制;稳步形成税法更加规范、税率更加优化、税种更加协调、税负更加合理、税政更加统一、税权更加明晰、税基更加丰裕的资源收收制度体系;建立健全决策科学、管理简便、政策透明、调控有力、公信力高、操作性强的资源税收政策扶持体系,更好地发挥其在组织财政收入、调节资源级差收入和资源收益、促进资源合理开采利用和环境保护等方面的作用,以满足公共服务均等化和主体功能区建设的需要,建立健全资源有偿使用制度和生态环境补偿机制。可以预见,伴随着全面建设小康社会目标的实现,我国资源税制改革将展现出又好又快的发展前景,资源税制体系将进一步完善和优化,更加适应经济社会发展的需要;资源税收收入将随着经济发展继续实现平稳较快增长,更好地为各级政府履行职能提供财力保障;资源税收法律将更加规范,税收服务水平不断提升;资源税收征管将不断加强,征收率接近或达到国际先进水平;资源税法遵从度将明显提高,全民纳税意识将大为提高。

7.3　资源税制改革的基本目标

选择有效的资源税收制度必须首先清楚地理解资源税制设计的目标以及这些目标与需求、机会和潜在投资者决策标准的关系。多年来,经济学家们确定了一系列评价市场经济条件下税收制度的标准。税收目标可以为识别和评估"优良"税收制度的特性提供有用的基础。资源税制作为国家税收制度的一个重要税种,其评价标准也应该满足国家税收制度设计的一般标准。

约瑟夫·E. 斯蒂格利茨在《公共部门经济学》中指出,税制的五个合意标准:一是经济效率。税制不应该干扰资源的有效配置。二是管理的简便性。税制管理和遵从的成本应该低。三是灵活性。税制应该能够容易(在某些情况下自动)地对经济环境的变化作出反应。四是政治责任。税制应当是透明的。税制设计应该保证个人知道他们支付了多少,并能评估税制在多大程度上准确反映他们的偏好。五是公平。税制在处理不同个人的相同待遇方面应该公平。

大卫·N. 海曼在《财政学:理论与政策的当代应用》中指出,政府筹资方式的规范性评价标准:一是公平。政府筹资负担的分配应该符合人们通常持有的公平和支付能力观念。二是效率。政府筹资制度应该在获取政府收入的同时,使私人部门的效率损失最小。三是易于管理。政府筹资制度应该易于进行一种持之以恒的管理,不需要将过多的成本用在征收税款、实施并让人们遵守税法上。有效税收制度可能会被许多公民认为是不公平的,但公平的税收制度的管理成本可能极高,而且会导致效率损失。

约翰·L. 米克塞尔在《公共财政管理:分析与应用》中指出,财政收入选择(税收政策)的标准:一是公平。根据纳税人使用公共服务所得到的收益(受益原则)和根据纳税人承担税收的能力(能力原则)。二是收入的充足性。税收收入等于税率与税基的乘积(拉弗曲线)。三是税收的征管效率。在满足公平原则条件下尽量降低总征管成本。四是透明度。简化、明了。五是经济效果。尽量减少负外部性。

理查德·A. 马斯格雷夫在《财政理论与实践》中指出,一个合适的税收结构要求:应保证足够的收入;税负的分配应该是公平的,应是每个人支付他或她"合理的份额";不仅应关注税收的征收环节,也应关注其最终归宿所在;应该对税收进行选择,以便尽量不影响有效市场上的经济决策;税收结构应有利于财政政策的应用,而这一政策是为了达到稳定与增长的目标;对税收制度的管理应有效而不是专断,税制应为纳税人所理解;和其他目标相适应,管理及征管费用应该尽可能地少。

荷雷·H. 阿尔布里奇在《财政学——理论与实践》中指出,税收/收入制度设计标准:一是效率与公平。一个好的收入制度的基础是建立最大限度减少私营部门经济决策中的非意愿性扭曲并引导纳税人作出带有外部性的预期选择的税收。同时还要达到公平目标。二是充足。收入制度必须为支付公共服务预期的水平筹集充足的资金。收入制度所提供的收入增长至少应与人口增长以及提供公共产品与服务的投资成本的增长相匹配。三是稳定性。收入流量对经济活动的变动不过度敏感。如财产税税基的短期收入弹性。四是对增长和通货膨胀的敏感程度。五是透明度。对纳税人所支付金额的明确程度。六是征收成本和奉行成本。

经济学家们一般都是从中立、效率、公平、清晰透明和稳定的角度评价税收制度。一是中立。在不征税的情况下,可以设想,相互竞争的公司会制定出有效分配有限社会资源的决策。任何税收都可能通过影响投资者的决策从而扭曲资源的分配。税收越中立,其对于投资者的经营决策以及投资者对各种可选投资项目预期收入的税前排序的影响就越小。具体而言,中立标准是为了避免影响矿产和其他工业部门之间的资源分配,选择投资开发哪种矿产的决定,涉及矿业项目技术选择、回收水平及开采速度等问题。因此,税收中立性的措施表现在尽可能不使投资者的决策与他们在不征税情况下作出的决策相背离。二是效率。理想的中立性以概念上的有效分配资源的吸引力为基础。然而政府却与大量常常是相互冲突的社会和部门目标有着一定的关系。更重要的是,私人利益往往和社会利益相背离,政府不能为改变市场不景气的状况而牺牲公司利益,或要求公司把社会效应的成本"内部化"。比如,政府可能利用税收政策鼓励环境保护、增加就业机会、在采矿生产所在地发展附加值更高的下游矿产品加工生产活动,以及吸引外国投资。因此在税收的问题上,衡量效率的标准是,资源的分配是否符合国家政策目标,包括鼓励宏观经济稳定和增长等目标。三是公平。评价税收制度的第三个标准是公平,或税负负担在全体纳税人中公平分配。在实践中,这一标准可以用来支持以某些纳税能力的定义为基础的税收。经济学家们对分配效率的强调一般都会妨碍他们制定出超越效率这一基本概念的税负公平分配标准。四是清晰透明。清晰透明的标准是指税收制度应该鼓励能够被纳税人和政府官员所理解、有效率和非任意的行政规则和规定。含糊的解释会导致冲突并使纳税人感到更大的风险。在实践中,这一标准针对的是两个重要的问题。第一,税制的理论往往与管理和监控税制的能力成反比关系。政府应该确保其管理能力与税制的复杂性相一致。第二,税制中隐含有交易成本。所以,好的税制要最大限度地减少管理和维护国家利益的成本。五是稳定。经济学家们强调税制稳定的必要性。频繁的调整,尤其是对不明智的鼓励和惩罚措施的补偿,都会对政府利益和公司决策产生不利影响。

各国政府还希望它们的税制具有国际竞争力并符合以下要求:税制可以通过提供可预见的和稳定的税收收入流,支持宏观经济的稳定;税制可以允许政府在利润高的时期获得更高份额的收入;税制可以得到有效的管理,从而降低征收成本,减少避税可能性;税制可以通过规定在早期生产阶段征税,使税收收入的现值最大化;税制可以从成本极低、利润极高的项目中获取意外收入;税制是中立的,有利于提高经济效率。

资源税政策目标是税收总政策目标的一个子目标,作为子目标,它同税收总政策目标的要求是一致的。我国税收总政策目标一般来说是多元的,主要有财政目标、效率目标、公平目标,即通常所说的收入稳定增长、资源合理配置、收入公平分配。税收总政策的三个目标从根本上说是统一的、相辅相成的,但也存在矛盾。优化的税制要求对税收总政策三个目标之间的矛盾进行协调。因为,对任何一个税种来说,税收总政策的三个目标很难做到平分秋色、兼顾有佳,也就是说,税收总政策的三个目标一般很难在一个或几个税种身上得到完美的体现。因此,要有效地实现税收总政策这一既定的三重目标,使之达到最优化组合,需要税制体系中既有的税种在选择运用税收政策目标时相互之间密切配合,即需要每个税种都能够依据其自身的性质、特点和固有的主要功能上的差异进行合理分工,各自有所侧重。我国课征资源税就其政策目标的选择运用主要也是基于收入稳定增长、资源合理配置、收入公平分配三个方面的考虑。从收入稳定增长方面看,我国资源是丰盛的,选择丰盛的资源,利用资源优势,通过征税可充实国家财政收入;从资源合理配置方面看,资源是稀缺的,稀缺的资源应由社会净效率高的企业开采使用。因此,对资源开采使用中的掠夺和浪费行为课征资源税以促使其转变,使资源得到合理开发和有效利用,从收入公平分配方面看,机会平等的经济环境是有效竞争的前提,资源级差收益的存在构成了资源开采者之间的竞争障碍,课征资源税能排除这一竞争障碍,建立起机会平等的经济环境。可见,财政、效率、公平三个目标缺一不可。但是,按照税制优化的要求,需要资源税在三个政策目标之间作出某种倾向性的选择,那么,笔者认为,资源税应该在效率目标方面有所侧重。因为,按照税种在社会再生产中的分布,资源税是属于社会再生产的生产环节课征的税收,生产环节课税在商品经济条件下实质上是对生产条件的课税,进一步说是对构成生产条件的各个生产要素的课税,也就是对资源的课税。对资源的课税无疑对资源的配置具有直接的影响。众所周知,资源配置是制约一个国家经济发展的重要因素,资源是有限的,因此,每一个国家都试图通过采取一些尽可能有效的社会和经济技术手段使有限的资源获得最大的社会效用,资源税在这方面具有十分独特的积极作用,因而资源税应成为国家实现资源合理配置的有力手段,在促进实现资源合理配置方面有所作为。税收政策目标是通过税收政策手段来实现的,具体体现在税收制度的设计中。从我国现行资源税的征收情况看,要想使资源税在促进实现资源合理配置方面更加有所作为,需要对资源税政策手段的运用作某些调整,进一步完善资源税课税制度。结合我国资源税制改革的实践,笔者将我国资源税制改革所追求的目标设计如下:

7.3.1 配置效率目标

所谓配置效率是通过提供具有价格优势的服务和商品,在满足人类高质量生活需求的同时,将整个生命周期中对环境的影响降到至少与地球的估计承载力一致的水平上。它强调政府凭借资源税收制度设计和政策调整的诱导效应,激励企业在制造数量更多、品质更好的商品时,将产品整个生命周期内的环境影响最小化,即从资源开采、运输、制造、销售、使用、回收、再利用,到分解处理全过程内,将能源和原材料的使用以及废弃物和污染的排放降至最低,至少也要降至环境承载力之内。资源税是调节资源配置效率的必要手段,从经济学资源配置效率分析,稀缺资源应由效率高的企业开采,对资源开采中出现的掠夺和浪费行为,国家除法律和行政的手段之外,用税收等经济手段加以限制也是必要的。因此,除了保证人的基本生活需求外,资源应配置在利用效率最高的用途,这样才能促进资源的高效配置。要充分考虑现阶段的经济状况,不能提出超出现实的资源环境要求,避免过分地运用绿色税收的调控作用,给经济个体的行为带来扭曲,给经济的正常发展带来过重的负担。最后,绿色税收的效率原则要体现在有利于资源配置方面减少资源市场的价格扭曲,有利于资源环境状况的改善。

7.3.2　社会公平目标

不同自然资源的储存状况、开采利用条件、地理位置、优劣情况等客观存在差异。相应地,开采者对其开采的难度、利用效率以及所能获得的收益也不尽相同的。这就要求在设计资源税时,既要考虑到自然资源的天然属性,又要考虑到开采者对其的开发利用程度。现阶段,我国资源税制中的公平性主要是从自然资源天然属性的角度考虑的,即实施“级差调节”,对因资源贮存状况、开采条件、资源优劣、地理位置等客观存在的差别而产生的资源级差收入,通过实施差别税额标准进行调节。资源条件好的,税额高一些;资源条件差的,税额低一些。但征收过程中却没有考虑资源开采利用效率,资源开采利用率高的企业与资源开采利用率低的企业对同一资源的开采利用征税依据是相同,并没有完全体现出公平性。后者会带来资源开采的浪费,但没有为此付出更大的代价。因此,在国家资源税制安排和政策设计中既要公平地体现本代人的公平,即代内之间的横向公平,同时也要体现代际之间的公平,即世代的纵向公平,实现环境的公平对待,促进环境经济社会的可持续发展。

7.3.3　经济增长目标

自然资源数量的丰富程度和质量的优劣程度都可以影响到一个国家或地区的经济增长。丰富优质的自然资源保障经济持续、稳定的增长,从而使整个社会的经济增长有了一个稳定的基础;反之,倘若资源短缺且质量差,经济增长就会受到限制,从而也会影响到整个社会的经济系统。资源产品供求平衡受价格机制调节,供不应求时,价格上涨会引起供给增加,需求减少,从而供求在更高价格水平上达到平衡;而供过于求时,价格下降会引起供给减少,需求增加,从而供求在新的更低价格水平上达到平衡。但矿产品的特性是资源产品供给与需求长期价格弹性均较高,而供给与需求短期价格弹性均较低。表7.1是价格上涨后,资源供给增加及需求减少的具体途径的时滞。从表中可以看出,总体而言,无论供给增加还是需求减少的时间均很长,从而在供求不平衡时,通过价格调节机制实现供求平衡的时间很长。资源产品容易出现供给相对不足与供给相对过剩交替出现的局面,表现为市场价格的大幅波动,价格会长期脱离均衡的价格水平,进而影响经济增长及国民福利。所以,资源约束经济发展的实质是由于仅靠价格机制调节资源类产品供求平衡时间过长,在价格机制实现供求平衡过程中,会造成大量的企业破产,从而可能使大量的生产要素不能相互结合而造成社会资源的浪费。此外,企业在短期内的大量破产所造成的动荡成本,社会是难以接受的。资源税改革体现着国家的意志,其根本改革目标应由调节级差收入变为促进经济增长方式转变,具体目标应是促进自然资源的节约、高效和可持续地利用、减少污染排放、保护生态环境、提高生产技术水平,更好地发挥资源税对转变经济增长方式的宏观调控作用。

表7.1 矿产资源供需调整的时滞

	决定行动的时滞	行动所需时间	总时滞	时滞
生产能力利用率提高	短	短	短	几周
加大固定资产投资,新增生产能力	较长	长	较长	一年以上
条件储量向探明储量转化	长	长	长	几年
加大勘探投入,探明储量增长	长	很长	很长	几年或时间更长
提高综合回收率	长	长	长	一年以上
加大以利用资源的循环回收	短	短	较短	几个月
增加替代品的利用	长	较短	较长	一年以上

资料来源:李钢、陈志、金培:《"资源约束下经济增长"的经济学解释》,《财贸经济》2007年第9期。

7.3.4　资源安全目标

国家资源安全是指一国或地区能够在指定时间与地点、以合理价格及方式,持续、稳定、充分并经济地获取自然资源,同时又使其发展赖以依存的自然资源基础和生态环境处于良好或不遭受破坏的状态。这种状态不单是供给与需求的均衡,更体现在资源使用的良性循环,资源能够持续、稳定地满足国民经济和社会发展的需要。经济的可持续发展既不能忽视环境的制约因素,更不能建立在破坏自然资源的基础上。资源安全亦如可持续发展问题一样,需要设计良好的制度以规范现实的行动。为此,资源税制改革的一个重要目标就是应通过税收制度创新,为各类社会主体的资源开发利用行为提供适当的激励和正确引导,使得资源的开发利用处于一种有序与稳定的安全状态。资源价值中没有包含经济价值和生态价值是现行价格制度的缺陷。其中经济价值相对于决策单位而言是能内在化的,可以通过供求关系表现为价格,即只要有完善的资源市场,资源的价格就可以充分地反映其经济价值。而生态价值却具有很强的外部性,无法通过市场供求关系充分反映价格,这就要求通过市场之外的途径补偿资源的生态价值。改革资源税制就是要矫正资源价格,保障资源安全。这主要包括两层意思:一是对可持续利用要有正确的认识。即通过自然资源税的课征,对人们开发和利用自然资源的行为加以节制,让人们不会只顾眼前或当代人的利益,而是考虑到长远利益,在资源与环境能够承载的范围内对自然资源进行合理、有序的开发利用。二是合理界定自然资源税制涵盖的范围。并不是所有的自然资源都应纳入资源税的范围,而是应从自然资源本身的储量、开发利用情况以及更新周期等加以分析,对于不能实现自我有效调控而达到可持续利用的自然资源才课以税收加以调节,对于那些资源储量无限、自我更新能力快且强的资源则应按照自然规律,顺其自然发展。

7.3.5　环境质量目标

环境质量是环境系统客观存在的一种本质属性,可以用定性和定量的方法,加以描述环境系统所处的状态。中国政府提出了到2020年全面实现小康社会的奋斗目标,环境质量的改善已经成为全面实现小康社会的基本要求。在这样的背景下,如何寻求能源消费、环境质量与公众健康关系的协调发展,即在确保经济社会持续发展所必需的能源消费状态下,更加切实有效地保护环境、改善环境质量,并以此提高社会公众的健康水平,保障人们生活质量的不断提高,已成为中国小康社会建设的重要问题,即中国要结合能源消费、环境污染和公众健康的实际,寻求进一步改善中国的环境质量与公众健康状况的对策与实现途径。政府要引导企业进行清洁技术创新,通过技术外溢、技术转让等手段加快企业技术创新的步伐,从而更好地发挥技术效应来提高环境质量。资源税费制度的改革要充分考虑到行政效率和经济效率。改革目标上,要以具体规范提高资源的开发利用效率,增加矿业收益水平,实现可持续发展;征收管理体制上,要改善政府的工作效率和实际操作效果,明确对象基础,控制行政费用,发挥市场机制的作用。对自然资源的开采者征收资源税无疑会增加其开采成本。根据引入资源税的世代交叠模型,政府通过征收资源税来限制当期过度开发使用资源的行为,并将税收转移给代表性家庭。即资源税的课征不仅会影响到开采者对自然资源的开采,还会影响到其他消费者对自然资源及其产品的消耗。对于开采者而言,对自然资源的开采量越大,被征收的资源税越多;开采利用率越低,通过资源类产品转嫁出的资源税就越少。对于资源产品的消费者而言,消费的资源类产品越多,所承担的资源税额就越大。因此,从自然资源的开采源头上开征资源税,使资源的价值内在化,能够引导人们对自然资源合理开采与有效利用。如果税制设计合理,就能够起到抑制人们过度消费自然资源的目的,从而有利于自然资源的保护和可持续利用。中国在建立和完善市场经济体制的过程中,要利用好税收和价格政策实现能源消费环境成本的内部化,也需要利用市场交易的手段降低和消减污染的社会成本。目前,中国促进能源消费环境成本内部化的经济政策主要有环境税费及由此派生的生态环境补偿税、燃煤电厂环保折价和公共效益基金等。中国的能源与环境保护部门要继续根据能源发展、环境保护和公众健康的需要,按照环境税费管理的基本原则,对所有消费化石能源的行业,根据企业污染物排放量的多少,制定好合理的限定比例,让企业承担环境成本,实现生态和资源价值的合理补偿。

7.3.6　高遵从度目标

税收管理机构最主要的目标就是按照税收法律征收税收和关税,并以在税收系统及其管理中保持信心的方式去实现目标。纳税人的行为(不管是因为无知、疏忽、鲁莽还是故意逃避)以及税收管理的软弱无力都意味着违反税收法律的事件发生是不可避免的。因而,税收管理应该有适当的策略和组织来保证最低限度的不遵从行为的发生。从一个纳税人到另外一个,从一个征收权限到下一个征收权限,赋予纳税人的纳税义务将会发生变化;然而若不考虑权限问题,则存在四大类别的纳税义务可能适用于所有的纳税人。遵从度与纳税人履行纳税义务的程度本质上是相关的。这些主要的纳税义务是:在系统中进行税务登记、及时归档或存放必需的税务信息、完全而准确的申报(包括好的档案保管信息的申报)和按税法赋予的义务按时缴纳税款。如果一个纳税人没能履行上面任何一项义务,那它就可能被认为是不遵从的。当然,不遵从的程度也是有差异的,那么如何确定税收风险等级呢? 税收机关如何确定哪些不遵从行为可以忍受,哪些不遵从行为需要直接处理呢? 按照上面的定义,不遵从可能是无心的错误也可能是故意的欺骗,当然也可能包括多缴税款的情形;此外,纳税人也可能很好地履行了义务,但是由于税法阐述的差异导致其遵从度存在问题。在这些情形下,澄清税法意味着要描述许多种类的风险,因而不是改变税法就是改变执行税法的方式。正如华盛顿美国国税局总部的题字提醒我们一样:"我们支付税收是用来构建文明社会的。"不管因为什么原因,如果纳税人没有按照法律履行他们的义务,社会就不能用他们(本应缴纳)的税收收入来支持政府在改善安全、卫生、福利、教育以及其他方面的计划。税收遵从面临的主要问题在不同的征收权限中都是共同的。在一个征收权限中,任何程度和优先级的变化都会出现。但是,尽管有这些变化,一个有效的管理并改善遵从度的方法应当遵循下面的结构化的风险管理流程,包括:对税务机关运行环境和纳税人活动不断进行的监控;识别、评估以及确定税收风险优先级,整个征收系统以及税务机关在社会中名声;理解驱动纳税人不遵从行为背后的因素;处理不遵从行为;评价任何干涉策略的效果。

7.4　资源税制改革的主要任务

7.4.1　统筹税费关系,完善有利于节约能源资源和保护生态环境的资源税法律和政策,加快形成可持续发展的税收体制机制

首先,要区别国家在矿产资源领域三种角色定位,正确发挥税收调节功能。

在矿产资源领域,国家的角色有:一是矿产资源所有者的民事主体身份,二是矿产资源全民所有的代表身份,三是行政管理者的身份。国家在矿产资源领域三种主体身份的依据和发挥作用的领域及其行为方式具有原则性的差别。国家作为矿产资源所有者的民事主体,等同一般经济人,通过产权交易实现利益最大化。国家作为矿产资源全民所有的代表,不同于经济人的地位,要考虑的问题是如何保障矿产资源利益为全民享有而非某一个体享有,同时还要考虑矿产资源利用的长远利益。国家作为行政管理者的身份,要管理国家经济的运行,保障经济持续、快速、稳定发展。国家作为矿产资源所有者的民事主体,其权益要依据民事法律行为实现。国家作为矿产资源全民所有的代表,要保障全民根本、长远利益的实现并为全民享有,需要建立一套衡平法律机制。国家作为行政管理者的身份,要运用行政手段对矿产资源的开采、利用进行规划、调控和建立有关矿产资源的各类法律制度。由于国家同时以三种身份参与矿产资源领域的活动,容易导致其主体身份和行为混淆,既是交易人,又是裁判者,还是监管人,经常发生行为的错位。税收在调控矿产资源时国家是作为行政管理者的身份介入的,要避免与国家矿产资源所有者的民事主体的身份发生错位。因此,与矿产资源交易价格有关的问题,应当由交易主体的双方通过市场交易解决。

其次,要正确处理税收与价、费关系。对矿产资源征收的各类费,如矿产资源补偿费、探矿权使用费、采矿权使用费、探矿权价款、采矿权价款、矿区使用费,从其本质属性上说,应当是矿产资源的对价,而非行政收费。作为调节级差收入的资源税,其立法的社会背景是国家对矿产资源无偿授予勘探权、开采权。在国家对矿产资源无偿授予勘探权、开采权的条件下,运用行政手段调节矿产资源开采中级差收入问题是切实可行的,但是从1994年起对采矿权人征收矿产资源补偿费,从而结束了无偿开采矿产资源的历史,由此产生调节矿产资源开采级差收入的资源税与名为行政收费实际上是矿产资源对价的矿产资源补偿费、探矿权使用费、采矿权使用费、探矿权价款、采矿权价款、矿区使用费之间存在职能交叉、重叠的问题。《中共中央关于制定十一五规划的建议》指出:"要坚持社会主义市场经济的改革方向,完善现代企业制度和现代产权制度,建立反映市场供求状况和资源稀缺程度的价格形成机制,更大程度地发挥市场在资源配置中的基础性作用,提高资源配置效率",在这种背景下,矿产资源的级差收入问题应当交由矿产资源的价格机制解决,而不应当在价格之外用资源税的形式来调整矿产资源的级差收入问题。另一方面,用资源税的形式解决矿产资源级差收入只能依靠政府对千差万别的矿区进行政府定价,这种行政定价不可能准确反映级差收入的程度,无法正确调节。此外,用资源税的形式来调整矿产资源的级差收入问题是政府角色的错位。级差收入是矿产资源对价的构成部分,在用资源税的形式来调整矿产资源的级差收入的场合,政府是以公共权力介入平等民事主体之间的交易。因此,在矿产资源市场价格机制的改革中,资源税调整矿产资源级差收入的功能应当退出,政府应当以矿产资源全民所有代表者的身份用资源税调节矿产资源耗竭和补偿问题。

7.4.2 以科学发展观为统领,尊重税收经济规律,科学调节因自然资源禀赋产生的级差收入和因市场价格差异产生的不同资源收益

我国的自然资源虽然比较丰富,但分布很不均衡。资源的自然条件和社会条件差别也很大,开采者的赢利水平因此也很悬殊。以采矿业为例,开采条件好、矿石品位高的矿,开采的费用低,获利大;开采条件不好、矿石品位低的矿,开采的费用就高,获利亦小。为了防止开采者追逐利大资源而弃置利小资源,促进国家资源的合理、有效地开发,有必要设置资源税调节因开发条件的差异而产生的级差收入;同时这也可以促进企业加强经济核算,使企业的赢利能真正反映其经营成果。由于自然资源的禀赋等级(资源储量和地理位置等)不同,较高等级的自然资源可以带来超过平均利润的差额利益,而且不同禀赋的自然资源的开采与利用成本不尽相同。因此,资源税本身的性质决定它是矿山企业级差收益的转化形式,并不代表全部矿山地租,仅相当于地租理论中的级差地租Ⅰ。资源税是以各种自然资源为课税对象的一种税,开征资源税的目的是调节矿山企业由于矿产资源条件和地理位置的差异而产生的级差收益,从而调节企业因资源因素造成利润水平相差悬殊和利润分配苦乐不均的问题,为企业平等竞争创造条件。因此,矿山企业发展的不同阶段建议采用不同的税率。因矿山企业的生产成本随着开采深度的增加而增加,其收益在不同时期是不同的。征税的税率也应随着开采阶段的变化而及时调整。在其成长期与成熟期,由于开采条件较好,经济效益也比较好,可以采用较高的税率政策。这样做,既有利于保证国家及时取得税收收入,也不会影响矿山企业的经营,并有利于提

高矿山企业对资金和资源的使用效率。相反,在矿山衰老临近报废期,则应采用较低的税率政策,以减轻矿山企业的税负负担,并促进其资金积累和应对矿山企业转型。国家提高资源税负的初衷是要保护资源,促进资源的合理开发、有序利用。但是,资源税作为地方税种,资源税负的提高可以增加地方财政收入,增强地方可控财力。在经济利益的驱使下,地方政府可能更会超常规地发展资源类企业,可能会为了追逐短期利益更加大对不可再生资源的掠夺性开采和使用,这样就会与国家资源税改革的初衷相悖。因此,要有相应的规制,防止矿产资源的掠夺性开采利用。

7.4.3 努力营造统一、公平、高效、规范的资源税制度环境,让资源自由流动,激发市场活力,提升经济效率

世界上任何国家的市场都不是完全的,完全依靠市场机制作用配置资源的能力是有限的,现实中个人和企业的选择深受税制的影响,而且,人们所设想的制度与市场的最佳状态也会随时代的变化而变化。从这个意义上说,真正的中立是指在现实中不完全的制度和市场经济条件下,个人和企业的选择受到税制的不良影响时,就应该立即改革资源税制。改革的中期目标是通过构筑激励型资源税制,支持个人自主能力和企业结构调整能力,同时促进民间挑战风险、提高企业的劳动生产率、开发新的商品和服务、开拓朝阳产业,不会对企业和个人的经济活动造成扭曲,通过市场作用实现资源最佳配置,提高经济自主增长能力。对现行资源税的改革会增加资源开采类企业的资源税负。而目前对于许多国有老矿山企业而言,其税负已经很重。因此,还要从矿山企业可持续发展的角度考虑资源税费的改革问题。综合考虑增值税、企业所得税与资源税的配套改革。此外,在资源税负提高的基础上,对资源类企业要实行区别对待。对采用先进技术提高资源回采率和资源利用效率的企业,积极开发利用贫瘠或劣等资源的企业,将废弃资源进行回收循环再利用的企业,以及积极开发新能源、替代资源的企业等,要通过科学合理的税制设计,采取有效的税收优惠政策,扶植、促进这些企业的发展。

7.4.4 建立税负转移机制,建立起中央政府与地方政府、资源产出地与资源流入地之间的收入分享和利益协调机制

新的资源税改革方案要充分考虑各利益相关者之间的利益分配问题。新

的资源税改革方案在利益分配上,应注意解决好四个方面的问题:一是在中央与地方的利益分配上,既不能搞计划经济时期的高度集权,也不能完全放任自流,最好的办法是采取中央与地方的税收分成制,但要建立起严格确保资源税收入使用方向的管理体制;二是解决好资源输入地与资源输出地之间的利益补偿问题;三是解决好资源开采与当地环境治理保护投入的问题;四是解决好资源开采与当地居民的利益补偿问题。

7.4.5　建立健全分类调控、有奖有罚、宜增宜减、反应灵敏的资源—环境税收政策调整机制

促进矿产资源持续供应和矿业持续发展是一项系统工程,包括矿产资源持续供应和矿业持续发展两个方面。促进矿产资源持续供应和矿业持续发展的税收政策调整要体现鼓励节约矿产资源投资、引导节约矿产资源的消费、扶持节约矿产资源产品的生产、促进节约矿产资源技术的推广,加大与节约矿产资源相关的设备和技术进口、鼓励节约矿产资源相关的产品和资源的出口等等方面。不同的方面需要有不同的政策手段,需要体现不同的政策导向,税收政策应该根据自身的特点,全面着眼,多方引导,通过构建科学、合理的政策体系,更好地发挥促进节约矿产资源的政策效应。建立健全完整的资源环境税收调节机制。资源税只有与其他税收结合成为一个完整的生态税收系统,使资源从勘探、开采、生产到消费的全过程都得到有效的监督,才能真正实现资源的有效利用和对环境的有力保护。

——资源开采前,大力促进资源探矿市场的建立,打破国家独自负担地质勘探工作的现状。完善我国的矿业权市场,公开以拍卖或竞标的形式有偿转让探矿权和采矿权,以此作为国家勘探资源的主要资金来源,对自主勘探资源的企业实行优惠出让开采权的政策,从而改变原有审批制度,杜绝寻租现象。

——资源开采时,征收矿产资源补偿费以维护国家的财产收益权并调节因不同资源条件而引起的级差收入。征收资源税,为地方政府保护环境及应对今后的资源耗竭提供资金。国家通过减少公司应纳的税赋建立资源耗竭补贴制度,使企业建立勘探新资源及开发替代资源的后备资金。

——资源性产品生产过程中,设立专门的环境保护税,以对污染环境的行为或产品征税,如排污税、二氧化碳税、二氧化硫税、噪音税等。当无法对污染

排放进行直接测度时,可以对产品征税作为替代。

——资源性产品销售过程中,必要时征收特别收益金,对资源企业不是由于其自身技术或管理原因而获得的超额利润进行征税,以体现市场公平及社会公平。

——资源性产品消费过程中,对消费者的行为征收消费税以控制消费过程中的外部不经济性,如对电池、含铅汽油、大排量汽车、不含尾气净化装置的汽车等征收的税;取消增值税中有关农药、化肥低税率的优惠;改养路费为燃油税。

——资源性产品消费后,对消费品、废旧物品等的处置征税。按使用者交费原则,对需要进行处理的垃圾或生活污水等征收垃圾税或污水税,以筹集处置资金。

7.5　资源税制改革的战略实施路线

1994 年的税制改革已经从整体上解决了税收制度与环境的冲突,目前改革的主要任务是在现有税费框架结构下对现行税费政策不足部分的完善及空白部分的补充。由此,在改革范围上应主要以对现行税费政策的精加工为主,以局部的税费改革为主,使资源税费制度逐步走向成熟和完善。而且在改革的操作方式上应充分论证,审慎推行,稳扎稳打,分步到位。否则,将引起不必要的波动。具体实施路线是:

——第一步:在 2009 年至 2010 年,也就是"十一五"期间,主要以改革和完善现行资源税制为重点,根据宏观经济形势的发展变化,为促进资源节约和环境保护,建立健全资源有偿使用制度和生态环境补偿机制,在部分税目如原油、天然气和煤炭资源税进行从价计征办法的试点和推广,并根据可持续发展战略的要求进一步明确资源税优惠政策的具体操作办法。同时,应利用我国新一轮税收制度改革的有利时机,加快步伐,重点突破,积极推进扩大资源税征税范围的改革试点工作。待条件成熟时,制定《资源税暂行条例实施细则》,并尽快推出新的《资源税暂行条例》及其实施细则。

——第二步:在 2010 年至 2015 年,即"十二五"期间,研究扩大征税范围,将矿产资源补偿费、探矿权采矿权使用费、水资源费、煤炭可持续发展基金等并入资源税,同时考虑开征森林资源税和草地资源税;根据资源条件和市场情况的变化,对部分价格较高、利润空间较大的矿产品情况进行调研,适时调整资源税税额标准;根据国家的社会经济发展趋势要求,积极促使相关政策和法规的出台,争取以立法的形式出台《中华人民共和国资源税法》及其实施细则。

——第三步:在2016年至2020年,即"十三五"期间,将资源税改革与环境税改革相协调,构建我国资源环境税框架体系。环境税收政策重点研究和实施条件成熟、易于推行的污染排放税、污染产品税以及生态保护税,随着条件的不断成熟,深化环境税税目设计,加大环保相关税收的税率、税基、征税对象、减免情由等基本问题的研究,合理设计税收"绿色改造"方案。积极促进环境税收体系的完善,基本构建能适应国家发展需要的、能有效支撑可持续发展的环境税收制度。环境税可以改变污染产品的生产成本和销售价格,从而影响这种产品的生产和销售;资源税可以改变稀缺资源投入的价格,从而影响这种资源的消耗速度。通过资源税和环境税税收发出明确的调控信号,以促进资源节约型和环境友好型社会的建设。

8 资源税制改革的政策选择

仔细设计的税制改革能减少增加收入的耗费,并保证税收政策与其他政策相吻合。然而这样的改革不可能一蹴而就。

——世界银行:《1988 年世界发展报告》

8.1 正确定位资源税的性质,重构资源税费的理论基石

科学发展观作为中国特色社会主义理论的重要组成部分,是同马列主义、毛泽东思想、邓小平理论和"三个代表"重要思想既一脉相承又与时俱进的科学理论,是我们党最可宝贵的政治和精神财富,是全国各族人民团结奋斗的共同思想基础,是建设中国特色社会主义的指导方针。科学发展观不仅是时代的要求,人民的呼声,也是指导国家财税制度建设和改革的理论基石和行动指南。从这个意义上说,推进科学发展是税制改革的动力,也是税制改革必须坚持的第一要务;以人为本是税制改革的灵魂,也是税制改革的价值取向;全面协调可持续是税制改革的准则,也是税制改革的基本要求;统筹兼顾是税制改革的法宝,也是税制改革的根本方略。资源税是税收参与资源节约型、环境友好型社会建设工程的一个具有特殊意义的税种。资源税制改革通过税收介入资源价格形成机制,提高资源使用成本,全面影响资源价格,并通过价格及其他直接的环境税影响生产者、开采者和消费者的行为,从而促进资源节约和保护环境。资源税制改革要服从和服务于可持续发展的需要,把资源税看做是社会主义生态文明建设的助推器,通过制度创新和政策设计推动资源节约型、环境友好型社会建设,坚持走生产发展、生活富裕、生态良好的文明发展道路。

资源税费改革的关键问题是明确资源税税收的性质和主要调节资源级差的功能定位,避免引起税、费不必要的歧义和无谓的争论,避免资源税的改革走

入歧途。今后，无论是税制安排还是税收政策设计，都应该把科学发展观作为理论指导，把制度改革和政策设计与科学发展观的内涵很好地结合，建立健全能够充分体现社会公平正义、转变经济发展方式和实现又好又快发展的资源税收制度环境，尽快形成促进社会主义物质文明、政治文明、精神文明与生态文明共同发展的税收体制机制，重新界定资源税制的基本功能，让资源企业及其利益相关者真正明白资源税制的本质和作用。

首先，资源税制应是资源企业为消费社会公共产品或公共服务而支付的"税收价格"。从公共产品理论出发，税收在本质上就是为公民享受的公共物品所支付的价格。而公共产品价格的税收本质观就是资源税制设计的理论基础。众所周知，资源企业以经营多种资源商品和提供多种资源服务为手段，以市场机制为运作基础，以利润最大化为经营目标，按照公司制度和市场原则组建，并实行市场化经营、企业化管理，具有产权明晰、权责明确、政企分开、管理科学的现代企业制度的基本特征。资源企业作为直接为社会提供资源产品的组织，在利润动机和承担风险条件下是独立的资源商品或服务的生产者和经营者，它与作为社会管理者的国家之间的关系就是依法经营、照章纳税。资源企业所提供的产品或服务无论其是最终产品还是中间产品，绝大多数是具有竞争性和排他性的私人产品或私人服务，而不是公共产品或公共服务。所以，政府完全可以以公共产品提供者的身份向作为市场主体的资源生产者和经营者课税。因此，从税收交换理论和受益课税原则出发，资源课税被看做是资源产品或服务的提供者和受益者为消费社会公共产品或公共服务而支付的"税收价格"。政府通过包括资源课税在内的所有税收融资，为资源生产者和经营者提供了安全保障、维护了良好的市场环境，为资源从业者提供基本的社会保障，这些带有公共产品性质的服务可以看做是资源产品或服务的生产者和经营者缴纳税收的回报。

其次，资源税制是资源企业作为企业必须承担的最基本的法定社会责任。企业是社会的一个组成部分，企业有责任为社会的发展作出贡献。企业在享受社会赋予的自由和机会时，也应采取伦理、道德的行动作出回报。企业的首要任务是创新和生产，任何企业的第一要义是搞好生产，创造出市场效益，争取为社会多纳税，实现它对社会的经济责任。资源企业本身就是国家和社会的重要组成部分，社会责任就是资源企业的责任。一个成熟的企业，必然是一个对其所依存的社会充满了理性关爱的企业。资源企业的发展与社会环境是息息相关的,社会是资源企业的利益之源,作为社会的一员必须融入社会群体之中,并与社会各种组织产生互动才能达到和谐的境界。资源企业在享受社会赋予的自由和机会时,能以符合伦理道德的行动作出回报,为资源企业自身的经营发展创造更好的社会氛围,使自己得以保持强盛的生命力和长期可持续的发展,这是由资源企业的性质所决定的。社会主义市场经济既给资源企业创造赢利的环境,同时也要求国企承担起一定的社会责任。这种责任不是传统意义上的企业为社会,它要求的是资源企业自然融入社会、服务社会、亲和社会、回报社会。资源税制是资源企业作为企业必须承担的最基本的法定社会责任。中国资源企业作为关系国民经济发展和国计民生的重要基础性骨干企业,应当立足大局,着眼长远,在履行经济责任和政治责任的同时,深入研究和全面履行好企业的社会责任,进一步树立起负责任的大公司的良好社会形象。资源企业作为国民经济发展中的主要资源产品生产商和供应商,肩负着充分利用国内外两种资源、两个市场,保障国内油气供应和国家资源安全的重任。作为国家支柱型产业,资源企业对外要强调依法经营,主动处理好与各种利益相关者的关系,依法纳税和有序竞争。

再次,资源税制是矫正资源生产与消费负外部效应的重要政策工具。所谓负外部效应,就是当一个生产者在生产过程中,给他人带来损失或额外费用,而他人又不能得到补偿时,就产生了外部不经济性。造成负外部效应的根源实质上是私人成本社会化。如何使外部成本内部化,使生产者或消费者产生的外部费用进入他们的生产和消费决策中,由他们自己负担是决策研究的重点。从目前环境政策领域实施的手段看,环境外部不经济性内部化的主要方法大体可分为直接管制手段和经济刺激手段。税收作为政府经济调控的重要手段之一,对于保护环境具有重要的意义,并且有其他经济手段无法比拟的优势。福利经济学的创始人庇古曾主张根据环境污染造成的损害对污染者征收庇古税,实现环境成本内部化,以税收弥补因污染造成的资源损失和治理污染。资源生产与消费不可避免地会带来不同程度的环境污染,给周边居民造成身体健康的损害和财产的损失,从而产生负外部经济效应。在资源开采过程中,油气井放出的废气会造成大气污染;海上采油、油船事故会造成海洋污染;陆上资源大量开采造成地面凹陷等;造成矿山生态环境的破坏,威胁生物栖息环境,海上采油影响海洋生态系统,资源泄漏造成海洋和水体生态环境以及动物死亡;大气、水体污染造成人体健康受损,矿井事故造成人体安全隐患。在炼油过程中,产生大量的废气会造成大气污染;含油污水既有可能造成水体污染,也有可能造成土壤污染,环境污染造成生态系统的破坏。在资源消费过程中,燃料燃烧、汽车尾气等造成大气污染,排放二氧化氮等污染物;污染物通过沉降等进入水体,影响水质;环境污染造成生态系统的破坏。资源税制通过国家公权力的介入,借助税收杠杆的作用原理,对污染环境的行为和资源的市场流动及合理配置进行干预,将资源和环境的成本纳入市场交换价格,实现公共产品的等价有偿交换。政府通过资源税,用市场的力量引导企业的经济行为,促使企业抛弃高耗低效的粗放型资源生产方式,自觉地选择节约资源和资源污染控制的新技术,研发更为有效的利用资源和减少资源污染的工艺流程,生产节能低耗的产品,降低生产成本,提高企业竞争力。同时通过税收的引导作用,也会改变人们传统的资源消费和生产模式,自由地选择低廉而且适合自己的资源生产和消费方式,在潜移默化中达到保护环境的目的。总之,通过资源税制改革筹集资金治理资源污染保护环境,贯彻"谁污染,谁治理","谁利用、谁补偿","谁受益,谁付费"的理念,实现外部成本的内部化,避免把当代人破坏环境的恶果转嫁给后代人来承担。

最后,资源税制是保障国家能源安全战略的重要政策工具。保障资源安全是中国政治安全的重要内容资源,是关系国计民生和国家经济安全的重要战略物资,是中国实现全面建设小康社会、进而实现现代化建设第三步战略目标的重要保障。面对新形势,资源工业的发展,必须从中华民族的长远发展和国家政治安全考虑,坚持实施可持续发展战略。资源税制是国家资源政策的重要体现,科学的资源税制体系可以促进资源合理利用并增加资源安全的保障程度。税收作为体现政府政策的主要手段对资源工业的健康发展起着至关重要的作用,科学合理的税制可促进资源工业的发展、资源的合理利用,以及增强国家的资源安全。保证我国的资源安全需要有一个整体性的长期战略规划,但从产业政策和产业发展的角度来看,适度的税收政策也可以在一定程度上减缓我国的资源危机。保证我国的资源安全需要有一个整体性的长期战略规划,但从产业政策和产业发展的角度来看,适度的税收政策也可以在一定程度上减缓我国的资源危机。资源税制作为宏观经济调控手段,必须既要适应当前资源生产的环境和特点,又要顺应资源经济发展的趋势。政府在市场经济条件下采取行政干预手段,对某种具体的资源品种进行限制消费,或只对某种油品的节约采取政策措施,都可能达不到预期的目的,这主要是因为油品之间有相当的可替代性。国际上在促进资源节约和调节油品消费结构方面,通常采用的政策措施是实施资源环境税收政策。从世界各国的实践看,资源税是一个有效易行的手段。

8.2 依资源禀赋差异与级差地租性质设计差异化的资源税制

自然资源勘探开采是一个相当复杂的过程,整个挖掘过程包括四个一般阶段:一是勘探阶段,包括通过大面积调查来判断地质异常和有希望的结构、矿工开始集中钻和取样调查来判断矿化带的范围以及这个地区的特定的地球物理的/地质的特性等两个过程;二是开采前计划和开采阶段,包括初步的财务的和技术的分析、备选的工厂规模和提取方式等等;三是资源提取阶段,短期提取决定局限于当前开采的区域,提取的储量的数量和质量由固定的容积和下游活性的设计特性决定;四是加工阶段,更接近于矿石还是更接近于终端市场的不同程度的加工是由运输成本和所供应的市场的类型和规模来决定的。在四个阶段中勘探判断限制开采,开采决定限制提取,提取所产生的现金流(以及从外界融资的能力)为以后的勘探决定提供了反馈,并对任何时间段的勘探量进行了限制。在资源勘探开采过程中,许多因素对于资源开发收益有很大的影响,其中地质因素、地理因素、质量因素、开发时间等因素的影响最为突出。在实际计算资源级差收益时,必须同时考虑上述四种因素,找出它们对于资源级差收益的共同作用,才能较为全面地反映自然资源级差收益的基本要素。税收在采矿周期的不同阶段会带来不同的影响,国家可以通过税收政策改变辖区内矿产的相关营利能力,这种激励将会导致开采和提取在本国内以及国家之间的再分配。[①] 征收级差地租性质的资源税应根据自然资源的具体情况,自然资源的级差地租性质的资源税额应该递减征收。自然资源开发过程中,其资源收益不断递减是不可违背的客观规律。根据这一具体情况,在考虑征收资源税时,应当

---

① 罗伯特·F.康莱德、吉娜·S.布劳修斯:《资源税:写给中华人民共和国财政部的报告》,2001年3月。

把递减因素包括进来。也就是说,资源税不应是一成不变的。不仅对于不同的油田应有不同的资源税率,而且对于同一油田的不同阶段也应有不同的资源税率。这样才能较为准确地反映资源不断变化的客观轨迹。由于无论资源价格如何由政府参与形成,但同一种资源在市场上的价格应该是相同的。总之,科学、合理地通过资源税调节不同等级资源的级差收益是资源税改革和完善面临的主要任务。建议开展全国资源品质结构和等级研究,综合资源的赋存条件、地理位置、开采技术要求、埋深、质量及不同开采阶段等方面的客观差异,系统、科学地划分优劣资源的税额标准。不仅要根据资源禀赋差异涉及资源税制,而且由于资源税的立税依据是任何资源都存在丰度差异和区位差异,使用好的资源,在技术和管理水平相同条件下,能获得超额利润,资源税就是对这笔超额利润开征的特别税,目的在于调节使用不同级差资源的级差收益。所以,应根据各矿区的资源条件与地理位置的优劣进行科学地分类;在此基础上,遵循矿产品按照劣等矿产资源定价的原则,测算出劣等资源的租金;依据矿产资源的级差收益理论,研究相应的测算方法,测算出同一矿种不同类别资源的级差收益,进而制定出同一矿种不同类别的单位可采储量资源税定额,使税收定额基本能反映不同行业之间、同一矿种不同类别之间的级差收益。

8.3　适度扩大资源税征税范围,适时增加应税资源品税目

关于扩大资源税征税范围,目前有三种观点:一是大资源税的观点。主张国家对资源税的征收不但要包括矿产资源,还应包括土地、森林、山岭、草原、水、动植物、海洋、空间等自然资源以及社会资源。只有将自然资源、社会资源纳入税收管理的轨道,合理征收资源税。按这一设想,我国的税制格局将发生根本性的变化,将形成以资源税为主的税制结构。二是中资源税的观点。主张资源税的征收范围只限于对不可再生的自然资源及可再生但破坏严重的资源课税。三是小资源税的观点。主张不再扩大资源课税的范围,而是扩大对矿产品征收级差收益的数量。三种观点中,小资源税的观点显然是不完全的,它基本上没有考虑对绝对地租征收的情况,主张不再扩大资源课税的范围,而是扩大对矿产品征收级差收益的数量,这一观点未体现上述外部性成本的补偿和体现可持续发展的观念;大资源税的观点不顾现实,过分夸大资源课税的范围,实

际上既无法操作,也不利于税制及整个财政体制的稳定;中资源税的观点主张资源税的征收范围只限于对不可再生的自然资源及可再生但破坏严重的资源课税,能体现外部成本补偿和可持续发展理念,在实践上也是有可操作性的,比较合乎实际。从长远看,应扩大资源税的征收范围,将资源税的征收范围扩大到所有应予保护的自然资源,但考虑我国全面开征资源税还有一定的难度,可采取循序渐进、分步实施增加应税资源品税目,逐步扩大资源税的覆盖面。

第一步:土地是不可再生的资源,鉴于土地课征的税种属于资源性质,而且我国现行对土地课征的税费过多、范围过窄、减免过宽、税率过低、不利于土地资源的合理配置,为了使资源税制更加完善,可将现行的耕地占用税、土地使用税、土地增值税、土地出让金等作为一个税目并入资源税,并在现行土地开发利用税费负担的基础上,合理设计土地资源税的税率,扩大土地资源税的征税范围,以加强土地资源的合理开发利用和保护耕地,建立健全调控土地资源的税收机制。

第二步:在现行资源税制框架之下增加水资源税目,以解决我国日益突出的缺水问题。水为生命之源,是不可替代的自然资源和环境要素,有必要将所有开采或取用各种天然水(包括地表水、地下水、矿泉水、地热水等)的均纳入征税范围,按照开采量或取用量在开采或取用环节征收。在税率的设计上,应考虑我国幅员辽阔、水资源分布极不平衡的实际,可确定较大的税率幅度,在幅度范围内由省级人民政府确定具体税率。同时,改革一些地方随水费征收附加费等办法,将水资源分为生产性用水和生活性用水,分别设计税率,生产性用水的税率应高于生活性用水税率,通过税收真正起到保护水资源、提高水资源利用效率的作用。

第三步:在现行资源税制框架之下增加森林资源税目和草场资源税目,以避免和防止生态破坏的发生,适时开征森林资源税和草场资源税,抑制生态破坏行为,待条件成熟后,再对其他资源课征资源税。

第四步:在对现行资源税范围进行重新调整,将土地使用税、耕地占用税、水资源费、森林资源税费等并入资源税的基础上,可考虑将其他可再生资源适时纳入资源税的一个税目,从而建立起一个具有所有权性质的生态物质资源税制。长远来看,资源税的完善可为我国的环境资源税收体系的建立奠定基础,可以考虑将排污收费纳入环境税收之中,开征燃油税、水污染税、空气污染税、垃圾税等,使它们和资源税一起构建起我国的环境资源税收体系。

8.4 拓展税基,将具有税收特征的政府资源收费(基金)并入资源税

为促进资源节约和环境保护,建立健全资源有偿使用制度和生态环境补偿机制,可按照正税清费、分类规范、减轻负担、强化税收的原则,全面统筹税费关系,清理现行开采利用国有资源的各类收费项目,在全面清理取消不合理、不合法的资源性收费基金,整合性质相近、重复设置的基金,将部分资源收费转为经营性收费并征税的同时,对体现政府职能、收入数额较大、来源相对稳定、具有税收特征的资源收费基金并入资源税,由税务机关统一征收,收入纳入国家财政预算管理,可以加强国家运用财政政策对经济发展进行宏观调控的力度。

——改矿产资源补偿费为资源税。我国现行资源税和矿产资源补偿费在税理上是重复的,应将两者合一,作为矿产资源的基本租金,以资源税形式从量计征。将矿产资源补偿费并入资源税的关键是:理顺国家对矿产资源所有权的财产权益和级差收益的关系,要求以资源税取代矿产资源补偿费,维护国家作为矿产资源所有者的权益;现行资源税按照资源产品的销售数量为计税依据普遍从量征收,已不再含有因矿床自然禀赋和区位差异而征收超额利润税的含义,与矿产资源补偿费的实质含义类似;国家目前已对矿山企业实行探矿权、采矿权有偿使用和公开出让制度。因此,应将矿产资源补偿费并入资源税,采用国际通用的权利金形式,实行与国际接轨的国际通用的权利金。权利金按照矿产品销售收入的一定比例计征,总平均费率控制在2%左右,各地具体费率可参照近几年矿产资源补偿费的收缴情况,按照不同矿种的平均利润水平分别确定。

——改城市水资源费为资源税。作为调节经济活动的重要杠杆,水资源费的实质是不以付出的劳动消耗为前提的税收,实际上已赋予了水资源费以税收性质,水资源开发利用前后所付出的附加劳动可通过直接补偿或间接补偿的途径实现。从绝对地租的角度看,它是有偿使用天然资源的基础构成;从级差地租的角度看,国家应当用征税的方法调节由于自然条件不同而造成的负担不均的现象,因此宜将水资源费并入资源税。这样既遵循了归属国家所有的水资源必须实行有偿使用的原则,又有利于国家全局性水资源的合理开发利用。

——归并其他资源收费为资源税。除矿产资源、水资源之外的其他自然资源,可以仿效矿产资源的收税方法,制定有效、易行的税收制度,从而达到保护资源、保护环境的目的。从长期看,应进一步归并其他分散的资源保护性收费,逐步将目前正在收取的林业补偿费、育林基金、林政保护费、矿山专向维护费、更新改造基金、电力基金、无线电管理费、渔业资源费等资源保护性收费并入资源税,实行定额税率征收。

8.5 实行从价定率和从量定额相结合的复合型计税方式

资源税计税方式一般有从量定额和从价定率两种,两种方式各有千秋。从价定率的征收方式将资源税收入与企业获得的级差收入内在地联系起来。在价格上涨,资源开采企业获得的级差收入增加时,应缴的资源税也相应增加,价格下跌,资源开采企业获得的级差收入减少时,应缴的资源税也相应减少,可以更好地解决目前存在的所有者权益难以保障,企业负担不均衡等问题,也有利于资源税主管部门从调整资源税税额的利益博弈中解脱出来。在目前的征收方式下,由于资源税归属地方政府,地方政府往往在资源产品价格上涨时,要求调高税额,资源开采企业则极力反对。在价格下跌或资源开采条件恶化时,纳税人要求调低税额,地方政府则持不同意见。资源税的主管部门不得不经常处于双方利益博弈的中心,陷于税额调整的纷争之中。可见,如选择从价定率,由于税额随着价格变化,可以在一定程度上弱化博弈双方要求调整税率的动力,但从价方式仍然没有很好地解决资源开采企业开采资源时采富弃贫、回采率低的问题。

从量定额方式一是难以充分保证国家作为资源所有者应享有的利益。资源税的首要目的是将因资源客观条件不同而产生的级差收入收归国家。虽然资源开采者的收入取决于资源产品的销售数量和销售价格两个因素,但是资源的可采数量是一定的,资源的市场需求在一定时期也是一定的,资源价格是开采者收入的最终决定因素,也是级差收入的体现形式。资源税从量定额的征收方式却割断了价格与资源税收入之间的关系,价格上涨,税额不增,价格下降,税额不减,作为资源所有者的国家不能在资源开采者因价格上涨取得更多级差收入,相应增加资源税收入,本应归属国家的级差收入留在了开采企业。二是资源税负担水平难以根据企业负担能力的变化而自动调整。资源开采企业负担资源税的能力与资源的价格水平是密切相关的。一般情况下,资源价格水平越高,企业负担能力越强,资源价格水平越低,企业负担能力越弱。但是在定额征税的情况下,实际负担水平却不能及时随着负担能力的下降而调整,甚至呈现出反向调整的效果。假定煤炭资源税税额为每吨 4 元,在销售价格为每吨 200 元时,折合从价定率税率为 2%,在销售价格下降到每吨 100 元时,折合从价定率税率则上升到 4%。一些资源开采企业由于销售价格下降时,资源税额没能及时下调,导致税额过高超出其负担能力,出现拖欠税款的现象。虽然价格下降或开采条件恶化,成本上升时,也可以通过调低税额的方式适应纳税人负担能力下降的客观情况,但是由于资源税属于地方政府收入,地方政府对调低资源税往往持消极态度,降低资源税税额的难度很大。三是难以有效地保证企业间的公平竞争和抑制采富弃贫的开采方式。能否保证资源开采企业间的公平竞争和抑制采富弃贫的开采方式,在很大程度上取决于国家能否通过资源税将因资源客观条件不同产生的级差收入收归国家。由于从量定额的征收方式割断了资源税收入与价格之间的内在联系,在价格变动较大,尤其是在价格总体呈上升趋势的情况下,不同资源开采企业获得的级差收入随着价格的波动而不断变化,相对固定的资源税额自然难以实现将级差收入收归国家的初衷,保证公平竞争和抑制采富弃贫的目标也随之难以实现。

从保护资源来看从量计征优于从价计征。因为从价计征,在税率既定的情况下,税额的大小既与应税资源产品的数量有紧密关系,也受价格变动的明显影响;而从量计征,在税率既定的情况下,税额的大小则直接取决于应税资源产品数量的多少,不受价格变动的影响,这就能够促使开采者从自身税收负担的角度考虑尽可能地减少不必要的开发,使有限的资源得到有效的利用。但是对资源不分质量均使用相同税率,有悖税收公平原则,由于自然禀赋不同造成的资源级差收益差距,使资源税对于资源开采企业间的调节力度十分微弱。为此,建议实行弹性差别税率,对铁、煤、石油等非再生性能源的金属和非金属矿产品实行定额税率与比例税率相结合的复合计税办法。即先在开采或生产环节实行定额税率按生产数量计征,之后在销售环节根据销售价格再实行比例税率从价计征,同时将企业的回采率与资源税率相挂钩,力争使资源税在节约非再生资源、稀缺资源方面切实发挥作用,强化国家对自然资源的保护与管理,防止乱采滥用;对其他资源则仍采用定额税率,统一在开采或生产环节从量计征。这一方面更能体现国家对国有资源的调控和保护思想,进一步明确资源税的属性;另一方面促使纳税人能从自身利益出发合理开采自然资源,尽可能减少所开采资源的积压和浪费,使有限的资源得以更好地开发利用,这也符合"统筹人与自然和谐发展"的精神。

8.6　科学设计资源税税率,优化资源税税率结构

税率设计要考虑资源开发利用对生态环境的影响和资源的可持续性价值,同时在一定程度上考虑通货膨胀环境下物价指数的变化。在充分考虑市场因素的前提下,本着"不可再生资源高于可再生资源,稀有程度大的资源高于普通资源,经济效用大的资源高于经济效用小的资源,对环境危害大的资源高于危害程度轻的资源,再培育周期长的资源高于再培育周期短的资源"的宗旨,重构税额幅度,适度提高资源税税率标准。除此之外,对于不可再生性、非替代性、稀缺性资源,税率的设计还需考虑资源回采率,课以重税,以限制掠夺性开采和开发。

资源税的税率设计应遵循以下原则:一是要充分体现资源的稀缺度和政府对该类资源开采的限制程度。对不可再生的稀缺度高的资源,政府对该类资源的限制程度就强,在税收上就应设置较高的税率;反之,对一些可再生的稀缺度不大的资源,政府对该类资源的限制程度就相对弱一些,在税收上可设置相对低一点的税率。二是增强资源输出地区的经济发展能力。比较而言,资源输出型地区的经济相对不发达,要提高资源输出地的经济发展能力和水平,就应该运用税收政策来提高资源输出地的财力,提高资源税税率是一种最简捷的办法,这也是符合国家支持西部大开发精神的。三是调整资源开采的级差收入。资源市场遵从的是优质高价、劣质低价的价值规律,在税率设计上也应体现优质资源税率从高,劣质资源税率从低的原则。四是反映资源开采的外部成本。按照保护生态环境的要求,资源的有害物质含量越高,在开采过程中对生态环境的破坏就越大,国家对环境治理的投入就越多,而这种投入必须通过以税收的形式来筹集资金,因此该类资源的资源税税率就应越高,反之则设计相对低的税率。五是对于不可再生资源税率的设计还需考虑资源回采率。将税率与

资源回采率挂钩。如果企业实际的资源回采率比国家核定的资源回采率低,其应税税额就要增加;反之,当企业实际的资源回采率比国家核定的资源回采率高时,其应税税额相应就会减少。这种计税方法有利于企业努力提高资源的利用率,从而使企业在追求经济利益的同时,兼顾资源的有效利用和环境的保护。

综合以上考虑,在扩大资源税覆盖面的基础上,应本着不可再生资源高于可再生资源,稀有程度大的资源高于普通资源,经济效用大的资源高于经济效用小的资源,对环境危害大的资源高于危害程度轻的资源,再培育周期长的资源高于培育周期短的资源的宗旨,以按质论价为基础,科学地进行级差划分,适度提高资源税率标准,根据现实情况逐步实施。同时还要在不同时期采用变化的资源税率。矿山企业的生产成本是随着开采深度的增加而增加的,显然在不同时期它的收益是不同的。因此,资源税作为调整级差收益的税种,它的税率也应随着开采时期的变化而及时调整。例如,在矿山企业的成长期与成熟期,在该阶段的资源开采条件相对比较好,矿山企业的经济效益也比较好,所以建议采用偏高的资源税税率政策,如此不仅有利于保证国家及时取得税收收入,而且也不会给矿山业的经营造成经济负担。在具体的税率设计上,考虑我国幅员辽阔的实际,一方面要拉大税额幅度,由地方政府(省级)结合实际确定具体的税额,以利于资源大省在资源输出中得到相应的经济利益,从而确保生态环境保护和治理的需要。另一方面提高总体单位税额,实行差别税率,对稀缺或环境破坏力强的资源实施高税率,如原油、金属类矿产资源等稀缺度高的自然资源应从高定率,其他类资源可相对从低设计税率;以体现国有资源的价值以及国家对自然资源稀缺度的调控度。

8.7　调整完善优惠政策,严防税收激励措施的滞后和滥用

鉴于自然资源的开发利用一般要持续十几年、几十年甚至上百年,制定资源税优惠政策应更多考虑资源保护因素,既要照顾到企业的短期利益,更要照顾到国家的长远利益。一是在资源税优惠政策激励的方向上,以环境保护为目标制定税收优惠激励政策,鼓励通过技术创新发展新能源和可再生能源。应坚持科学发展观,将人口、资源和环境三者在社会和经济发展的过程中有机地统一起来,同时应鼓励资源节约与综合利用技术的开发和推广应用,鼓励生产、销

售和使用节能、节水设备和产品,鼓励对于重大节能和综合利用技术的开发和改造项目的投资,鼓励发展低能耗、高附加值和资源综合利用的产业,发挥科技作用,挖掘资源潜力,提高资源利用率。二是严格控制资源税收优惠措施,强化税法修改程序。同时,鉴于资源税收入属于地方政府财政收入的性质,因此在涉及税收优惠授予时,就必须启动资源税法修改程序方能授予,禁止以发布行政命令的形式,就赋予资源企业以税收优惠,侵害地方政府利益。三是尽量减少资源税优惠政策,不断加大财政支持力度。从保护资源、合理开采利用资源的角度,应严格资源税的减免规定,取消对东北老工业基地的资源税优惠政策,以及国务院制定的对于冶金联合企业矿山铁矿石及有色金属矿的资源税减免,仅保留《资源税暂行条例》中规定的优惠政策,明确可以享受优惠减免的条件和优惠减免权的归属,杜绝资源税中各种非法减免和越权减免的发生。同时,将税收优惠政策重点由鼓励资源开采转为鼓励资源节约,制定必要的鼓励资源回收利用、开发利用替代资源的税收优惠政策,提高资源循环再生的利用率,使资源税真正成为发挥资源节约和生态保护的功能。

8.8　合理划分中央与地方的分配权益,完善资源税收入分配机制

改革我国的资源税制度不仅要正确处理好国家与各类资源开发者之间的税收关系,促进公平竞争外,还应合理划分中央与地方的资源税分配权益,以调动中央与地方共同保护、管理资源的积极性,实现资源配置的最佳整体效益和长远效益。从理论上讲,资源的所有者是国家,资源税收的功能是促进全国范围内资源的合理配置,根据我国自然资源保护中存在的突出矛盾,为保护自然资源,强化中央政府宏观调控能力,维护国家权益,资源税理应由共享税改为中央税。但我国的资源税属于地方税种,由地方政府进行课税,现在除了海洋石油企业的资源税由国家税务总局负责征收管理外,其他资源税均由地方税务局负责征收。考虑到地方政府对基础设施的建设和环境保护也要有相当的支出,如果新的资源税是以补偿当代与后代外部成本为主要设计思想,即便说生态建设具有全国范围纯公共物品的性质,但毕竟在对外部生态成本的承担上,地区之间还是有着明显的差异的,补偿的对象就应该是更多考虑受到较大外部成本

影响的地区,也就是说资源税应该继续作为地方税存在,作为过渡,资源税可暂时维持其共享税的格局,但其税收征管体制、划分办法应予以调整。具体到实际操作层面上来讲,一是在资源税政策层由中央统一管理,负责全国范围内的资源的开发分配;二是调整征收管理体制,将现行的海洋石油资源、其他资源税收分别由国税、地税两个税务系统征收改为统一由国家税务局负责征管;考虑到资源税的征收专业性比较强,可由国税部门委托授权国土部门征收,或由国土部门会同财政部门共同征收;三是改进资源税收的划分,将资源税统一收归中央国库,由中央统一资源税收的使用;这样不但可以反映资源作为国家所有的属性,而且可以充分发挥资源作为宏观调控重要手段的价值,保障可持续发展战略在全国范围内的实现。今后资源税中央的分成比例适当提高,原来是地方收入的资源税划归中央,由于资源税的税额在地方税收总收入中的比例一直不是很大,若能适当提高地方在其他税种(如地方企业的增值税)中的分享比例,不但未降低地方政府的税收收入,也能更好地反映各个税种所处的地位和应具有的功能,更为资源税管理体制的改革的顺利推行排除掉了最大的阻力。

8.9　提升法律层次和效能,尽快将《资源税暂行条例》上升为《资源税法》

税收政策制度发挥作用应通过法律机制,而不是应急式、注入式的把税收政策法规作为调控市场供求关系的工具、手段,扰乱市场本身的周期性发展的规律,要使税收的调节和平衡发挥其独特的优势。不仅如此,资源税收法律制度由于其特殊的征税对象,因而具有以下特征,如专用性、交叉性、技术性。专用性是指虽然资源税列入中央(或地方)财政统一预算,国家集中管理和统一分配,用于满足社会公共需要,但资源税的使用具有专用性,它只能用于资源保护和污染的治理,不能截留或挪作他用。交叉性是指它不是一个独立的税种,涉及多个税种,因此资源税与其他税种有交叉性。技术性是指征收资源税必须具备足够的技术可行性,这是因为资源税的征收不仅涉及如税目设计、税率的设定、计税办法、减免条件等复杂的技术问题,还要考虑如回采率和污染或破坏损失的计算等,并且这些技术问题不是税务部门单独能够解决的,必须依靠环境科学的研究成果和大量的环境保护标准,在环保部门和资源管理部门的密切配合下才能得以实施。基于上述分析,我国的资源税立法应当提升资源税收法律层次和效能,进一步强化"无法则无税"的意识,改变目前中国资源税收领域中的"上位法简而粗,下位规定繁而细"的现状,提高税收立法的层次和质量。

——在全国人大及其常委会暂时无法把大量税收单行条例、规章上升为税收法律的现实情形下,应当按照《立法法》的规定,除开征税种、税率、计税依据、征管程序、纳税人权利、税收救济、法律责任等资源税收基本制度必须由法律规定外,应大力提高授权立法的质量,健全完善资源税收行政法规、规章、规范性文件制定的机制,实行民主协商,广泛吸纳民意,会聚民智。

——应建立健全分层次的资源税立法体系。根据社会主义市场经济发展的客观要求,既要使政府通过税收集中必要的资金用于公共需要,又要使纳税人的财产权利得到有效保障,客观上就要求法律约束。资源税的立法应在坚持《宪法》《税收征管法》的有关原则基础上,由全国人大制定《资源税法》,用法律的形式来规定资源税征收范围、税负水平及税率幅度、征管方式、税款归属等,进一步提高资源税征管的法制化水平。

——国家财税主管部门提高资源税收政策法规的精确性(准确反映和调控经济生活,不扭曲纳税人的经济交易),精当性(主要指税收要素齐全、设置科学),精密性(主要指不粗糙、无疏漏、操作性强)。对现有的资源税收政策法规进行系统的清理、梳理工作,加强法律汇编工作,在整理汇编的基础上,适时开展法律编纂工作,使资源税收政策法规条文清晰,适用明确,纳税遵从有度,防止政策法规文件之间的冲突和"打架"现象,制定政策也应力求精细准确。

8.10 健全与资源税制相适应的税收征收管理机制

资源税应税矿产品流通法定扣缴是一个完整的税收征收管理链条,是一个系统工程,它是贯穿于从生产—收购—销售(再收购—再销售)—应用的整个过程,只要在一个环节出错,就会导致整个链条因脱节而瘫痪。一个好的资源税要正确地贯彻实施,还必须建立完善与之相适应的征管配套制度。鉴于资源税实行从量计征的特殊性,建议从以下几个方面加以考虑:

一是完善对资源税纳税人的管理。对开采国有资源的单位或个人进行一次全面的清查登记,摸清资源税纳税人的底数,实行动态管理,及时掌握纳税人变化情况,并定期或不定期地开展资源税专项检查,加强源泉管控;要加强税收宣传,让纳税人和扣缴义务人及时了解和理解制定的规定办法,减少在执行过程中遇到的阻力,更好地达到完善资源税征管的目的;建立财政、国土资源、工商、税务、环保等相关部门的信息沟通机制,多方面、多渠道地了解掌握资源税纳税人和扣缴义务人的情况,将其纳入到正常的税收控管中去,加强资源税征管链条强度,实现信息资源共享,堵塞管理漏洞,严厉打击偷采偷运、越界采挖、大矿小采、浪费资源、破坏环境、偷逃税收等违法行为,切实提高矿产资源的利用效率。

二是开展资源税纳税评估工作。通过建立健全资源税税源数据库与矿产信息管理网络,如矿产资源信息数据库等,以利于分析、评估、利用相关数据开展税收征收管理,实现资源税税收管理的科学化、精细化。在具体评估工作中,可运用现代计算机技术,建立资源税纳税人信息数据库,对采集到的信息(如销售收入、销售数量、开采量、产值、利润、成本等)进行评估分析,提高纳税人的纳税遵从度,避免因征管措施不到位而造成不必要的税收流失。

三是建立资源税税收政策、制度执行与问题反馈机制。要健全和规范资源税制的相关法规,把财税管理与矿产资源管理、土地管理、水资源管理、盐务管理等行业管理部门的协作机制以法规的形式固定下来,建立健全资源税税收政策、制度执行与问题反馈机制,对政策执行情况进行跟踪反馈。如此,一则有利于省以下税务机关及时发现、研究和解决资源税收政策执行、征收管理实践中出现的各种问题;二则有利于中央从整体综合的角度把握资源税收政策的整体运行状况,为国家税制改革和重大税收政策调整提供基础信息和决策,使资源税的各项制度设计、征管措施的效用得到充分发挥,促进税收的公平。

四是适当下放资源税税收政策管理权或实行更优惠的税收分享比例。在保证国家宏观经济政策政令畅通,不挤占中央、中央地方共享税税源,不影响周边地区经济利益的前提下,通过一定的法律形式赋予中西部地区资源税收政策管理权,以充分强化地方政府在配置地方资源中的主导地位和提高资源的配置效率,加快推动中西部地区特别是民族自治地区经济的协调发展。或是根据中西部实际情况,进一步完善分税制的财政体制,调整部分资源税税种的收入中央与地方的分成比例,提高地方的收入份额,使地方政府管理责任与财政收益相匹配,充分调动地方政府参与资源开采利用活动管理的积极性。

9 资源税制改革的政策效应分析

在现实世界里,一项经济措施的出台、一项制度的确立、一部法律的颁布,它们不只产生一种影响,而是产生一系列效应。只有最先出现的效应是显而易见的,因为这种效应可以由直接产生它的原因加以说明。而其他效应不易马上被观察出来,只能逐步展现在人们的面前,如果我们能够预计它们何时出现,无疑是一件十分幸运的事。高水准和低水准经济学家的全部区别就在于:后者只能注意到那些显而易见的效应,而前者不仅能够揭示观察到的效应,而且还能预见将来要出现的效应。

——弗雷德里克·巴士夏

所谓税收效应,是指纳税人因国家课税而在其经济选择和经济行为方面作出的反应。税收不仅对纳税人的消费行为产生影响,也通过对市场价格机制的干扰影响纳税人的生产行为。税收效应可分为收入效益和替代效应两方面。税收的收入效应是指由于政府对纳税人征税,减少纳税人可支配收入而产生的效应;税收的替代效应是指由于征税,改变了一种经济活动的机会成本而产生的效应。任何一种税收,都会对经济主体或者说纳税人产生一定的影响,科学发展观视野下的资源税改革也会产生一定的税收效应。通过征收较高水平的资源税改革措施,使资源开发企业的私人成本等同于社会成本,推动建立社会资源节约机制,防止资源企业牟取暴利,也为资源开发地区土地整治提供财力,可以起到"一石击三鸟"的作用。本章主要就资源税制改革所带来的税收效应做相关分析和研究。

9.1 资源税制改革的财政效应

2009 年要全面实施一揽子计划,其中包括:大规模增加政府投资,实施总额 4 万亿元人民币的两年投资计划,其中中央政府拟新增 1.18 万亿元。中国 2009 年将实施积极财政政策,拟安排财政赤字 9500 亿元人民币。积极财政政策包括三大内容:大幅度增加政府支出;实行结构性减税和推进税费改革;优化财政支出结构。2009 年财政赤字预算方案从最初的 2800 亿元到 5000 亿元、6500 亿元、8000 亿元,最后提升到 9500 亿元的历史高位,这个赤字规模不断增加的过程反映了中央对经济形势严峻性的认识逐步加深。由于出口状况将会在较长的一段时间内得不到明显改善,在就业形势严峻、收入预期减弱的情况下,未来几个月的消费增速将会延续下降态势。因此,有必要进一步扩大投资规模,以弥补出口和消费减弱对增长的影响。出口和消费在国内外经济不景气的大环境中,对于拉动经济增长的作用有限,通过政府加大投资与财政支出,将起到稳定经济增长的作用。从当前的经济形势看,未来政府投资将持续扩大,而税收增速的下降与大幅增加财政支出的要求相矛盾,今年财政收支紧张问题凸显。在这种情况下开征资源税必将促进对资源的更有效利用,单位资源将能提供更多的产出,由于单耗降低,利润和税收也必然会增加。资源税制改革的财政效应就是资源税制改革对财政收入的影响,也是资源税制改革在取得财政收入方面的实际效果。如果选取采矿业工业增加值为解释变量,采矿业缴纳的资源税额为被解释变量,选取 1995~2007 年的数据作为样本数据,通过简单的线性模型进行回归分析,结果发现,工业增加值前的系数为 0.0174,也就是说采矿业增加值每变动 100 元,资源税额相应地变动 1.74 元,即采矿业的资源税负水平仅为 1.74%。2008 年我国资源税的收入总额为 301.85 亿元,在其他条件不变的情况下,初步预测 2009 年到 2012 年的资源税收入可达到 372.35 亿元、455.80 亿元、553.15 亿元和 665.57 亿元。现假定资源税制拟采取分别提高平均税率 5%、8% 和 10% 的三个改革方案,这样资源税改革的财政效应就直观地体现在税收收入的增加上,其中:选择提高平均税率 5%,2009 年到 2012 年的资源税收入可达到 390.97 亿元、478.59 亿元、580.81 亿元和 698.85 亿元;选择提高平均税率 8%,2009 年到 2012 年的资源税收入可达到 402.12 亿元、492.26 亿元、597.40 亿元和 718.82 亿元;选择提高平均税率 8%,2009 年到 2012 年的资源税收入可达到 409.59 亿元、501.38 亿元、608.47 亿元和 732.13 亿元。当然,如果改革资源税制既能有效地增加财政收入,又能实现节约资源和保护环境的目标,则是最为理想的。但是,在具体的运行过程中,这两方面通常是相互矛盾的。比如,为了有效地实现节能、环保目标,在运用税收刺激机制时,税率水平应尽可能高些,以达到减少资源消费,降低污染的目的。但是,这种机制的效应越明显,资源节约和污染降低的幅度越大,财政收入则会越少。比如对汽油征税,如果对汽油的需求是无弹性的(即价格的变化不会影响人们对汽油的需求),那么这种税就会带来大量的财政收入,财政收入效应将十分明显;但对汽油的消费量及车辆的排污量减少的程度影响较小,节能、环境保护效应不明显。反之,如果汽油的需求弹性较大(提高价格会限制需求),那么征税的结果就会导致财政收入减少,并同时减少对汽油的消费、降低排污的数量,这就会表现为节能、环保效应较大而财政效应较小。资源税制改革通常会在短期内产生较大的财政影响,而在长期内产生节能和环保影响。不仅如此,资源税制改革将会增加地方政府的资源税收入,但短期内资源税仍是小税种,收入预期不可高估,政府可以利用税收收入来补贴需要扶持的行业,保护资源环境,治理已遭到破坏的资源环境。

9.2 资源税制改革的公平效应

资源型地区大多位于我国的东北和中西部等经济欠发达地区,一方面,这些地区群众的收入普遍较低,全国政协组织的"四矿问题"专题调查表明,矿工收入处于各行业之末,年人均收入仅为最高收入的九分之一。而且失业率居高不下,尤其是女性的就业更加困难,矿工的工资一般要维持全家的生活开支。另一方面,随着资源价格的持续走高,占当地人口极少数的矿主因此获得巨额利润迅速成为百万富翁甚至亿万富翁,支配着本该归资源所有者——国家所有的资源涨价收益。据《瞭望》新闻周刊的调查,辽宁建昌锰矿开采成本每吨 300 元左右,其中含上缴的资源税仅为 6 元,售价每吨 1200 元,扣除各种不可预知的杂费,矿主每吨获利 800 元左右,按一年开采 10 万吨计算,一个矿主一年的利润可达 1 亿元,而一个在矿上工作 3 年的矿工月收入只有 800 元,最多 1200

元,还要养活全家。贫富差距越来越大,会引发社会的不稳定因素,带来严重的社会问题。① 自然资源收益分配的主要范围是:生产者与消费者之间;政府财政收入和生产者利润之间;生产企业及其工人之间;资源公司及其本国公民之间;生产企业的国内股东和国外股东之间;当代人和后代人之间等。从公平角度来讲,我们希望建立的是一种累进性的资源税制。但现实情况下作为一种以节约资源和改善环境为目的的调节性间接税,资源税必然地具有一定的累退性,相对于富人来说,穷人要支付与其收入不成比例的税收,因此,想通过资源税各税种间的调整来解决累退性问题是不大可行的。资源税制改革是对市场失灵的一种纠正,具有税收负担再分配效果。政府通过征收资源税收把资源浪费和环境污染的外部成本内部化、利润水平合理化,同时会减轻那些合乎节能、环保要求的企业的税收负担,有利于体现公平原则,促进各类企业之间的平等竞争。首先,它可以通过缩小现有的环境资源利用和社会福利分配上的差距来实现资源利用的代内公平。资源税制改革后,得到的收入不仅能弥补资源的使用,也能弥补资源占用而使他人丧失使用机会后造成的损失。一般而言,富裕阶层要消耗更多的资源,由于资源具有稀缺性,他们应该付出更大的代价、支付更多的费用,这笔费用不仅要能弥补资源的消耗还要用来弥补因为他们对资源的占用而使其他人丧失对该资源的使用所造成的损失。贫困阶层消耗的资源少,因此应该付出较少的代价。通过资源税制改革可以使税收负担在贫富之间发生转移,这样有利于发挥税收调节个人收入分配的功能。其次,实施资源税制改革还有助于实现资源利用中的代际公平。人类的生产生活离不开对自然资源的开发和利用,这不仅要求人类要合理、有节制地开发利用资源,还要求当代人在满足自身发展要求的同时,要考虑到后代人的发展空间。后代人在成长阶段,需要良好的生活条件和成长环境。因此,当代人在满足自身需求的同时,必须兼顾后代人的利益,要考虑自己的行为是否会造成资源的过度开发利用,甚至是浪费或滥用和环境污染以及由其引致的负面影响。再次,实施资源税制改革还有助于实现资源利用中的区际公平。对经济效益和生态效益都较高的地区,允许对环境资源进行适度开发,但起码要以环境阈值为限。对经济效益和生态效益都较低的地区,不仅要放弃一些环境资源的开发利用,而且要着手

---

① 祝遵宏、傅斌:《资源型地区可持续发展需要资源税制改革》,《开放导报》2008 年第 6 期。

改善和治理环境;对于放弃开发造成的经济损失,由国家进行宏观调控,将从其他地方征收到的资源税额转移支付给这些地区,使该地区政府在提供足够的公共产品和提高污染治理水平时有稳定的资金来源。最后,实施资源税制改革还有利于各类企业之间进行平等竞争。在缺乏有效的资源环境政策手段时,个别企业所造成的资源浪费和环境污染,需要靠其他利益相关者减少的资源利用量来弥补,并由全体纳税人缴纳的税款进行治理,而这些企业本身却可以借此用较低的个人成本达到较高的利润水平。这实质上是由他人出资来补偿个别企业生产中形成的外部成本,显然是有违市场经济最基本的公平竞争法则的。通过资源税制改革将税款用于补贴合理有效利用资源的企业和治理污染与保护环境,使这些企业所产生的外部成本内在化、利润水平合理化,同时会减轻那些合乎环境保护要求的企业的税收负担,可以更好地体现公平原则,有利于各类企业之间进行平等竞争。中国的许多重要资源,尤其是油气资源是被国有企业高度垄断的。随着企业的改制和上市,一些垄断企业已经不再是原来意义上的国有企业了。企业有自己的投资权,国家对企业的财产也不能无偿调拨。因为没有适当的税收调节,垄断企业的超额利润很大程度上为企业所有。这使国家利益受到损失,而且拉大了行业之间的收入水平,造成了社会不公。因此,就中国的情况来讲,国有资源在市场化使用的情况下,的确应当通过资源使用费和资源税对垄断性的高收益进行调节,拉平行业之间的不合理差距,体现社会公平。

9.3　资源税制改革的增长效应

长期以来,在以 GDP 作为主要的衡量国民经济增长的传统数量增长目标下,我国经济确实实现了几十年的高速增长,这在世界上也是罕见的。然而,资源的过度消耗,能源的枯竭,环境受到的严重污染等一系列有悖于人民生活质量提高的现象表明,我们取得今天的经济发展成果,付出了太多的生态代价。如果仍旧以这种经济增长模式运行下去,显然难以为继。目前,追求经济增长质量已成为共识,当前经济结构失衡和物价不稳定,归根结底是由于经济增长的基础因素出现了问题,核心之一就是资源要素价格形成机制的扭曲,资源税也没有在使资源价格反映其稀缺性上起到作用。长远来看,只有实现可持续的健康增长,才能真正实现经济稳定,减少甚至不对环境造成污染。从这一角度来看,资源税改革的意义深远,一方面,通过调高税率,改变计征方式,可以有效遏制掠夺性的资源开发,改变经济发展过于依赖资源消耗的状况,促使企业改进技术,提高生产效率;另一方面,通过资源税改革筹集到的部分资金,可用于环境治理,改善生态环境。当对资源的使用征收资源税时,资源的价格就会提高,使用资源的企业必须使用高技术含量的设备,减少资源的使用量,提高资源的利用率;当资源的需求量减少时,就会促使生产企业采用先进设备提高开采率,而资源税对这一过程的调控主要取决于税负水平的高低。资源税制改革的增长效应就是要从税收政策导向上促使企业转变发展方式,抵制和淘汰浪费资源、高能耗、高污染的生产方式。由于使用资源的企业在生产中必须投入包括自然资源在内的各种生产要素,因此,根据微观经济学的生产者理论,利用等产量曲线和等成本曲线图,分析生产同一产量,对生产要素征税时,企业的要素投入组合方式和技术的变化。根据 1994 年至 2008 年资源税和 GDP 增长的情况,在其他条件不变的情况下,建立一元线性回归模型,可反映两者的相对变动情况。模型如下:

$$\ln(GDP) = 372.19 + 0.2626\ln(资源税)$$

$$s = (92503)(0.1303)$$

$$t = (0.004)(2.0158)$$

$$R^2 = 0.996 \quad F = 674.28 \quad D.W. = 1.880$$

式中的 $\ln$(资源税)的系数 0.2626 为正数,表明 GDP 和资源税是正相关关系,其意义是:资源税每变动一个百分点,GDP 就会同向变动 0.2626 个百分点。因此,若资源税增长 5%,则 GDP 增长 1.313 个百分点;若资源税增长 8%,则 GDP 增长 2.1 个百分点;若资源税增长 10%,则 GDP 增长 2.626 个百分点。通过对 GDP 和资源税的原始数据进行观察可发现,两者均呈指数增长趋势。在市场经济中,价格引导着要素的配置。当对要素征税时,税收就会扭曲要素投入组合的配置,而这种扭曲程度取决于税收负担的大小。要促进经济增长方式的转变,就必须使得税收在改变两种要素的价格比时,要使资源所承担的税负大于资本所承担的税负,从而达到少利用自然资源,多利用其他资本和先进技术的目的。政府征收资源税对企业产生外部性行为的限制作用是毋庸置疑的,但从长期来看,要真正达到合理利用资源的目的,重要的是资源税的最终用途,所以,政府积极的资源政策还应该包括对企业或个人消减外部性行动的激励。应该鼓励并促使人们节约资源,更多地用可再生资源替代不可再生资源,通过科学技术进步来提高劳动生产率,缓解不可再生资源的枯竭困境。根据我国的国情,在新的经济发展阶段,单纯依靠市场机制或单纯依靠政府调控都无法解决资源产业与经济社会协调发展的问题。因此,建立与社会主义市场经济体制相适应的资源调控机制,就是建立"市场—政府"互相协调互相配合的复合机制。国内外经济发展的实践表明,维持较高的资源价格,可以促使企业节约资源投入,有利于提高资源开采程度和利用效率,有利于维护资源相关产业长期稳定发展,从而推进我国经济社会的可持续发展。资源产业还具有一次性投入大、日常开采成本相对较小的产业特征。特别是以自然资源开采为主的矿产资源产业,包括铁矿、煤矿、石油等,在勘探、建设期间或取得采矿权投入较大,而生产成本中包括能源投入和人员投入在整体产品成本中比例较小。一旦存在产能过剩,企业就有动力增加产量降低价格至可变费用附近,因此资源产业会存在低价竞争的态势。特别是当矿产品位不同,开采企业实力有明显差异时,无序竞争又容易导致市场处于价格低迷状态。同时,应优化产业结构,适当提高市场集中度。我国的采矿企业是很分散的,经过多年的治理整顿,关井压产,注册的矿山企业目前仍有 12 万多家。从总量上减少资源企业数量,在份额逐步集中的大型企业层面引进战略投资者,吸引愿意进入该领域的社会资本,壮大企业规模。资源税改革是在贯彻落实科学发展观,建立资源节约型和环境友好型社会的大背景下提出来的。改革现行的资源税制度,适当提高资源税的税额、扩大资源税的征税范围,促进我国实现经济增长方式的转变。从这个意义上讲,我国资源税改革是一项功在千秋、有利于可持续发展的系统工程,其意义十分深远。

9.4　资源税制改革的环境效应

政府运用税收手段进行环境保护具有很强的正外部效应,政府实施一项有利于资源节约和生态环境保护的资源税收制度,在经济发展过程中可以有效地避免资源浪费、环境污染等问题的发生,促进经济的可持续发展;反之,一项不利于生态环境保护的资源税收制度,则可能造成资源的巨大浪费和环境的严重污染,影响经济的发展。资源税制改革在实施过程中以其较大的透明度和固定性、强制性和无偿性的特征把污染者浪费资源或污染环境的成本扩大化,使其得不偿失,从而达到节约资源、优化生态环境的目的。其主要表现在以下三方面:

一是资源税制改革通过作用于价格会对资源的需求量及消费量产生明显的影响,起到节能的作用。由于目前资源的市场价格仅仅反映了资源的经济价值,而忽略了资源的环境价值,从而使资源消费引发的环境外部性在市场价格体系中得不到正确反映,因而资源的市场价值定位偏低,而单位和个人为了获取自身利润或效用最大化,往往过度消费,因而造成资源利用效率低下、浪费严重。按照需求理论,资源税制通过作用于价格,使具有外部性的环境价值内在化,从而使资源消费的个人边际成本等于或接近于社会边际成本,促使公众合理使用和配置资源,注重资源利用效率的提高。假定对生产者生产所消耗的某些资源(比如不可再生资源、对环境有破坏的资源)征收资源税,生产者的生产成本会因所消耗的需征税资源的数量的增加而增加,因此最后产品的市场价格就会提高。由于消费者的消费选择会受价格的影响,所以对于同类型产品,消费者会选择价格比较低的产品,因此,那些过多利用不可再生资源、对环境有破坏性的资源的生产者所生产出的产品就会受到歧视,这些生产者为了提高自己的竞争力就得想办法降低自己的成本,于是他们就会改进生产技术,减少不可再生资源的消耗,寻求新的可替代资源,从而就可以达到保护资源、环境的作用。

二是资源税制改革中政府的税收优惠会从供给方面对节能投资产生积极的影响和作用。节能投资包括节能设备和节能技术应用两方面的投资。税收政策对节能投资的有效性,可以通过对微观经济主体在节能投资和其他投入之间的关系进行分析。图 9.1 中横轴为代表性厂商用于节能投资的投入,纵轴为其他资本要素投入。该代表性厂商在得到节能投资税收优惠之前,等成本曲线为 LM,等产量曲线为 Q_1,点 C 为该厂商利润最大化的生产要素组合。在得到税收优惠之后,厂商所面对的等成本曲线发生了变化,因为税收优惠的存在使得节能投资的投入价格下降,等成本曲线为 LN,均衡点也从 C 点变为 D 点。在新的均衡下,节能投资投入从 A 点上升到 B 点,节能投资增加。单个企业如此,社会总体也应当表现为企业节能投资的增加。

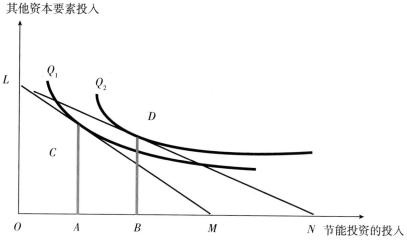

图 9.1　资源税收优惠的静态分析

　　三是资源税制改革中运用差别税收政策工具可实现对资源结构的影响。税收差别政策是税收政策中较为常用的手段,税收差别政策的应用对经济主体(生产者和消费者)生产和消费结构会有所影响,在资源供求方面亦是如此。消费者行为理论和生产者行为理论认为,在完全竞争市场条件下,经济主体(包括生产者和消费者)将会在自己所拥有的资源约束条件下,根据市场价格配置资源,实现自身利益最大化(生产者追求利润最大化,消费者追求效用最大化)。根据这一理论,税收差别对资源结构的影响主要表现在,税收差别影响消费者(生产者)选择商品(产品),改变对资源品与资源品之间,资源品、资源消费品与其他商品(产品)之间的相对价格,经济主体会在政府差别税收条件下,重新配置资源,追求自身利益最大化。这样一来,资源结构就发生了变化。比如说政府对含铅汽油和无铅汽油等课征差别税率,就引起含铅汽油的相对价格上涨,受效用最大化的驱使,消费者在选购商品时,减少含铅汽油的购买量,增加无铅汽油购买量,资源品消费结构发生变化。在资源总量富裕仅对优等资源征收级差地租性质的资源税时,开发优等资源的企业将不会获得因资源优势而产生的级差收益。这就避免了生产企业靠浪费和破坏资源而获取超额利润的可能。而在资源税额按消耗储量计征的条件下,生产企业如能节约利用资源,其单位资源储量消耗可以产出较多的产量,那么由于单位产品所负担的资源税较少,企业可能获得较多收益,这就促使生产企业采取措施节约资源的使用,使有限的资源得到更充分的合理利用。

9.5　资源税制改革的就业效应

与资本密集型产业相比,劳动密集型产业是属于低附加值的生产活动,其增值能力是有限的。劳动密集型产业对劳动力资源的素质要求相对较低,其劳动成本优势主要体现在劳动者生存资料的价值上。资本密集型产业是属于高附加值的生产活动,其增值能力较强,对劳动力资源的素质要求也相对较高,其劳动成本优势主要体现在劳动者的发展资料和享受资料的价值上。较低的劳动成本只能吸收和再生产较低素质的劳动资源;而较高的劳动成本则可以吸收和再生产较高素质的劳动资源。因此,权衡劳动成本的比较优势不能只看成本,还要看效率。劳动成本的比较优势应当是劳动资源的成本和劳动资源的效率的综合体现,随着时间的推移,劳动资源的效率呈下降趋势,这是劳动密集型产业运行到一定阶段的必然产物,进而要求产业结构必须逐步升级。因为劳动密集型产业一般属于资源消耗大的产业,而一旦资源价格出现较大幅度的上涨,这种低附加值的劳动密集型产业,难以消化因资源成本迅猛上升所造成的亏损。以低劳动成本和低资源成本为支撑的低附加值劳动密集型产业,终究是会被市场竞争所淘汰的。目前我国沿海地区的一部分劳动密集型企业已经面临着生存的危机。在其他条件不变的情况下,劳动力价格和企业利润是一种此消彼长的关系,我国企业主拖欠农民工工资具有多方面原因,但低附加值的劳动密集型企业承受不了劳动力价格上涨的压力,也是其中的一个重要原因。资源税制改革会带来产品结构、产业结构的调整,进而导致劳动力就业结构的变化。一方面,资源税的征收会减少人们的可支配收入,要求人们延长工作时间,以弥补收入的不足,导致劳动力供给的扩大,如果劳动力需求没有相应扩大的话,失业率就会提高;另一方面,政府可以通过对税收资金的再分配,扩大投资,提供更多的就业机会,也可以通过税式支出来鼓励投资以增加就业机会。对资源密集型产业征收资源税的结构必然是产业结构从资源密集型向劳动密集型行业转型;对污染密集型企业征税的结果必然是污染行业发展受到抑制而清洁行业受到鼓励。产业结构的变化必将导致劳动力就业结构的变化。从资源密集型行业来看,失业增加,减负裁员趋势不可避免。如果劳动力流动性好,工资富有弹性,资源税制必将促进劳动密集型企业,增加整个社会的就业。资源税收入的使用也会对就业产生影响。政府取得的资源税收收入如果用于减少企业的社会保障支出和劳动力的个人所得税税率,用于增加社会对劳动力市场进行投资,加强劳动力职业技能培训,强化就业信息,这种支出将有利于就业状况改善、就业岗位扩大。在目前世界上进行资源税制实践的国家中,由于面临政治压力,往往选择将很大一部分资源税收收入应用于削减劳动力的税率,应用于对劳动力市场进行投资。但是,如果一国自行开征资源税,则该国的产品价格将比市场价格相对高,国内的消费者可以以较低的价格从国外买到同样的产品。因此,国内产品所纳的资源税只是由商品的生产者来承担,最终落在生产要素的所有者——劳动者、投资人、能源生产者身上。具体承担比重则由各种要素的供给弹性决定,供给弹性越大的承担的税负越少。由于行业工人所掌握的技能不同,工人在行业间流动时学习成本较高,劳动力的流动是相对有障碍的,因此非劳动力投入(资本和能源)的供给弹性就相对更大,可以通过向外输出来避免承担税负,进而使劳动力要素基本承担了全部的税收负担。尤其是当资本存量和能源需求较低时,劳动生产率会因此而降低,从而提高了单位劳动力成本,由于工人在行业间流动的不便,所以无法阻止实际工资的下降,进一步导致那些在被征税部门生产工作的工人承担了更大税收负担。即资源税的征收导致了劳动力市场的扭曲,污染行业的工人承担较重的税负,实际工资较低。所以,在劳动力内部,税负就有向低技能劳动力转移的趋势。从这个角度看,资源税这种能产生良好环境收益的手段不一定能带来良好的就业形势。如果资源税全部由劳动力承担,必将对就业产生不利影响,如何改变这一窘境引发了新的思考和实践。由此可见,所谓资源税改革就是指在总体税负适当降低的情况下,对税制内部实施结构性调整,调整第一、二、三产业税负,促进经济结构的调整。对关乎就业、"三农"等与和谐社会发展相关的行业减税,而对资源性产品、环境污染等方面增加税负,以提高其资源使用成本。

9.6 资源税制改革的价格效应

目前中国的能源资源价格形成机制基本上是"三不反映":一不反映资源

的稀缺程度;二不反映供求关系;三不反映环境污染造成的外部成本。尤其是资源价格缺少弹性,不能利用价格手段激励节能。这与没有完善的税收政策支撑有关。过低的税额、过小的税种和过少的税收,一方面使资源极大地浪费,另一方面也使资源型城市当前的经济社会和生态环境等方面的矛盾十分集中。世界上有资源的地方都是富的地方,可在中国有油、有煤的地方却成了最穷的地方。这与中国的资源税收仅仅不合理地从量计征有关。各种资源企业把资源采走了,把钱赚了,把环境污染和遗留的问题留给政府,没有建立一个可持续发展的准备金,而这个准备金本来应该由资源税金来承担的。尽管资源税改革是大势所趋,但何时改革"副作用"最小? 税率为多少最为合适? 在通货膨胀压力较大的时期,资源税改革被搁置了;但是,在资源价格下跌的时期,又担心增加企业负担。实际上,税制改革就是在提高企业负担和提高消费者负担之间进行选择的过程,我们不可能两者兼顾。而且资源税的改革不是简单的决策,需要一个论证过程。因此资源税的改革应当提前做好准备,在机会成熟时就及时出台改革政策。事实上,目前就是资源税出台的最好时机。这是因为,在矿产品价格比较低位的情况下,资源税改革增加的税负其实并不大。因为价格很低,税负可以向下游转移。同时对于这些企业而言,PPI 下行、价格较低、涨幅较小且各项减税措施大幅降低企业税负,能抵消资源税上调影响,不会造成物价上涨的压力。但是,目前我国的经济形势似乎更加复杂。在本轮金融危机尚未见底、经济形势不好的情况下,即使资源税改革不会很大幅度提高资源价格,但仍旧会对经济走出低谷造成影响。资源税改革的目的也不是在现有情况下提高资源税税率,而是着眼长远,让企业在资源价格高的时候多缴税。从长期来说,资源税改革肯定会加重企业的税负,而这正是资源税改革加大资源的成本、鼓励节能减排的目的所在,有利于消除价格扭曲现象,促进产业结构调整,还将在一定程度上缓解地方政府的财政压力。其实,无论在什么时候实施资源税改革,都将会给相关企业增加一定的税负,给宏观经济带来一定的影响。如果总回避推行资源税改革给企业和经济造成的负面影响,那么"最佳成熟期"恐怕很难等到。当然,进行资源税制改革在一定程度上会抬高上游产品价格,必然会连锁反应到中下游产品价格中,导致整个价格水平提高,这是不可避免的。问题是这种影响有多大,会不会引发通过膨胀呢? 长期看,资源税制改革不会加剧通货膨胀,不仅如此,尽快完成资源税制改革还有助于释放我国长期存在的所谓隐性通货膨胀。由于我国的资源价格反映的信息只局限于开发成本,没有包括生态破坏等间接成本,这也就使得资源价格普遍过低,利用效率低下,进而导致中下游企业高估利润,成为驱动经济扩张的根源。如果要扭转这种资源定价机制的扭曲,就需要加快资源税改革,即"长痛不如短痛",加快资源价格机制改革,逐步释放隐性通货膨胀压力。这也有助于经济增长方式摆脱粗放型模式,向集约型转变。更进一步思考会发现,如果从民众心理预期的角度出发,那么,加快资源税制改革,对于削弱乃至消除通胀预期也将起到一定作用。引发全面通货膨胀的一个重要理论原因就是通胀预期。如公众普遍认为未来物价将恶性上涨,那么通过经济行为变化,这种上涨最终将越来越严重。心理预期的作用在股市的波动中能够得到很好的说明。对于未来改革导致资源价格上升,进而引起 PPI 上涨的压力,一直是现实的通胀预期。那么,现在对资源税制进行改革,把这种预期变为现实,就会削减民众对通货膨胀的预期强度,一定程度上能够缓解通胀压力。另外,通货膨胀的形成需要一定的时间。一方面,经济运行中的价格传导机制发生作用需要时间;另一方面,如果整个经济的供求关系还比较宽松,价格传导会比较困难,在这段传导时间里,宏观政策的实施、产业结构的调整,以及整个经济增长方式的进一步改善,对通货膨胀的抑制都会起到一定的正面作用。值得一提的是,对资源税制进行改革,是对宏观经济的基本面进行改革,改变资源价格长期扭曲的现象,抑制低效率的投资,理论上在短期内或许会导致物价出现一定程度上涨,但是欲实现经济可持续发展,短期付出一点代价是应该的,这也符合经济学中的效益最大化原则。而且,资源税制改革不至于影响经济的基本面,未必会对 CPI 产生太大影响。只要合理把握力度,虽会带来初级产品价格上升及向中下游产品的传导,但不会产生很值得顾虑的物价上升压力,并能促进产业、产品结构的良性调整和开发等利好。

9.7 资源税制改革的配置效应

在市场经济条件下,价格应由市场竞争形成,充分反映价值和市场供求关系,这是价格优化资源配置的前提。我国资源基本上实行政府定价或政府指导价,价格水平偏低,只反映了资源开发、运输成本,而不反映市场供求关系、资源稀缺程度及环境损失的外部程度,没有反映生态环境破坏修复成本、基础设施建设、安全生产、替代资源开发、企业退出、转产等完全成本。追根究底,其根源在于资源开发补偿机制的缺失。从资源价值构成来看,无论是替代资源开发成本,还是环境损失补偿,都是无法通过市场机制自发实现的。受资源财税制度不合理和环保制度不健全等多种因素影响,目前资源破坏和环境污染的治理成本远未充分体现在资源价格中,从而使资源勘探投入成本、接替性再生资源开发成本以及生态环境损失成本不能从资源性产品的销售收入中得到合理补偿。资源开发补偿机制的缺失,不利于优化资源配置、转变经济增长方式和建设资源节约型社会。我国偏低的资源价格不能及时和充分反映市场供求和资源稀缺程度,缺乏对投资者、经营者和消费者的激励和约束作用,这在一定程度上加剧了资源的过度开发、过度需求和过度浪费。由于市场机制在资源配置中的基础性作用得不到发挥,致使资源产出效率低。从国际比较看,不仅我国资源价格普遍低于国际市场,而且在结构上存在着国内与国际资源比价关系的严重不对称。资源比价关系不合理,使得很多国内资源企业不顾国内严峻的资源供求形势和中央的宏观调控意图,或明或暗地出口资源套取国内外市场价差,导致市场机制在资源配置中的基础性作用得不到充分发挥,资源产出效率低,不利于优化资源配置、转变发展方式和建设资源节约型社会。资源行业的财税政策还不能与定价机制有效配套,充分反映资源市场供求关系、资源稀缺程度和环境成本,进而有效地平衡国家和资源地区、国家和企业以及上下游行业之间的利益分配关系。而且,我国资源税偏低,还不到德国、法国这些低税率国家的三十分之一,根本没有真实反映市场供求关系和资源稀缺程度。坚持市场化的改革取向,更大程度、更大范围地发挥市场在资源配置中的基础性作用,逐步理顺资源性产品价格关系,建立能够反映资源稀缺程度和市场供求关系的价格形成机制,为建设节约型社会、转变经济增长方式创造良好的价格体制条件和政策环境,让价格在市场竞争中形成,充分发挥价格信号调节市场供求、优化资源配置的作用。资源税制改革的配置效应就是自然资源的开采者必须向资源所有者——国家缴纳一定的"资源开采税"或"资源开采补偿费",国家可将这部分税收或费用形成"国家资源开发与补偿基金",主要用于研究开发新的可替代能源和治理环境污染。一是资源税制改革对企业资源配置的影响。由于单个企业的外部成本没有考虑在企业的成本利润核算中,其最佳产出水平和社会要求的最佳产出水平之间必然有一个差量值,这就代表了该企业的过剩产出量。而用于生产这部分产品的资源,本该用在别的企业,具有更大的价值,此时其他企业的产出水平就相对不足。资源税的开征恰恰可以将外部成本内部化,通过价格机制的作用重新配置资源,将资源配置给自然资源耗费少、环境破坏小的企业。而且,资源税的实施,将刺激科技的发展,淘汰一些高消耗、高污染的企业、技术和产品。例如对开采自然资源、污染环境行为及产品的征税,将直接影响到纳税人的切身利益,迫使企业选择适当的污染控制技术、降低资源使用量、提高资源利用率。这种生产替代效应将有利于促进企业生产观念的转变,促使我国经济向着可持续发展方向前进。二是资源税制改革对行业资源配置的影响。如果该行业企业的私人边际成本中不能包括边际外部成本,那么这些企业所生产的产品数量必然过多,而其价格偏低,这就意味着在这个经济系统中,另外一些行业的物品根本没有得到生产或市场不足,也即资源没有达到最佳配置。从资源税引致的消费替代效应,我们也可以看到资源税通过消费领域的作用对行业资源的优化配置。国家对环境破坏行业的商品征税后,引起市场上该行业课税商品的相对价格上涨,从而导致消费者在选购商品时,减少该部分的购买量转而增加其他非税行业商品的购买量。这种消费替代效应将有利于促进人类消费观念的转变,有利于实现家庭行为的可持续发展,有利于实现环境资源可持续利用下的行业优化配置。三是资源税制改革对产业资源配置的影响。资源税能使消费者更倾向于减少物质的消费,而增加第三产业如娱乐业、教育业以及健康保健业等的消费。我国目前的产业结构仍处于初级化阶段,在三次产业结构中,第二产业比重较大,服务业发展滞后。主要以资源消耗型为主的一、二次产业的比例之和近年来一直保持在经济总量的60%左右,而能源资源相对消耗量低、占用土地少、环境污染少的第三产业的比重相对于发达国家的60%~80%的比重仍然低很多。"十一五"期间中国产业结构将面临从以工业经济为主转向以服务经济为主的要求。通过资源税的实施过程,将相对提高商品的消费成本,也相对降低劳务的消费成本,使两者的价格优势发生转移。即自然资源使用较少、环境污染较轻的第三产业的价格将下降,这会使服务业更具有价格竞争力,比物质消费在经济上更具吸引力,从而使资源配置从物质生产部门更多地转向第三产业。在市场变化无常的情况下,通过资源税制改革应当把资源税的税额提升到足够的程度,以避免生产企业的暴利,实现社会资源配置的公平。四是资源税制改革对区域资源配置的影响。我国幅员辽阔,各地的自然资源分布、污染程度、经济发展水平大不相同,资源税改革的一个重要的目的就是调整中央和地方在资源问题上的利益关系。现在地方出现的很多诸如在资源、能源方面的投资冲动、竭泽而渔的采矿行为等,都与中央和地方的分配关系密切相关。应当重视资源属地的利益,中央应让利于地方。这不光是让地方在资源开发利用中得到应得的利益,支持当地经济发展,而且由于资源开发过程中,往往伴随着环境损失,对土地和水资源的破坏严重,而资源税可以为地方政府恢复生态、治理环境解决资金问题。中国许多地方是依靠资源才得以发展,提高资源税税负,让利于地方是发展中西部地区的一个很重要的方面。

10 结　论

本书研究的主要结论如下：

1. 自然资源是自然对人类社会的天赋财富，也是经济增长的重要因素和物质基础。主流经济学的经济增长理论把技术、资本、劳动等要素作为关注的重点和模型研究中的主要变量，而忽视自然资源的作用。在这种思想支配下国家税收制度的设计也是有缺陷的，各国的税收制度架构都不同程度地存在轻视甚至忽略资源税的客观现实。

2. 理论上讲，资源税应是资源企业为消费社会公共产品或公共服务而支付的"税收价格"，是资源企业必须承担的最基本的法定社会责任，是矫正资源生产与消费负外部效应的政策工具，是保障国家资源能源安全的重要手段，是资源稀缺租金和自然资源价值的实现形式。物权法是资源税制改革的法律依据，科学发展观是资源税制改革的理论指南。

3. 资源税是目前我国税收制度中唯一针对资源环境征收的税种，是政府通过税收对资源环境进行宏观调控的重要政策工具。资源税制改革是完善社会主义市场经济的内在要求，是构建有利于科学发展的财税制度的客观需要，是建立健全资源有偿使用制度和生态环境补偿机制的必然选择。

4. 资源税制改革涉及方方面面利益格局调整，关系到各有关利益相关者的利益需求满足程度，需要对资源税制改革过程中利益相关者进行分析，高度重视利益相关者的利益需求，根据利益需求进行合理的利益调整和平衡是资源税制改革有效运作的重要途径。

5. 国家税收制度创新要统筹考虑资源—环境—经济诸因素，把资源节约和环境保护纳入税制基本原则之内，把税收触角延伸到从资源的开采利用到有可能产生污染的整个循环周期，通过特定的税种结构调整和优化布局，将税负从传统的对资本、劳动、财产等的课税转向对资源开采、高能耗行为和环境污染行为的课税,使资源环境类税收逐渐成为国家税收体系中相对独立的主体税种。

6. 在国家税收制度创新中,资源税应当由原来介入资源税领域调节级差收入,改为政府以自然资源全民所有代表者的身份来调节自然资源耗竭和补偿问题,通过资源税介入资源价格形成机制,并通过价格及其他直接的环境税影响生产者、开采者和消费者的行为,从而提高资源的使用成本,推动建立社会资源节约机制遏制对自然资源的过度开采,维持可持续发展的物质基础。

7. 资源税制改革不可"单兵突进",要借鉴国际经验,进行价、税、费、租四位一体的联动改革。除了规范矿产企业纳税的工商税收、非税收入的分配秩序外,通过价、税、费、租联动改革,最后形成促进矿产资源可持续发展的价格形成体系、资源税收体系、市场准入环节和采矿环节的行政收费体系、矿产资源租金体系。

8. 世界上有不少国家或地区征收属于间接税性质的资源税或资源开采税。尽管各国的资源禀赋不均,税种命名不同,征收管理办法也有差异,但在很多方面又存在一定共性,每一个国家都根据本国国情逐步形成并完善了一套相对有特色的资源税收体系,为我国资源税体系的改革完善提供了有益的借鉴。

9. 资源税的政策目标同税收总政策目标的要求是一致的。一般要满足收入稳定增长、资源合理配置、收入公平分配三个基本目标。但从建立资源节约型和环境友好型社会的长远考虑,我国课征资源税的政策目标应该是追求配置效率、社会公平、经济增长、资源安全、环境质量、高遵从度等五位一体的目标体系。

10. 资源税制改革应尊重税收规律,统筹税费关系,扩大征收范围,优化计税价格,调整税率结构,实施税负转移,有效配置税权,规范减免政策,提高税法遵从,构建以人为本、充满活力、富有效率、更为公平、更加开放、高度文明的资源税体制机制,建立起分类调控、有奖有罚、宜增宜减、反应灵敏的资源税收政策调整机制。建立起中央政府与地方政府、资源产出地与资源流入地之间的收入分享和利益协调机制。

11. 资源税制改革要重构资源税费的理论基石,根据资源禀赋差异与级差地租性质设计差异化的资源税制;适度扩大资源税征税范围,将体现政府职能、收入数额较大、来源相对稳定、具有税收特征的政府资源收费(基金)并入资源税,采取从价定率和从量定额相结合的复合型计税方式,优化资源税税率结构,调整完善资源税优惠政策,正确划分中央与地方的资源税分配权益,提升资源税收法律层次和效能,完善与资源税制相适应的税收征收管理机制。

12. 资源税制改革可采取"三步走"的实施战略。目前就是资源税改革迈出第一步战略的最好时机。这是因为在矿产品价格比较低位的情况下,资源税改革增加的税负其实并不大。由于价格很低,税负可以向下游转移。同时对于这些企业而言,PPI 下行、价格较低、涨幅较小且各项减税措施大幅降低企业税负,能抵消资源税上调影响,不会造成物价上涨的压力。何况资源税改革的目的也不是在现有情况下提高资源税税率,而是着眼长远对宏观经济的基本面进行改革,改变资源价格长期扭曲的现象。

13. 资源税改革是一项功在千秋、有利于可持续发展的系统工程,其意义重大而深远。改革肯定将会给相关企业增加一定的税负,给宏观经济带来一定的影响。应密切关注改革所带来的财政效应、公平效应、增长效应、环境效应、就业效应、价格效应和配置效应,正确认识和分析其积极影响,时刻跟踪和防范其负面效应,不断增强改革的可操作性,使改革的力度和社会可以承受的程度统一起来,在社会政治稳定中圆满完成改革任务。

参考文献

一、中文参考文献

[1]联合国秘书处:《生态系统与人类福祉评估框架》,中国环境出版社2007 年版。

[2]谢旭人:《中国财政改革三十年》,中国财政经济出版社2008 年版。

[3]约翰·L. 米克塞尔:《公共财政管理:分析与应用》,中国人民大学出版社 2005 年版。

[4][印度]阿维纳什·J. 迪克西特:《经济政策的制定:交易成本政治学的视角》,中国人民大学出版社 2004 年版。

[5]拉本德拉·贾:《现代公共经济学》,中国青年出版社 2004 年版。

[6][英]加雷斯·D. 迈尔斯:《公共经济学》,中国人民大学出版社 2001 年版。

[7]张维迎:《博弈论与信息经济学》,上海人民教育出版社 1997 年版。

[8]李子奈、叶阿忠:《高等计量经济学》,清华大学出版社 2002 年版。

[9][美]荷雷·H. 阿尔布里奇:《财政学——理论与实践》,经济科学出版社 2005 年版。

[10]世界银行:《1997 年世界银行报告:变革世界中的政府》,中国财政经济出版社 1997 年版。

[11][英]亚当·斯密:《国民财富的性质和原因的研究》,陕西人民出版社 2004 年版。

[12][美]罗伊·T. 梅耶斯:《公共预算经典——面向绩效的新发展》,上海财经大学出版社 2005 年版。

[13][美]大卫·N. 海曼:《财政学理论在政策中的当代应用》(第8 版),

北京大学出版社 2006 年版。

　　[14][美]爱伦·鲁宾:《公共预算中的政治:收入与支出,借贷与平衡》,中国人民大学出版社 2001 年版。

　　[15][美]哈维·S. 罗森:《财政学》(第四版),中国人民大学出版社 2000 年版。

　　[16][美]约瑟夫·E. 斯蒂格利茨:《公共部门经济学》,中国人民大学出版社 2005 年版。

　　[17][美]詹姆斯·M. 布坎南、理查德·A. 马斯格雷夫:《公共财政与公共选择:两种截然不同的国家观》,中国财政经济出版社 2000 年版。

　　[18][法]伯纳德·萨拉尼:《税收经济学》,中国人民大学 2005 年版。

　　[19][美]理查德·A. 马斯格雷夫:《财政理论与实践》,中国财政经济出版社 2003 年版。

　　[20]宋立、汪文祥等:《建立符合科学发展观要求的新型财政税收体制》,中国计划出版社 2008 年版。

　　[21][德]赫尔曼·舍尔:《阳光经济——生态的现代战略》,三联书店 2000 年版。

　　[22][英]E. 库拉:《环境经济学思想史》,上海人民出版社 2007 年版。

　　[23]宋国明:《加拿大国土资源与产业管理》,地质出版社 2005 年版。

　　[24]杨鲁:《中国资源税费的理论与应用》,经济科学出版社 1994 年版。

　　[25]中国矿产资源税费制度改革研究课题组:《中国矿产资源税费制度改革研究》,中国大地出版社 2008 年版。

　　[26][美]阿兰·V. 尼斯、詹姆斯·L. 斯威尼:《自然资源与能源经济学手册》,经济科学出版社 2007 年版。

　　[27]经济合作与发展组织:《税收与环境:互补性政策》,中国环境出版社 1996 年版。

　　[28]刘燕平:《加拿大国土资源与产业管理》,地质出版社 2007 年版。

　　[29][美]B. 盖伊·彼得斯:《税收政治学》,江苏人民出版社 2003 年版。

　　[30][英]莫汉·芒纳星河:《使发展更可持续:可持续经济学框架与应用》,中国社会科学出版社 2008 年版。

　　[31][英]朱迪·丽丝:《自然资源:分配、经济学与政策》,商务印书馆

2008 年版。

[32]美国科罗拉多矿业学院全球资源政策和管理学院:《全球矿业税收比较研究》,地质出版社 2008 年版。

[33]江峰:《矿产资源税费制度改革研究》,中国地质大学博士论文,2007 年。

[34][美]保罗·霍肯:《商业生态学:可持续发展的宣言》,上海译文出版社 2007 年版。

[35][美]汤姆·泰坦伯克:《环境与自然资源经济学》(第 5 版),经济科学出版社 2007 年版。

[36]世界银行:《2003 年世界银行报告:变革世界中的可持续发展》,中国财政经济出版社 2003 年版。

[37]联合国、国际货币组织、世界银行等:《国民核算手册:环境经济综合核算 2003》,中国经济出版社 2005 年版。

[38]朱学义等:《矿产资源权益理论与应用研究》,社会科学文献出版社 2008 年版。

[39]傅英等:《矿产资源法修订理论研究与政策设计》,中国大地出版社 2006 年版。

[40][美]莱斯特·R. 布朗:《生态经济:有利于地球的经济构想》,东方出版社 2002 年版。

[41]世界银行:《1988 年世界银行报告》,中国财政经济出版社 1988 年版。

[42]世界银行:《2002 年世界银行报告:建立市场体制》,中国财政经济出版社 2002 年版。

[43]马伟:《基于可持续发展的矿产资源税收优化研究》,中国地质大学博士论文,2008 年。

[44]世界银行:《1992 年世界银行报告:发展与环境》,中国财政经济出版社 1992 年版。

[45]白钦先、杨涤:《21 世纪新资源理论——关于国民财富源泉的最新研究》,中国金融出版社 2006 年版。

[46]国土资源部信息中心:《2006—2007 中国国土资源可持续发展研究报告》,地质出版社 2007 年版。

［47］许家林、王昌瑞等:《资源会计学的基本理论问题研究》,立信会计出版社 2008 年版。

［48］国家环保总局环境规划院、国家信息中心:《2008—2020 年中国环境经济形势分析与预测》,中国环境出版社 2008 年版。

［49］林伯强:《中国能源发展报告 2008》,中国财政经济出版社 2008 年版。

［50］贾康:《解放思想推动财政理论创新》,《中国流通经济》2008 年第 9 期。

［51］贾康:《中国财税改革 30 年:简要回顾与评述》,《财政研究》2008 年第 10 期。

［52］蒋健明:《我国矿产资源税费制度研究及政策建议》,浙江大学硕士论文,2006 年。

［53］贾康:《关于财政理论发展源流的概要回顾及我的公共财政观》,《经济学动态》2008 年第 4 期。

［54］贾康:《落实科学发展观的公共收入制度与政策研究》,《财贸经济》2007 年第 1 期。

［55］马衍伟:《政府收入筹划问题研究》,中央财经大学博士论文,2007 年。

［56］杨斌:《资源约束下的节约型社会构建研究》,中国海洋大学博士论文,2007 年。

［57］陈星:《自然资源价格论》,中共中央党校博士论文,2007 年。

［58］贾康:《环境友好型经济是绿色经济模式》,《绿叶》2006 年第 9 期。

［59］卢刚:《我国矿产资源税费制度的改革研究》,中国地质大学硕士论文,2008 年。

［60］贾康:《税制改革的若干问题》,《中国市场》2004 年第 1 期。

［61］郑永旭:《我国矿产资源税费征收现状及存在的问题》,《企业技术开发》2009 年第 3 期。

［62］王艳芳:《关于煤炭企业资源税费的探讨》,《魅力中国》2009 年第 3 期。

［63］周四新:《关于资源税改革的经济学分析》,《财会月刊》2009 年第 6 期。

［64］孙冰:《我国资源税现状及改革思路》,《合作经济与科技》2009 年第

11 期。

　　[65]刘生旺:《资源税改革的有效性分析》,《经济问题》2009 年第 1 期。

　　[66]张亚明:《我国矿产资源税费理论研究综述》,《湖南科技学院学报》2009 年第 2 期。

　　[67]丁芸:《可持续发展视角下的资源税改革》,《新疆财经》2008 年第 5 期。

　　[68]马珺:《资源税与区域财政能力差距》,《经济学动态》2003 年第 6 期。

　　[69]冯菱君:《矿山企业发展中的资源税税收制度研究》,《矿业研究与开发》2003 年第 3 期。

　　[70]陈甲斌:《矿山资源税分析及征收政策调整设想》,《石材》2004 年第 5 期。

　　[71][美]哈维·S. 罗森:《财政学》(第六版),中国人民大学出版社 2003 年版。

　　[72]李志学:《浅谈我国资源税的绿色化》,《国际石油经济》2005 年第 7 期。

　　[73]夏建刚、杨晓明:《美国州政府高教拨款模式》,《科学决策》2002 年第 1 期。

　　[74]崔振民:《浅析我国资源税和资源补偿费的改革方向》,《中国矿业》2005 年第 1 期。

　　[75]杨人卫:《我国资源税费制度现状及其完善措施》,《环境经济》2005 年第 5 期。

　　[76]东北财经大学财政税务学院调研小组:《石油资源税计征方式的改革及其影响》,《辽宁经济》2009 年第 1 期。

　　[77]祝遵宏:《推进资源税改革的政策取向》,《当代经济研究》2009 年第 1 期。

　　[78]晋瑞丽:《资源税调控法律制度研究》,山西大学硕士论文,2007 年。

　　[79]焦蕴慈:《资源税征收中的政府间管辖权与税收归属协调》,《消费导刊》2009 年第 3 期。

　　[80]蒲志仲:《矿产资源税费制度存在问题与改革》,《资源与人居环境》2009 年第 1 期。

[81]刘尚希:《资源税改革:关键在于定位》,《中国改革》2009 年第 1 期。

[82]黄群:《资源税在节能减排中的作用》,《决策与信息(财经观察)》2008 年第 10 期。

[83]李海燕:《我国资源税费改革探析》,《扬州大学税务学院学报》2008 年第 4 期。

[84]黄巍:《论我国资源税法律制度的完善》,《经营管理者》2008 年第 15 期。

[85]张亚明:《矿山级差地租与我国的资源税改革》,《长春工业大学学报》(社会科学版)2008 年第 5 期。

[86]黄革:《以资源价值为基础的我国矿产资源税费体制改革探析》,厦门大学硕士论文,2006 年。

[87]郭之园:《我国资源税问题研究及改革构想》,厦门大学硕士论文,2007 年。

[88]史旭:《论我国资源税的发展状况和改革方向》,中国社会科学院研究生院硕士论文,2003 年。

[89]杨人卫:《促进我国环境资源可持续利用的资源税费体系改革研究》,浙江大学硕士论文,2005 年。

[90]杨志安:《现行资源税与经济可持续发展的偏差及其矫正》,《税务研究》2008 年第 11 期。

[91]周建华:《可持续发展视野下的资源税改革初探》,《商场现代化》2008 年第 35 期。

[92]李焕培:《煤炭资源税经济分析》,《经营管理者》2008 年第 17 期。

[93]龚佳元:《我国资源税政策运行的问题及对策——基于科学发展观的公共政策分析》,《工会论坛(山东省工会管理干部学院学报)》2008 年第 6 期。

[94]孙宏志:《我国矿产资源税费制度的问题及对策分析》,《中国科技财富》2008 年第 12 期。

[95]刘交伟:《资源税改革对我国能源企业的影响分析与探讨》,《决策与信息(财经观察)》2008 年第 7 期。

[96]徐金秀:《资源税改革对我国经济的影响》,《生态经济》2008 年第 10 期。

[97]王萌:《资源税税负对收入公平的影响》,《宏观经济研究》2008 年第 11 期。

[98]丁及尧:《从我国〈矿产资源法〉的修改看资源税的调整》,《成都理工大学学报》(社会科学版)2008 年第 3 期。

[99]安晓明:《自然资源价值及其补偿问题研究》,吉林大学博士论文,2004 年。

[100]张媛:《促进可持续发展的资源税问题研究》,东北财经大学硕士论文,2006 年。

[101]陈虹洁:《我国资源税调整后的税负转嫁与归宿问题探析》,江西财经大学硕士论文,2006 年。

[102]黄小青:《可持续发展视野下资源税生态化改革》,《河北青年管理干部学院学报坛》2008 年第 5 期。

[103]蒲志仲:《现代税收视角下的矿产资源税》,《中国国土资源经济》2008 年第 7 期。

[104]吴伟、刘志民、郭霞:《我国高等教育财政经费拨款机制与模式的改革方向探索》,《江苏高教》2005 年第 4 期。

[105]王宁:《对完善我国资源税费制度的几点思考》,《法制与社会》2008 年第 25 期。

[106]徐瑞娥:《我国资源税费制度改革的研究综述》,《经济研究参考》2008 年第 48 期。

[107]施训鹏:《煤炭资源税改革切勿偏离初衷》,《煤炭经济研究》2008 年第 7 期。

[108]杨志勇:《资源税改革应有大视野》,《上海国资》2008 年第 7 期。

[109]徐登敏:《中国资源税费改革法律问题研究》,中国政法大学硕士论文,2006 年。

[110]侯晓靖:《从党的十七大报告看我国资源税费的改进》,《生态经济》(学术版)2008 年第 1 期。

[111]黄小青:《可持续发展视野下资源税生态化改革》,《中共成都市委党校学报》2008 年第 3 期。

[112]张立玮:《我国资源税可持续发展问题研究》,《中国乡镇企业会计》

2008 年第 6 期。

[113]孙雯:《中国发展循环经济中的资源税改进》,《现代商业》2008 年第
14 期。

[114]丁丁:《我国资源税改革面临的问题及对策》,《环境保护与循环经济》2008 年第 5 期。

[115]姜慧娴:《促进不可再生能源可持续发展的资源税研究——以陕北为例》,《法制与社会》2008 年第 15 期。

[116]张洪:《略谈我国资源税费管理体制的改革思路》,《财会月刊》2008 年第 12 期。

[117]孙静:《资源税改革的长时之谋与现时之忧》,《领导之友》2008 年第 2 期。

[118]刘新梅:《完全竞争条件下资源税对于不可再生资源累积开采量的影响》,《系统工程》2008 年第 1 期。

[119]沈彤:《关于加快资源税改革步伐的几点思考》,《地方财政研究》2008 年第 1 期。

[120]陆宁:《资源税改革的公共经济学分析——基于生产外部性的内部化问题研究》,《中国行政管理》2008 年第 5 期。

[121]安体富:《我国资源税:现存问题与改革建议》,《涉外税务》2008 年第 5 期。

[122]蒲志仲:《中国矿产资源税费制度:演变、问题与规范》,《长江大学学报》(社会科学版)2008 年第 1 期。

[123]安仲文:《以可持续发展理念完善和改革我国现行资源税》,《宏观经济研究》2008 年第 4 期。

[124]刘磁君:《促进经济增长方式转变的资源税政策研究》,《时代经贸》(下旬刊)2008 第 2 期。

[125]侯乃萍:《我国矿产资源税费法律制度的缺陷与完善》,《科技创新导报》2008 年第 6 期。

[126]侯晓靖:《资源税费制度的国际比较及对我国的借鉴——以资源节约性经济为视角》,《特区经济》2007 年第 12 期。

[127]郭晓红:《论可持续发展与我国资源税完善》,《福建金融管理干部学

院学报》2007 年第 12 期。

[128]李晓西:《美国联邦政府向州及地方政府的拨款公式》,《财政研究》1996 年第 7 期。

[129]吴睿鸫:《资源税改革中如何保证民众利益》,《资源与人居环境》2007 年第 24 期。

[130]马衍伟:《我国石油资源税费存在的问题与改革思路》,《兰州商学院学报》2007 年第 6 期。

[131]孙钢:《我国资源税费制度存在的问题及改革思路》,《税务研究》2007 年第 11 期。

[132]张捷:《我国资源税改革设计》,《税务研究》2007 年第 11 期。

[133]计金标:《略论我国资源税的定位及其在税制改革中的地位》,《税务研究》2007 年第 11 期。

[134]徐瑛:《资源税调整的区域效应分析——基于区域间投入产出模型的分析》,《华中师范大学学报》(人文社会科学版)2007 年第 5 期。

[135]邢丽:《资源税费:改革思路与国际借鉴》,《中国金融》2007 年第 24 期。

[136]黄静:《对我国现行资源税费制度几个重大问题的探讨》,《涉外税务》2007 年第 12 期。

[137]张举钢:《我国矿产资源税问题的理论与实践研究》,《石家庄经济学院学报》2007 年第 4 期。

[138]陈文东:《租金理论及其对资源税的影响》,《中央财经大学学报》2007 年第 6 期。

[139]宋冬林:《引入资源税的世代交叠模型及其改进》,《吉林大学社会科学学报》2007 年第 2 期。

[140]谢美娥:《资源税改革与我国欠发达资源富集区发展研究》,《生态经济》2006 年第 11 期。

[141]袭燕燕:《我国矿产资源税费制度体系存在的主要问题及改进方案》,《中国国土资源经济》2006 年第 8 期。

[142]流畅:《完善矿产资源有偿使用制度首先必须废止矿产资源税》,《西部资源》2006 年第 3 期。

[143]肖兴志:《我国资源税费改革的战略选择》,《社会科学辑刊》2006 年第 3 期。

[144]张海涛:《浅议资源税的不足与完善——以构建资源节约型社会为视角》,《经济论坛》2006 年第 3 期。

[145]黄继明:《资源税过渡到环境税的几点设想》,《经济研究参考》2005 年第 95 期。

[146]程雪松:《资源税优惠政策导向分析》,《税务研究》2005 年第 10 期。

[147]宋媛光:《可持续发展视野下的资源税》,《交通科技与经济》2005 年第 5 期。

[148]殷燚:《资源税改革势在必行》,《中国国土资源经济》2006 年第 1 期。

[149]谭旭红:《关于我国矿产资源税费体系改革的思考》,《煤炭经济研究》2006 年第 6 期。

[150]谢美娥:《我国资源税的功能缺陷研究及改革建议——以榆林市为例》,《宏观经济研究》2007 年第 3 期。

二、英文参考文献

[1]Anil Markandya, *Economics of Non - Renewable Resources*, Department of Economics and International Development, University of Bath, March 2006.

[2]Pennings, E. , "Taxes and Stimuli of Investment Under Uncertainty", *European Economic Review* 44, 2000.

[3]Pesaran, M. Hashem, "An Econometric Analysis of Exploration and Extraction of Oil in the U. K. Continental Shelf", *Economic Journal*, 100, 1995.

[4]Westin, R. A. , "Taxation of United States Corporations Involved in Overseas Natural Resources Operations", in Taxation of Mineral Enterprises, eds. , by Otto, J. , *Graham&Working Paper* No. 1990, World Bank.

[5]Robert Conrad, Zmarak Shalizi, and Janet Syme, "Issues in Evaluating Tax and Payment Arrangements for Publicly Owned Minerals", *World Bank Working Paper*, August 1990.

[6]Olav Bjerkholt, "Resource Economics", ECON4925, Autumn 2006.

[7] Otto, J. M. , "Legal Approaches to Assessing Mineral Royalties", in *Taxation of Mineral Enterprises*, eds. , by Otto, J. , Graham&Trotman, London, 1995.

[8] Marco Battaglini, Stephen Coate, " Inefficiency in Legislative Policy – Making: A Dynamic Analysis", *NBER Working Paper* No. 11495, August 2005.

[9] Marianne Bertrand, Sendhil Mullainathan, " Profitable Investments or Dissipated Cash? Evidence on the Investment – Cash Flow Relationship from Oil and Gas Lease Bidding", *NBER Working Paper* No. 11126, February 2005.

[10] Michael J. Boskin, Marc S. Robinson, "New Estimates of the Value of Federal Mineral Rights and Land", *NBER Working Paper* No. 1447, 1984.

[11] Moroney, John R. , *Exploration, Development, and Production: Texas Oil and Gas*, JAI Press, 1997.

[12] Osmundsen, P, "Taxation of Petroleum Companies Possessing Private Information", *Resource and Energy Economics*, Vol. 17, 1995.

[13] Palmer, K. , " Mineral Taxation Policies in Developing Countries: An Application of Resource Rent Tax", *International Monetary Fund Staff Papers*, Vol. 27, 1990.

[14] Thomas Baunsgaard, " A Primer on Mineral Taxation", *IMF Working Paper*, September 2001.

[15] Mitch Kunce, Shelby Gerking, William Morgan, Ryan Maddux, " State Taxation, Exploration, and Production in the U. S. Oil Industry ", November 26, 2001.

[16] Kunce, M. , S. Gerking, and W. E. Morgan, "Environmental Policy and the Timing of Drilling and Production in the Oil and Gas Industry", in *Recent Advances in Environmental Economics*, Edward Elgar Publishing, 2001.

[17] Meade, James E. , *The Theory of Economic Externalities*, Institut Universitaire De Hautes Etudes Internationals, 1973.

[18] Louis Kaplow, " Capital Levies and Transition to a Consumption Tax", *NBER Working Paper* No. 12259, May 2006。

[19] James Otto and John Cordes, " The Regulation of Mineral Enterprises: A Global Perspective on Economics", *Law and Policy*, The World Bank, May 2002.

[20] H. F. Campbell, R. K. Lindner, " A Model of Mineral Exploration and Resource Taxation", *Economic Journal*, Vol. 95, No. 377, 1985.

[21] Australian National University Teaching Notes, *The Economics of Non - Renewable Resources*, Semester 1, 2006.

[22] Bovenberg, Alans, " Green Tax Reforms and the Double Dividend: An Updated Reader's Guide ", *International Tax and Public Finance*, No. 3, August 1999.

[23] Davis, J, R. Ossowski, J, Daniel, and S. Barnett, "Stabilization and Savings Funds for Nonrenewable Resources", *International Monetary Fund Occasional Paper*, 2001.

[24] Gary D. Libecap, "The Assignment of Property Rights on the Western Frontier: Lessons for Contemporary Environmental and Resource Policy", *NBER Working Paper* No. 12598, October 2006.

[25] Gerking, S., W. Morgan, M. Kunce, and J. Kerkvliet, " Mineral Tax Incentives, Mineral Production and the Wyoming Economy", Report to the State of Wyoming, 2000.

[26] Edgeworth, F. Y., "The Pure Theory of Taxation, Reprinted in Readings in the Economics of Taxation".

[27] Heaps, Terry, " The Taxation of Nonreplenishable Natural Resources Revisited", *Journal of Environmental Economics and Management*, 12, 1995.

[28] Yücel, Mine K., "Severance Taxes and Market Structure in an Exhaustible Resource Industry", *Journal of Environmental Economics and Management*, 16, 1999.

[29] Otto, J. M., M. Batarseh, and J. Cordes, " Global Mining Taxation Comparative Study", Institute for Global Resources Policy and Management, Colorado School of Mines, 2000.

[30] Conrad, R., Z., Shaliza, and J. Styme, " Issues in Evaluating Tax and Payment Arrangements for Publicly Owned Minerals", *Policy Research and External Affairs*.

[31] James Alm, *What is an " Optimal " Tax System? Tax Policy in the Real*

World, Cambridge University Press, 1999.

[32] Jeffrey MacKie – Mason, "Some Nonlinear Tax Effects on Asset Values and Investment Decisions Under Uncertainty", *Journal of Public Economics*, Vol. 42, August 1990.

[33] Gilbert E. Metcalf, "Green Taxes: Economic Theory and Empirical Evidence From Scandinavia", *National Tax Journal*, Washington, Dec. 2000.

[34] McDonald, Stephen L., "The Hotelling Principle and In – Ground Values of Oil Reserves: Why the Principle Over – Predicts Actual Values", *The Energy Journal* 15, 2004.

[35] Gilbert E. Metcalf, "Tax Reform and Environmental Taxation", *NBER Working Paper* No. 11665, October 2005.

后　　记

　　本报告曾获得第一批中国博士后科学基金特别资助（项目编号：200801056），也是我主持的2008年度国家社科基金（一般项目：08BJY1420）的阶段性成果。报告自始至终得到了我的合作导师——财政部财政科学研究所研究员、博士生导师、著名经济学家贾康教授的悉心指导。俗语云：亲其师，则信其道；信其道，则循其步。先生高名当世重，德润秋月满山明。无论做人、做事、做学问均堪为人师、表仪世范，令人云翔而影从。感谢贾老师以及把我一步步送入博士后科学殿堂的杨显宗、郭立新、刘强强、许建国、丁国光、李万甫、王国华等各位师长，师恩绵长，大爱无疆，寸草春晖，永生难忘！

　　博士后在站期间，我曾被借调财政部税政司工作，有幸参与了2008年的燃油税费改革，感受了财政工作深入贯彻落实科学发展观、全心全意为人民服务的伟大实践，开阔了我的研究视野和治学眼界。"人生感意气，功名谁复论。"我真心感戴财政部领导和史耀斌司长对我这个布衣书生的知遇之恩！感谢税政司和相关司局领导及同志们的关心和帮助！感谢甘肃省国家税务局各位领导和同志们给我一如既往的厚爱和温暖！

　　感谢人力资源和社会保障部人事司王志明司长以及全国博士后管委会、中国博士后科学基金会各位领导！感谢财政部财政科学研究所苏明教授、王朝才教授、罗文光主任、刘尚希教授、白景明教授、张野平副处长等领导及相关处室的全体师长。他们的教诲和帮助让我的博士后研究工作在奋斗和汗水中满载着拼搏的豪情和成功的喜悦。感谢许生、李春耕、张小萍、李靖等博士后的热心帮助！感谢本报告所引用文献的各位作者！

　　"一寸丹心图报国，两行清泪为思亲。"长年奔波在外，无暇顾及家庭、孝顺父母,借此向妻子董晓杨、儿子马虎韬及亲人表示歉意,向我的父母马起后先生和朱德英女士致以最崇高的敬礼!从甘肃农村放羊娃到中国经济学博士后,我的成长离不开党的培养和师长的教育,今后无论走到哪里、干什么工作,我会谦虚向学、勤勉敬业、宽厚待人、克己奉公,以报效国家、奉献社会、服务人民、感恩师长,为中国财税理论创新和改革实践尽自己绵薄之力。

马衍伟
2009 年 5 月 28 日

策划编辑:吴焰东
责任编辑:万 琪 吴焰东
封面设计:肖 辉

图书在版编目(CIP)数据

中国资源税制改革的理论与政策研究/马衍伟 著.
-北京:人民出版社,2009.10
ISBN 978 - 7 - 01 - 008419 - 0

Ⅰ. 中… Ⅱ. 马… Ⅲ. 税制改革-研究-中国 Ⅳ. F812.422

中国版本图书馆 CIP 数据核字(2009)第 196789 号

中国资源税制改革的理论与政策研究
ZHONGGUO ZIYUAN SHUIZHI GAIGE DE LILUN YU ZHENGCE YANJIU

马衍伟 著

人民出版社 出版发行
(100706 北京朝阳门内大街 166 号)

北京新魏印刷厂印刷 新华书店经销

2009 年 10 月第 1 版 2009 年 10 月北京第 1 次印刷
开本:710 毫米 × 1000 毫米 1/16 印张:14.25
字数:220 千字 印数:0,001 - 5,000 册

ISBN 978 - 7 - 01 - 008419 - 0 定价:33.00 元

邮购地址 100706 北京朝阳门内大街 166 号
人民东方图书销售中心 电话 (010)65250042 65289539